中浦院书系·大讲堂系列

总主编 冯 俊

创新驱动发展战略的理论与实践

Chuangxin Qudong Fazhan Zhanlue De Lilun Yu Shijian

陈元志 谭文柱 编

人民出版社

总 序

　　中国浦东干部学院（简称中浦院，英文名称为 China Executive Leadership Academy, Pudong, 英文缩写 CELAP）是一所国家级干部教育院校，是由中组部管理的中央直属事业单位，地处上海市浦东新区，上海市委、市政府对于学院的建设和发展给予了大力支持。2003 年开始创建，2005 年 3 月正式开学。学院开学之际，胡锦涛总书记发来贺信，提出要"努力把学院建设成为进行革命传统教育和基本国情教育的基地、提高领导干部素质和本领的熔炉以及开展国际培训交流合作的窗口"，以及"联系实际创新路、加强培训求实效"的办学要求；习近平同志希望中国浦东干部学院"按照国际性、时代性和开放性要求，努力加强对学员进行马克思主义最新理论成果的教育，进行改革开放和社会主义现代化建设新鲜经验的教育，在帮助学员树立国际视野、提高执政能力方面更有特色"。学院紧紧围绕党和国家的工作大局，依托长三角地区丰富的革命传统资源和现代化建设实践资源，把党性修养和能力培养、理论培训和实践体验结合起来，紧扣改革开放、走中国特色社会主义道路的时代精神这条主线，坚持创新发展、特色发展、错位发展，走出了一条现代化、高水平、具有自身特色和优势的培训新路子，在国家级干部教育培训格局中发挥着不可替代的独特作用，得到广大干部的好评和社会的广泛认可。

"中浦院书系"是基于学院办学特点而逐步形成的，也是过去10年教学成果的积累。为适应干部教育培训改革创新的要求，学院在培训理念、教学布局、课程设计、教学方式方法等方面进行了一系列的新探索，提出并构建了"忠诚教育、能力培养、行为训练"的教学布局。忠诚教育，就是要对干部进行党的理想信念教育和世界观、人生观、事业观教育，教育干部忠诚于党的事业，忠诚于国家和人民的利益，忠诚于领导者的使命和岗位职责，围绕马克思主义中国化的最新成果开展基本理论教育。能力培养，就是要着力培养干部领导现代化建设的本领。建院以来，学院着力加强领导干部推动科学发展、促进社会和谐能力的培训，尤其在改革创新能力、公共服务能力、社会管理能力、国际交往能力、群众工作能力、应急管理能力、媒体应对能力方面形成了独具特色的系列课程。行为训练，就是通过必要的角色规范和行为方式训练，对领导干部进行岗位技能、行为品格、意志品质和心理素质的训练，比如时间管理技巧、情绪控制方法、媒体应对技术等，通过采取近似实战特点的行为训练，提高学员的工作技巧和岗位技能。学院在办学实践中逐步构建起课堂讲授、互动研讨、现场教学、案例教学、研究式教学、情景模拟式教学综合运用、相得益彰的培训特点。

"中浦院书系"包括了学院在教学科研过程中形成的如下几个系列。

大讲堂系列。对学院开设的讲座课程进行专题整理，形成了《改革开放实践与中国特色社会主义理论体系》、《全面提升开放型经济水平》、《城市经济结构战略性调整》、《城市创新驱动发展》、《城镇化与城乡发展一体化》、《国企改革与发展》、《生态文明建设》、《加强社会建设和创新社会管理》、《党建改革与创新》等28个专题。学院特别强调开放式办学，师资的选聘坚持"专兼结合、以兼为主"的原则，从国内外选聘具有丰富领导经验的官员、具有较高学术造诣的专家学者以及具有丰富管理经验的企业家作为学院的兼职教师，尤其注重聘请那些干过并干好事情的人来培训正在干事情的人。目前，学院已形成 1000 余人的相对稳定、不断优化的兼职教师队伍。大讲堂系列所选入的专题讲座，只是部分专兼职教师的精彩演讲，这些讲座内容不仅对广大领导干部的学习具有参考价值，而且对那些热衷于思考当代中国社会热点问题的人也有启发作用。

案例系列。案例教材是开展案例教学的基本条件，为促进案例教学，学院立足于构建有中浦院特色的案例教学模式和干部教育的案例库。目前已经完成了包括《科学决策案例》、《高效执行案例》、《沟通艺术案例》、《组织文化案例》、《组织变革案例》、《危机管理案例》、《教育培训案例》、《心理调适案例》八本案例集。建院十年来，学院非常重视开发、利用和积累鲜活的和富有中国特色的案例，把案例开发和教学紧密结合起来，初步形成了案例开发与应用的新机制。学院通过公开招标，设立了十多个教学案例研究开发课题，并将案例及时运用到教学中去，"危机决策流程模拟"等一批案例教学课程受到学员欢迎。2009 年，学院设立了"改革开放经典案例研究"专题项目，"基层党建优秀案例征集与评奖活动"，2012 年又进行了"科学发展观案例"的收集与整理，采取与社会各方面力量合作的方式，进一步丰富了学院教学案例库。

论坛系列。学员在干部培训中的主体地位越来越受到重视，在各专题班次上我们组织学员围绕主题展开讨论，变学员为教员，成为中浦院课堂的主角，形成了具有中浦院品牌特色的"学员论坛"。比如，省部级干部"应对金融危机、保持经济平稳较快增长"专题研究班，"建设社会主义新农村"专题班，"现代城市领导者专题培训班"，还有西部开发、东部振兴、中部崛起等区域经济社会发展专题研究班，中央直属机关各种专门工作的特色专题班的学员，他们熟悉其所在领域的工作，对问题有独到的见解，他们走上讲坛，作出精彩的演讲，既活跃了学院培训工作的氛围，也为学院今后的相关培训提供了鲜活的素材。

研究报告系列。学院提出"科研支撑和服务教学"的发展战略，鼓励教师积极参与科研工作，组织了系列研究报告的编撰工作。如：

《中国领导学研究报告·2006—2008》、《中国干部教育培训发展报告·2009》、《公共危机管理典型案例·2009》、《公共危机管理典型案例·2010》、《公共危机管理典型案例·2011》、《公共危机管理典型案例·2012》等，这些研究报告是我们追踪学术前沿，进行理论探索的结晶。

在我们未来的发展中，也许还会增加国外学术成果的翻译系列，和当代中国研究的英文系列，待准备成熟之后逐步推出。

总之，"中浦院书系"是一个开放式的为干部教育培训服务的丛书系列，是体现中国浦东干部学院特色的学术成果集。参与"书系"编写工作的不仅仅是中浦院的教研人员，而且包括社会各界关心中浦院发展的领导、学者和实践者。当然，还有学院的学员、兼职老师以及很多关心支持中浦院工作的人士，他们为"书系"的出版也做了大量工作，不能一一列举，在此一并致谢。这项工程得到了人民出版社领导、编辑的大力支持，他们为"书系"出版付出了辛勤的劳动，在此表示衷心的感谢。

中国浦东干部学院常务副院长　冯　俊
2014 年 1 月

　　站在中浦院大讲堂上的，是一批从国内外选聘的具有丰富领导经验的政府官员、具有较高学术造诣的专家学者、具有丰富管理经验的知名企业家以及为我国经济社会发展作出突出贡献的先进模范人物。目前学院已形成了 1000 余人的相对稳定、不断优化的兼职教师队伍，80% 左右的讲座课程由兼职教师担任。正是这些专家型的领导和领导型的专家，在中国浦东干部学院这个创新型干部教育培训院校的大讲台上，展现了他们对推动科学发展和构建和谐社会的高度关注、深度思考、积极探索和实践结晶，其中部分精彩演讲汇集成了这套"中浦院书系·大讲堂系列"丛书。

　　"中浦院书系·大讲堂系列"丛书围绕改革开放进程中的重大理论与现实问题，特别是党的十八大以来重要战略部署与中心工作，集中反映了我国经济社会发展的新理论、新知识和新实践。丛书涉及中国特色社会主义理论、科学发展的问题与实践、经济结构战略性调整、创新驱动发展、城镇化与城乡发展一体化、全面提升开放型经济水平、产业经济发展与创新、金融改革与风险防范、国企改革与发展、生态文明建设、社会建设和创新社会管理、党建改革与创新、公共事件处置、媒体沟通、领导力提升、干部教育培训的改革与创新等 28 个专题，既是对我国改革开放和现代化建设事业发展的实践梳理和经验总结，又是对我国经济社会发展重点、难点、焦点问题的理论探索和理性分析，对今后全面深化改革开放的实践活动具有一定的指导和借鉴意义，同时也为干部教育培训提供了非常珍贵和重要的辅助教材。

"中浦院书系·大讲堂系列"中的每一个专题和每一篇文稿，都是根据演讲人的现场录音整理出来的，因此具有较强的可读性。阅读其中的段落和文字，就如同坐在中浦院的教室里，倾听大师、领导、专家和先进模范人物们娓娓道来，体会他们的真情实感，聆听他们的真知灼见，感受他们的深度思考，学习他们的实践经验。

感谢曾经站在中浦大讲堂上的每一位领导、专家和战斗在一线的实践者，感谢他们为我国干部教育培训事业作出的贡献。特别要感谢人民出版社为出版此套系列丛书作出了大量的卓有成效的努力。

丛书中如有不当之处，敬请批评指正。

中国浦东干部学院常务副院长　冯　俊
2014 年 1 月

创新驱动发展战略的路径与政策选择

吕 薇

授课时间：2013 年 4 月 9 日

作者简介：国务院发展研究中心技术经济研究部部长、研究员，国务院政府特殊津贴专家，国务院发展研究中心创新发展重点基础领域学术带头人。主要研究领域为产业发展和组织政策、创新政策与科技政策、知识产权、高新技术产业和装备制造产业政策，以及竞争政策、中小企业政策、工程经济与经济评价等。曾获国家科技进步奖、孙冶方经济学论文奖，多次获得中国发展研究奖一等奖、二等奖。发表专著：《产业发展之路：培育、组织和规制》、《中国特色创新之路：政策与机制研究》、《建设创新型国家 30 年创新体系演进》（主编）、《可再生能源发展机制与政策》（主编）、《中国知识产权战略转型与对策》（主编）、《知识产权制度：挑战与对策》、《政府对产业技术研究开发的资助与管理》等。

内容提要：本文阐释了创新驱动发展的内涵，分析了我国产业技术创新的阶段性特征和创新模式，展望了国际创新政策的新动态，探讨了营造创新生态环境，推动创新驱动发展的体会。讲座认为，当前创新驱动发展的关键是要营造创新环境，培育和集聚创新要素，发挥创新优势，提高发展质量和效益。

CELAP

今天我讲的题目是创新驱动发展战略的路径与政策选择。党的十八大提出要实施创新驱动发展战略，特别强调要把科技创新放在国家全局的关键位置。我主要谈四个方面的体会。

一、创新驱动发展的内涵

（一）创新驱动发展战略的实质是什么？

创新驱动发展是以技术进步和创新作为发展的重要动力，提高发展的质量和效益。我国正处于转型发展的关键时期，面临新的形势和任务。

一是传统的低成本制造优势正在减弱，需要通过技术、人才和品牌的优势来提高要素生产率。要素成本上升了，我们需要用更少的要素消耗获得更多的产出，这就需要通过创新和技术进步来实现。

二是从低端制造向中高端制造转变。现在大部分行业还处在中低端制造环节，附加值低，提高产业竞争力需要向产业链的中高端升级。我国是制造大国，但还不是制造强国，从制造大国走向制造强国，需要通过技术进步和创新来实现。

三是消化过剩产能必须从依靠投资扩大规模转向依靠创新上水平。目前，我国有 220 个产品的生产能力居世界第一，但是钢铁、水泥等行业的生产能力已经严重过剩。我们不可能全部关掉这些企业，必须靠创新和技术进步来消化过剩的产能。

四是国际竞争日益加剧，技术引进的难度不断加大。目前，我国许多行业排头兵已经从低端制造向中高端制造转型，与跨国公司的竞争加剧。此时引进技术已经很困难了，竞争对手不可能把自己的技术给你，我们必须不断提高技术自给率。

五是产业转型升级提高了对劳动力素质的要求，要从人口红利向人才红利转变。改善创新环境，加强人才培养，是实现创新驱动发展战略的重要条件。

（二）创新的概念是什么？

重点提示

经济学家熊彼特在1912年提出创新的概念，他把创新描述为建立一种新的生产函数，把一种生产要素和生产条件的新组合引入生产体系。

创新是经济概念而不是技术概念。经济学家熊彼特在1912年提出创新的概念，他把创新描述为建立一种新的生产函数，把一种生产要素和生产条件的新组合引入生产体系。这是一个广义的创新概念，包括产品创新、工艺创新、材料创新、市场创新和组织创新。创新的本质是通过发明创造和利用知识来创造财富，技术创新就是将科技成果转化为生产力的过程。创新是一个从研究开发到成果转化、到产业化、商业化，乃至最终获得市场成功的过程。企业创新的目的和动力是要在市场上获得更多的收益，因此，市场是检验创新成功与否的最终标准。创新不是单纯追求技术的先进性，应该强调市场的适应性和经济的可行性。比如，集装箱是20世纪最重要的创新之一，它改变了世界的交通运输方式。但集装箱并不需要特别高的技术，实际上是一个非常好的点子，把一些零散的东西装在一个箱子里实现海陆空联运，这就是创新。

现在有很多新的技术比较先进，但是经济上不可行。比如太阳能成本很高，需要政府补贴才能够发展。因此，太阳能发电产业要持续规模化发展，就要通过创新来降低成本。如果追求技术的先进性而不考虑市场的适应性，最终不会被市场接受，很难形成产业。

创新的含义在不同的国家和不同的发展阶段是不一样的。一般来说，对于拥有原创技术比较多的发达国家，比如对美国来说，世界上最新的产品、最先进的技术才叫创新；对于一般的发展中国家，本地区和本国的新产品和新技术应用就是创新。比如，对于中国来说，过去汽车老百姓买不起，不能进入家庭，我们通过技术改进降低了成本，制造出老百姓能够买得起的汽车，这也是创新。发展中国家要发挥后发优势，有效地利用世界科技资源，学习、利用和传播外国技术，通过引进技术并且根据市场进行适应性改造。从这种意义上讲，创新包括引进、利用、传播外国技术并且对外国技术进行适应性改造。

（三）创新的发展阶段与创新模式

创新有不同的类型。首先，从有无的角度来看，创新可以分为原始性创新和学习型创新。原创性创新一般指前沿技术的产业化，属于从无到有的创新，能够较长时间获得超额利润，产业竞争力强，但需要大量的前期研究开发投入。因此，原始创新需要国家和企业的技术实力和经济实力。学习型创新的特点就是别人已经做过了，以引进技术、消化吸收改进创新为主。优点是技术方向比较明确，可以享受搭便车的优势，节约了前期开发的成本。在已有技术和产品基础上进行改进，研究开发的投入较少，适用于赶超战略。它的缺点是技术往往受制于人，容易落入"引进——落后——再引进"的怪圈。一般来说，赶超型国家都是从学习型创新开始，逐步实现自主创新。如，日本和韩国就是从学习型创新逐步实现自主创新。

其次，从替代型角度来看，创新还可以分为突破性创新和渐进式创新。渐进式创新是对已有技术进行改造，对现有产品进行改良，与学习型创新相似。突破性创新是经济学上讲的破坏性创新，会创造高附加值。突破性创新是对现有产品和技术的替代。比如蒸汽机替代了马车，这种替代在经济学上就叫破坏性创新，即是对原有技术的颠覆。讲技术革命大都是突破性创新。虽然现在大家总说，我们处于技术革命的前夜，但目前还没有真正出现具有颠覆性替代现有技术和产品的创新。比如，新能源仍然只能是对传统能源的补充，其成本、技术成熟性以及规模化等方面还达不到对传统能源的替代。

（四）自主创新的本质

重点提示

自主创新有三种方式：原始创新、集成创新和引进、消化吸收再创新。

《国家中长期科技发展规划》提出自主创新有三种方式：原始创新、集成创新和引进、消化吸收再创新。自主创新是一种开放式创新，核心是自主化。任何一项技术都不可能脱离现有技术凭空产生，原始创新也需要站在巨人的肩膀上去实现。自主创新的最本质内容就是自主化。自主化不是关起门来搞研发，也不一定是百分之百的本国资本、本国企业，而是本国资本要能够对技术发展的方向和企业发展战略具有控制力。自主创新不是自己从头做起，关键是要拥有自主知识产权，特别是要拥有自己的品牌。现在有一些企业也进行改进创新，但是没有自己的品牌。品牌是企业非常重要的知识产权，是企业技术创新、诚信、品质等一系列能力的集中体现。

（五）如何实现自主创新的战略？

如何实现自主创新，在不同的行业要采取不同的战略。

第一，在战略性领域和技术被国外封锁的领域一定要自主研发和创新。在这些领域想引进技术也引不来。比如，国家在大飞机、大规模集成电路等领域都建立了重大科技专项，这些领域是被国外封锁技术或技术垄断的领域。

第二，在技术垄断行业要进行战略性的自主研发，以提高社会效益。我们的研究发现，在一些行业我们自己研发总是与国外有一段差距。但因为这些行业的技术被国外垄断，如果你不去做研发、不提高自己的技术供给能力，国外就用高价格来控制你。比方说集成电路，我们开发到哪一个档次，进口产品价格就会大幅下降。平板显示器也是如此，在我们自己不能做的时候，进口价格非常贵，后来京东方等企业能够生产了，国外产品的价格就降下来了。这些领域的创新，企业自身并不一定能获得太多利益，但是能够迫使进口产品降价，为全社会带来效益。因此，对打破国外垄断的战略性研究开发和产业化，要看社会效益，而不仅看企业自身效益。

第三，在面向广大市场的产业技术领域或者竞争性行业要根据成本效益的原则，用多种方式进行创新。在一般竞争性领域企业面临自己研发、合作开发、购买技术和交叉许可等多种选择，应该根据成本效益原则来作出判断。在引进、消化吸收以及国产化方面要以我为主，按我所需，为我所用。

第四，在新的形势下，我们要"引进来"与"走出去"相结合，利用国际资源实现开放性创新。随着经济全球化和信息技术的快速发展，创新要素在全球的流动加快，传统技术创新组织模式受到挑战，创新模式也发生了变化，第三次创新浪潮正在形成。第一次是垂直型创新。垂直型创新也叫线性创新，就是从研究开发到成果转化、商业化都在一个企业内部完成，或者在一个地区完成。第二次是从线性创新模式向集群创新模式发展。产业技术的集群创新就是我们常讲的硅谷模式、中关村模式。创新在大学、研究机构和企业之间进行合理的分工，发挥集群的作用。第三次是全球化创新。创新不会局限在一个地区或者一个国家完成，而是在全球范围内组织和利用优势创新资源和要素。比较明显的例子就是苹果公司，苹果公司是以设计为主，其他创新要素在全球范围内组织。苹果获得很高的附加值。它的附加值从哪里来？主要是通过掌握设计，在全球范围内组织研发和生产，每个环节都选择最低的成本，然后苹果公司获得最高的利润。可以说，没有中国的富士康，就没有苹果。所谓三次创新浪潮，是指创新模式的变化，即从线性创新转向集群创新，直到全球化创新。在新形势下，我们要适应创新模式的变化，充分利用全球的科技资源和创新要素。

二、我国产业技术创新的阶段性 特征和创新模式

（一）我国产业技术创新的阶段性特征

有人说我们创新能力不行，又有人说我们创新能力提高很快，到底怎么看待这个问题？我们通过研究判断认为，我国的创新能力在不断提高，但是与创新驱动发展的要求还存在较大差距。

第一，我们科技支出总量已经居世界前列。我国研究开发支出总额达到世界第二位，2012 年已经突破一万亿美元。我国的研究开发支出强度居发展中国家首位，2012 年达到 1.97%。但是与美国、欧洲、日本、韩国等发达的创新型国家相比，差距还比较大。创新型国家的 R&D 强度大都是在 2.5% 以上。

第二，我国的制造能力居世界前列，创新能力居中上水平。目前，我国的制造业增加值已经是世界第一；2009 年，联合国对中国工业竞争

力的评判是世界第五；世界知识产权组织的创新指数显示，2012 年中国在全世界 141 个国家中排名第 34 位，处于中上位置。

第三，我国的知识产权申请量居世界前列，但质量亟待提高。2012年，我国的发明专利申请量已经是世界第一，商标注册量已经连续几年世界第一。但是我们缺少全球知名的品牌，特别是制造业的知名品牌更少；我国的国际专利数量还比较少，知识产权的质量亟待提高。

第四，创新要素逐步向企业集聚，企业创新能力不断增强。目前企业 R&D 支出已经占全社会 R&D 支出的 74%，高于美国以及欧洲一些国家，低于韩国和日本。企业研究开发人员的数量超过了全社会的 60%，企业的有效专利占全社会的 55%。特别是企业的职务发明申请量占全社会的 64%。

第五，企业的技术水平和创新能力呈现二元结构，大部分企业还处于跟踪模仿和追赶阶段，少数行业排头兵企业已经形成了自主创新能力。总体上看，企业的研究开发和创新活动还不够广泛、不够普遍。如，大中型工业企业中有创新活动的企业不到 30%，大中型企业的平均研究开发支出强度还不到 1%，大约为 0.93%；规模以上的工业企业中有研发和创新活动的企业只有 11% 左右。

第六，我国的传统产业具有创新优势。从 R&D 强度来看，我国传统产业的 R&D 强度与 OECD 国家相比差距小，但是高技术制造业的 R&D 强度与 OECD 国家相比差距很大。OECD 国家高技术产业的研发强度在 10% 以上，我们只有 1.5% 左右。我国传统产业的研发强度和他们比较接近，有一些年份还高于它们。因此，不能把眼睛老是盯着几个高技术产业上，要发挥我国传统产业的创新优势。我国传统的劳动密集制造业有一定的成本优势，在要素价格上升的情况下，加强对传统产业的创新支持，成本优势加上技术创新优势，将会保持和提升我国传统制造业的竞争优势。

第七，在部分领域正从技术追赶走向局部赶超，比如高速铁路、智能电网以及特高压等等。我国的市场很大，有一些技术在国外的市场空间没有那么大。比如特高压技术始于外国，但是在应用方面我们走在世界前列。我国地区能源分布差异大、不均衡，需要长距离输电，因此，特高压技术在中国能够得到很好的应用，而且在应用中进行改进创新。

第八，总体来看，目前我国还是一个技术和知识产权净进口国，关键核心技术对外依赖性比较大。根据统计数据，2011 年我们的技术和知识产权进口是 147 亿美元，出口只有 7 亿美元。我国制成品的进出口是顺差，技术和知识产权的进出口是逆差。过去六年中我们积累技术和知识产权贸易的逆差是 600 亿美元。特别是一些关键技术，如发动机、部分新材料和关键部件等都还要依靠国外进口。

（二）中国特色的创新模式

党的十八大报告提出，我们要走中国特色的工业化道路和创新道路，我们对中国的创新模式也做了一些概括和总结。

第一种模式，在技术成熟的产业从模仿制造、技术引进逐步走到自主开发。比如空调行业，格力电器是从做手工窗式空调的小企业起家。我去参观格力的产品展示厅，从中可以看出其创新历程。格力一开始做外观设计，大家觉得好看就愿意买，后来格力做静音技术减少噪音，现在已经能够自主开发变频技术，并因此获得国家科技进步奖。企业创新、产业技术进步需要一步一步地积累，不是一下子就能够形成的。我们习惯于用一些直接投入产业的指标去考核企业创新，创新投入和固定资产投入不一样，创新需要一步步的技术积累和资金积累。再举个例子，通讯设备制造行业排头兵华为和中兴。华为，一开始做程控交换机，目标市场是国内的低端市场和一些非洲市场，现在已经逐步形成自己的开发能力，进入中高端市场，在很多国际标准方面也有自己的话语权。2012 年我们访问瑞典，参观了爱立信，我们问他们对华为的看法。他们非常尊重华为，认为华为是他们的一个竞争对手，但是他们和华为在细分市场上，各有特色。再如战略性新兴产业中的显示器行业。我国过去已形成完整的彩电生产体系，但是平板显示技术出现以后，整个彩电行业受到冲击，重新洗牌。京东方目前是我国显示器行业老大之一，一开始通过收购韩国一家企业获得技术，建设了一条五代线，后来不断改进、创新，现在能够生产八点五代线的产品。京东方的最大作用就是使进口和外资企业制造的平板显示器大幅降价。所以说，我们很多制造业都是从模仿制造或者引进技术开始，逐步形成了自主研发和创新的能力。

第二种模式，依托国家重大工程项目，实现重大技术装备制造国产化和工程运行自主化。比方说超超临界火电机组、三峡水电机组、直流输变电系统以及高速铁路等等，都是通过依托国家重大建设工程实现了技术装备制造国产化和工程运行自主化。

第三种模式，以科技成果产业化为主的创业活动，推动了高新技术产业的发展。各地都有这方面的经验，高新区、孵化器培育了大批中小科技型企业和高技术企业。有一批行业排头兵，比如，中兴、北大方正、联想、清华紫光等等都是在高新区，从中小型科技企业逐步成长为行业排头兵。

第四种模式，多数战略性新兴产业以引进技术起步，产业化规模居世界前列，但是仍然缺乏核心关键技术。我国的大部分战略性新兴产业是通过技术引进，然后利用我们市场规模优势迅速发展起来，在生产规模上居世界前列。风电设备和光伏电池产量，以及风电装机容量都是世界第一，生物乙醇的生产能力也位居世界第三。但是，我们现在许多领域还不掌握核心技术。

第五种模式，在一些体现国家实力和战略地位的领域采取举国之力进行重点技术攻关。比如 20 世纪 70 年代的原子弹、氢弹，现在的航天、深海勘探等都是集国家之力实现技术突破。因为还没有实现商业化应用，严格来讲，这些领域是进行了重大的技术突破和工程实现。

第六种模式，具有中国特色的突破性创新创造了巨大的社会效益。这些创新都是根据市场需求，拥有中国元素的创新。例如，中文激光照排系统是具有中国特色的突破性创新，改变了中文印刷业。别人搞的都是英文系统，北大方正把中文系统开发出来，并产业化。这是国家支持的科研项目由民营企业成功实现产业化的例子。另外一个典型的例子就是电子商务领域中的排头兵阿里巴巴。阿里巴巴通过一系列集成创新和商业模式创新，搭建电子商务的交易平台，通过组织创新来形成从生产、销售到物流的整个产业链组合，带动了大批中小企业就业。阿里巴巴的最大创新是根据中国特点创建了支付宝，大大降低了电子商务交易风险。这是针对中国需要的典型的商业模式创新。

（三）中国的创新生态环境还需要改善

我国的创新能力在增强，但是创新环境还不适应创新驱动发展的新需要。根据世界知识产权组织和欧洲工商管理学院的创新指数，在 141 个国家当中，我国的创新指数排在第 34 位，创新环境处于第 55 位，由此可见，我国的创新环境还是需要改进的，我认为主要有以下几个方面的问题。

第一，自上而下由政府主导的推动方式不适应创新驱动发展的需要。各级政府通过各种科技计划，以点对点的方式对企业进行资助、考核和评比，把这些作为引导企业创新的主要手段。而企业为了迎合政府而不是根据市场去创新，甚至有些企业通过讲故事来拿钱。现在考核企业的研究开发支出比例，考核专利的数量和研发人员的数量，有些企业为了满足指标需要，可能会虚报研究开发支出、买专利，或者申请一些小专利。这种考核有可能误导企业。最近我到企业调研，有的企业反映有些考核指标不符合实际，如原来是一个 250 人的小企业，有一百个研发人员就占五分之二了，有 50 个研发人员就是 20% 了。现在企业长大了，有几千人，即使研发人员增加一倍，也达不到要求，而实际上企业并不需要那么多研发人员。目前这种自上而下由政府主导的推动创新的方式不适应创新驱动发展的需要。

第二，投资激励政策不利于企业创新。目前，各级政府掌握了很多资源，用零地价和税收优惠吸引企业来投资扩大规模。即使发展战略性新兴产业也用投资扩张的方式，导致新的重复建设。如没有政府的优惠政策，尚德不可能做得那么快、那么大。因此，企业不需要进行创新也可以获得优惠政策，获得很多利益，就不愿意去冒险，去创新。

第三，知识产权保护力度不够。很多创新型企业和品牌企业都反映，他们经常受到假冒侵权的困扰，举证难，赔偿低。而打官司常常是赢了官司，赔了钱，影响了企业创新的积极性。

第四，对鼓励创新具有重要作用的普遍性政策落实不到位。比如研究开发支出加计扣除政策很受企业欢迎，但是落实不到位。此外，在人才激励政策方面，对科技人员的股权激励在市场化程度比较高的地区做得比较好，在国有企业和机构搞股权激励就较难。再比如政府采购，政府采购对于新技术的使用能够发挥很重要的作用，但是我们现在没有鼓励创新的政府采购细则。如何利用政府采购政策支持创新还需要继续细化。

第五，各类创新主体定位模糊，基础研究不足，共性技术缺失，大学、科研院所和企业之间出现功能缺位、错位的现象。现在大学不是以基础研究为主，而是以应用研究为主，应用研究的支出占54%，基础研究占1/3；科研院所以实验开发为主，R&D支出中56%是实验开发支出，基础研究支出占13%。在这种情况下，大学、科研院所和企业之间的功能有些错位，大学应该是基础研究比较强，科研院所应该是基础和应用研究的集成能力比较强，但是，目前，政策上强调大学和科研院所要实现成果产业化，结果变成科研成果在大学和科研院所内部产业化，与企业之间不是形成互补关系，在某种程度上成为一种竞争的关系。我们在调查中发现，有些企业认为现在大学脱离市场比较远，注意力都放在发论文和拉课题上。在合作当中还要吸收一些企业的研究成果为他们所用。

第六，环境、安全和质量标准有待完善，执法差异大。一些创新企业反映，严格遵守环保标准的企业成本比较高，而有一些地方为了发展经济，吸引投资，降低了环保要求，结果导致污染企业低价竞争打击了环保企业。因此，我们要完善市场秩序，营造公平竞争的市场环境。如果创新的企业干不过模仿的企业，环保的企业干不过污染的企业，制造企业干不过房地产企业，在这种情况下企业是不可能去创新的。所以必须改善创新的生态环境，一定要让创新的企业、环保的企业、搞实体经济的企业真正获得收益。

第七，一些行业管理体制和政策制约了产业技术创新。比如，目前我国医药行业大部分都是生产仿制药，现有的管理体制不利于企业创新。医保目录药价格太低，许多生产企业没有资金进行研究开发投入。又比如，目前，我国大部分领域采用规模标准设置进入门槛，一些企业要进行循环利用，但是废料不可能达到那么大的规模，结果废物利用得不到准生证。同时，一些中小企业和民营企业很难一下子满足规模门槛，导致竞争不足。

第八，人才素质和结构不能满足创新的需要。创新不仅需要科学家、研究开发人才，还需要大量的一线高素质技术工人和管理人员。我们到企业调研发现，不少企业花上百万聘请一个在国外企业干过车间管理、工程管理的人，这些岗位要的是实践经验。目前，具有创新精神的企业家也很缺，创新需要把不同的创新要素组织起来，关键是企业家在发挥作用。实践证明，一些著名的创新企业，大都有一个具有创新精神的企业家和创新文化。

三、国际创新政策的新动态

（一）全球创新的新动向

第一个特点，全球创新格局发生变化。从总体来看，发达国家仍旧是创新主体，其研究开发支出占全球研究开发支出的 60%—70%；新兴大国也正在成为推动世界创新格局演变的主要力量，中国、印度、墨西哥、巴西等国的研发支出增长非常快。进入 21 世纪以来，我国的研究开发支出远远高于 GDP 的增长，前些年一直是 20% 的增长，近几年的增长也是 15% 以上。

第二个特点，创新全球化的趋势比较明显。随着经济全球化发展，科技要素在全球的流动加快，创新全球化的趋势日趋明显。目前，创新已经网络化、规模化和专业化，研究开发外包的需求增长，中小企业在创新网络里发挥着越来越重要的作用。跨国公司在全球要寻找研究开发的优势。由于中国具有数量比较多、素质比较高，但工资又不那么高的研究开发人员，目前中国已经成为跨国公司研究开发的集中地。2010 年，跨国公司在中国的研究开发中心或者机构约有八百家。联合国贸发组织做过一个调查，询问跨国公司将来最愿意在哪里设置研究开发机构，中国就是其中之一。因此，我们要更好地利用全球资源来带动创新。比如，我们不少企业开始以到海外兼并等方式获取国外的科技资源和研究力量。

第三个特点，创新理念发生变化。一是创新从工业领域向服务业延伸。比如，上海要搞转型发展，提高服务业的比例。目前很多服务业的创新都是商业模式创新。二是从产品、工艺创新转向商业模式和产业组织模式的创新。现在物联网发展较快，2010 年我们做了物联网产业发展研究。**物联网**就是一个以服务业为主的大系统。最上端是传感器等制造业；中游是物联网传输，属于服务业；下端许多领域也是服务业，如电子商务，搜索引擎等等。三是创新主体从大跨国公司扩展到中小企业。比如，我国的高新技术园区和孵化器里有不少小企业已经成长为国际上有影响的企业。另一方面，一些创新型小企业被大企业收购，技术被大企业产业化规模化发展，特别在医药行业，有些大企业自己不做太多研究开发，发现哪些小企业的技术好就把它收购了。

（二）创新政策呈现新趋势

第一，创新战略成为国家的重要战略，创新政策更趋综合性。美国自称是市场经济国家，没有产业政策。但是进入 21 世纪，美国制定了创新战略，特别是在金融危机之后，每隔两年就调整一次创新战略。欧洲、日本、韩国都制定了创新战略，把创新战略作为国家战略。现在创新政策表现为更加具有综合性，比如美国的创新战略不是单纯讲技术，更多是讲教育，讲怎样提高劳动力素质，它们在教育和创新环境上制定了很多政策。

第二，科技政策转向创新政策，更加关注创新的全过程。许多发达的市场经济国家过去认为政府不应干预产业的发展，它们更重视科学研究方面的政策。2012 年我们去欧洲访问，发现瑞典、丹麦已经从科技政策向创新政策转变，它们过去重视科技政策，现在更注意创新，更加关注成果转化和技术的产业化应用示范。

第三，要明确政府和市场的界限，加强公共部门与民营部门合作。市场经济国家都强调企业是创新的主体，政府主要在基础研究、营造创新环境等方面发挥作用，同时加强公共部门与民营部门的合作。在技术转移方面，强调公共部门的科技成果可以被民营部门利用，公共部门的科技设施要向民营部门开放，国家实验室要向民间企业开放。

第四，把鼓励中小企业创新摆在重要位置。国外一些市场经济国家，特别注意防止大企业垄断市场。因为大企业自己有资金、有能力，因此，政府政策很关注中小企业，特别出台政策支持中小企业创新。中国不一样，大企

术语简介

物联网是新一代信息技术的重要组成部分。其英文名称是"The Internet of Things"。由此，顾名思义，"物联网就是物物相连的互联网"。

业的创新环境还没有建立好，小企业创新难度更大，因此，大企业和小企业的创新都需要政策支持，而小企业需要更多的支持。

第五，人才政策成为创新政策的重要内容，更注意人才培养和引进。欧美国家已经把移民政策和引进人才紧密结合起来，美国的人才移民是创新政策中很重要的内容。近些年美国经济不如以前，它们对投资移民放得宽一点。美国创新战略中特别强调人才培养，明确提出要培养多少个物理老师和数学老师，它们是从抓教育开始提高创新能力。

第六，对重大技术的推广要进行经济和社会成本效益的分析。2007年，我们做了可再生能源的政策研究，总结了美国和欧洲等国家的经验，它们在进行重大技术应用推广的时候，都要进行全寿命期的能源效率和环境影响评估。比如，美国对煤制油技术应用进行了评估，评估以后，美国能源部只支持煤制油技术的研究开发，并不对其产业化提供补助。为什么呢？因为二氧化碳的排放问题不能解决，而且从一种能源变成另一种能源，能源效率并不高。美国在发展做智能电网的时候也做了全寿命期的经济、能效和环境分析，所有利益相关者都参与这一研究。最后得出结论，电网的自动化是电网公司自己应该做的，政府要做的是支持需求端的智能用电改造。因为智能电表用户非常分散，是一家一户的，政府要支持这个环节让大家节约用电。我国在这方面是有经验教训的。比如，我们曾经对太阳能产业进行过分析，从全产业链角度来看，太阳能产业是节能环保的，但是如果取出一个制造环节就不是了。制造太阳能光伏电池需要消耗的能源，电池要持续工作十几年才能够回收。而我国把太阳能产业作为制造业发展，输出了清洁能源，却把污染和能源消耗留在国内。

第七，国外的知识产权和技术壁垒形成新的贸易保护。欧美为了保护它们本国的创新活动，防止外国侵犯其知识产权，通过技术标准和知识产权制度来影响其他国家的创新。

最后，我还要讲一讲日本创新战略的推进机制。日本在 20 世纪 60—80 年代都处于技术追赶阶段。那时的政策和我国目前比较接近，就是官产学研相结合，政府通过规划、产业政策引导，形成企业和政府的良好沟通机制。日本为了保护自己的市场，开放度较低。国际组织对十个比较发达的国家进行分析，日本的开放度排在倒数第二。在技术追赶阶段，由于日本政府的支持和鼓励，在一段时间内日本技术进步很快。在大规模集成电路、汽车等领域，美国感觉到了日本的压力。但是进入 21 世纪以后，日本经济有些滑坡，一些企业也已经走到技术前沿，基础研究不足的弱点就暴露出来了，政府计划推动的弊端也显现出来了。当企业走到技术前沿，政府很难预测技术的发展方向，也不可能控制市场，所以日本企业的创新逐渐减少。由此可见，在不同的发展阶段，政府的作用和政策效果是不一样的。

四、营造创新生态环境，推动创新驱动发展

《国家中长期科技规划》中提出要建设创新型国家，特别提出从五个方面建设国家创新体系。下面谈谈我们在这方面的研究体会。

（一）什么是国家创新体系

国家创新体系是由相互协作的创新参与者（包括政府、企业、研究机构、中介服务机构和个人等等）、相关的体制、机制和政策等影响创新行为的外部环境及社会文化，有机组合形成了创新体系。《国家中长期科技规划》提出创新体系建设有五个方面：一是企业为主体的技术创新体系；二是知识创新体系；三是军民融合的创新体系；四是中介服务体系；五是区域创新体系。国际上通常使用创新生态环境的概念，创新生态环境与我们讲的国家创新体系非常接近。主要区别在于侧重点不

同。创新生态环境更注意外部制度和创新文化环境的建设，国家创新体系则更多关注创新主体之间的关系。

国际上对创新型国家或创新区域评价主要有三个方面。第一个方面是制度环境和社会环境，包括创新文化。第二是创新要素和基础设施建设。创新基础设施包括研究开发基础设施和 IT 基础设施。第三是创新活动和创新绩效。包括创新的投入产出和经济绩效，主要反映创新对经济的贡献。

党的十八大提出实施创新驱动战略。当前创新驱动发展的关键是要营造创新环境，培育和集聚创新要素，发挥创新优势，提高发展质量和效益。总体来讲，就是营造环境，集聚要素，发挥优势来提高发展质量。

下面重点谈谈创新要素。创新要素包括人才、科技基础、资本和市场。

第一是关于人才。人才不仅是科学家和科研人才，创新还需要大量生产一线的技术工人和管理人员。再好的设计和技术都需要一线工人来实现。中国很多产品与国外产品相比就差一点点，主要是稳定性不好，这一点点差距大都不是技术问题，很多是生产管理和操作中的问题。

第二是关于市场。市场也是创新要素之一。为什么呢？因为科技只有与市场结合才能转变为生产力，有效的创新就是获得市场成功的创新。市场规模大，就可以分摊创新成本，我国有一个天然的创新优势就是拥有巨大的市场规模。外国技术进入中国是因为我们有巨大的市场，所以我们才有可能用市场来换技术。对创新来说，市场有两方面的作用，一是市场是创新的动力；二是大规模的市场能够分摊创新成本，提高创新效率。

第三是创新的制度环境。制度环境包括很多内容，主要是法律环境，包括知识产权法律、科研机构的法律、市场竞争秩序的法律等等。如欧美等国成立由政府投入的非营利机构，都有专门的法律，明确其职能、运行机制，包括资金怎么用、人才如何管理。创新政策不是单纯的科技政策，而是各项政策的综合，包括科技政策、财政金融政策、产业政策、贸易政策、竞争政策等等。

在这里我想特别强调的是创新文化。创新文化应该具有包容性，要使不同利益、不同背景、不同身份的创新主体和要素能够组合起来形成合力。创新文化还要有容忍失败的氛围。创新要面临技术风险和市场风险，只有宽容失败才能鼓励企业创新。怎样才叫容忍失败？我问过一些外国创新问题专家或者企业家。比如，瑞典针对小企业申请资助的做法是"事不过三"，第一次我允许你失败，第二次失败我也容忍了，三次失败以后就说明你能力差，我就不再给你了。我问过米其林公司的高管怎样叫容忍失败，他们认为一个研发项目不可能一开始的决定就完全正确，应该不断分阶段考核。技术路线不对，成本效益不可行，这个项目就不再继续做了，不是一条路走到底。这也是一种容忍失败。

目前，在中国建立创新文化有两个突破口。一是要允许发表不同意见，可以有和别人不一样的新思想，即使对领导也可以说不同意见。否则思想被禁锢了，就不可能有创新思维。二是政府不要去干预企业的经营和创新活动。现在政府用考核手段去要企业创新，效果往往不好。

政府、企业、科研院所、大学和个人作为创新的参与者都应该有自己的定位。政府主要还是要营造环境，在科学研究和基础设施等方面多发挥作用；企业是创新的主体，主要是技术集成应用和产业化、商业化的平台；科研院所和大学应在科学研究和一些应用研究的前期多发挥作用。

观点要览

市场也是创新要素之一，因为科技只有与市场结合才能转变为生产力，有效的创新就是获得市场成功的创新。

（二）如何增强企业创新的内在动力

建立企业为主体的创新体系关键是要提高企业创新的

内在动力。企业是否愿意创新，取决于创新能否给企业带来效益。没有一个真正创新的企业会为了获得政府几十万或者几百万的补贴就去冒大的风险，企业为了创新而进行投入往往比政府补助要多得多。企业创新的真正动力是在市场上盈利。调查显示，企业的创新动力一是竞争压力，二是需求推动。企业创新能力是逐步积累的，很多创新企业都经历了从模仿制造、技术改造，先做大规模，再逐步提高技术积累能力和资金积累能力。我们看一个企业是否创新，不仅要看它的研究开发投入，不仅要看它的专利产出，更要看长期效果。专利要是不转化为产品和生产力，并不能给企业带来多少效益。现有考核短期内会促进企业增加研发支出和专利申请数量，但从长期来看，企业创新还是要靠从市场上去获利。国际上衡量企业是否创新，既要考虑研发投入和专利拥有量，更要看企业的现金流、新产品的活跃程度以及对未来增长的预期。

因此，要建立企业为主体的创新体系，关键是提高企业的内在动力，建立市场倒逼企业创新的机制，使企业能够根据市场来自主决策创新。目前，应重点从以下几个方面营造有利于创新的市场环境。

一是要建立公平的市场准入规则，形成各种所有制企业公平竞争、平等获得资源的市场环境和机制。

二是建立反映资源稀缺性和环境影响的资源价格体系和税收政策，利用市场价格机制推动和引导企业创新。

三是要加强知识产权保护。现在我国大部分企业处于技术跟踪阶段，少数企业在自主创新。我们到底是服从大部分企业，还是根据创新型企业和品牌企业需要来确定知识产权的保护强度？我认为如果老是就低不就高，企业的创新动力总是调动不起来。因此，应该以保护创新企业为基准，提高保护知识产权的力度。

四是要加强鼓励创新的需求政策，为创新开辟市场渠道。创新的最终检验标准是能否在市场上获得成功。在美国和欧洲的一些市场经济国家，有些重要的创新成果最初都是政府作为早期用户。如互联网最初是美国国防部、统计局、教育部使用，后来才逐步向市场推广，所以要出台一些鼓励创新的需求政策。

五是要完善各类环境、质量、安全标准，增强执行标准的力度和统一性。标准有两个功能，一是促进技术推广；二是形成优胜劣汰的机制。如果污染企业不能被淘汰掉，实际上是对创新企业或者守法企业的一种不公平。

（三）如何处理好政府与市场的关系

要明确政府与市场的分工，处理好政府与市场的关系。现在讲改革都强调，一是要加强顶层设计，二是要重点处理好政府与市场的关系。在创新和科技领域如何处理好政府与市场的关系，明确政府与市场的分工呢？

科学技术是一个准公共品，有外部性，能够产生很多社会效益，因此，在创新的过程中存在许多市场失灵。比如，基础研究、共性基础研究还没有明确的市场目标，直接投入效益可能很低，但是社会效益比较大。通常，单个企业不愿意投入，在这种市场失灵的领域，政府要发挥引导和补充的作用。

第一，政府要营造有利于创新的制度和政策环境。在我们从计划经济向市场经济转型的过程中，政府在市场环境建设、体制改革方面具有不可替代的作用。

第二，政府要在外部性和社会效益比较大的领域加强投入。在基础研究、前沿技术、社会公益研究和重大的共性关键技术研究等方面，政府要有所作为；在技术被封锁以及战略性领域，政府要加大支持的力度；社会效益比较大的节能减排技术示范和推广也是政府应该重点支持的。许多欧美国家已经把科技政策向创新政策延伸，支持一些重大技术的推广和示范。而在一般的竞争性领域则应该多发挥市场机制的作用，制定普遍性政策，调动全社会的创新积极性。比如，研究开发支出加计扣除所得税政策，企业就很欢迎，但现在落实不到位。在成熟的产业技术领域，由于技术路线和市场方向比较明确，政府可以用各种振兴计划和项目来支持引进技术、消化技术再创新，但是不能过度，否则会导致产能过剩或不公平竞争。在前沿技术和新兴技术的发展过程中，因为技术路线和市场不确定，政府难以通过计划项目来进行引导，政府主要应该支持前期的研究开发以及成果转化，在部分领域可以做早期用户。

第三，在新兴技术产业要公平对待各种技术路线，以环境、能耗、安全等标准作为准入门槛，不要过早以规模作为准入标准。新兴技术产业发展，不仅要技术可行，还要经济可行，要市场能接受，要公平对待各种技术路线。

第四，要促进科技与经济的结合，完善产学研合作机制，提高创新体系的整体活力。建立以企业为主体的技术创新体系的核心，是使企业作为技术集成的产业化和商业化平台，而不是要求创新链条的每个环节都在企业内完成。在共性技术和基础研究等领域，要多发挥大学和科研院所的作用。要分清大学、科研院所、企业在创新体系中的功能定位，发挥各自的优势。要完善大学、科研院所、政府科技计划成果转移的机制，产学研合作最关键是建立合理的利益和知识产权分享机制。

第五，要改进政府资源配置的方式，提高公共资源的利用效率。目前应该实现几个转变。一是从投资激励政策转向创新激励。二是要从科技政策转向综合的创新政策。三是要从考核和点对点的补贴转向鼓励企业创新从市场获得收益。四是要建立公平竞争环境，用市场倒逼机制推动企业创新。五是要完善区域竞争环境，从投资竞争转向创新要素的竞争。创新驱动城市发展和建立区域创新体系的核心内容就是要改善创新环境，吸引和凝聚创新要素。六是要改进政府科技资源配置方式，提高公共资源的利用效率。科技计划要从项目指南导向转向目标导向。尤其在技术前沿和新技术领域，很难把握哪一个技术路线更好。美国在支持太阳能技术发展时，提出的目标是要降低太阳能发电的成本，确定了六美分一度电的目标，然后大家围绕这个目标来申请项目。我们调研了一个华人办的小企业，它获得美国能源部的太阳能资助项目。他们设想用铜线来替代银线，用薄膜来替代玻璃，这样能够降低成本。结果获得了几百万美元的资助，主要用于实验设备投资。又如，丹麦发展可再生能源，首先确定可再生能源发电占电网的比例，然后确定未来的电价，企业根据这个目标去搞技术或选择技术。

第六，要加强创新链条各个环节的资源配置协调。目前，创新链中间环节成果转化和中试是薄弱环节。前期研发投入少，政府还给一些支持。后期产业化，企业自己有积极性，但成果转化不仅花钱多而且有较大不确定性，企业不愿意投入，国家也不太重视。因此，应该加强成果转化和中试。应用性科技项目的决策要提高企业的参与度，要有重点地落实激励创新的政策。要加强创新要素的培育，提高要素质量，完善要素的合理流动机制。在强调建立区域创新体系的同时，要防止把一个一个小区域的创新要素隔离开，只有促进创新要素流动才能真正实现资源的优化组合。

第七，要定期检查评估政府的科技项目。欧美国家对政府科技计划进行定期评估，及时调整，发现不可行的就停止。比如，从克林顿政府开始，每一届美国政府都有一个先进汽车计划，每次重点都不同。他们对这些计划要定期检查，不行就调整方向或停止。在我国，有一个计划一般就要做到底。

（四）如何理解党的十八大提出以全球视野谋求和推动创新

第一个层次，是从全球科技发展和产业竞争的格局来布局创新活动。现在全球知识创造和技术创新的速度明显加快，要根据技术变化和社会需求提前进行部署。最近大家都在讲第三次工业革命，虽然真正具有革命性的替代性技术还没有出现，但各领域的技术进步在加快。从社会需求来看，有几个重点领域需要特别关注：第一是信息化与工业化、人民生活深度融合，带动信息技术的深入发展。信息技术没有发展到头，还有很大的发展空间，包括物联网、互联网、云计算、3D 打印等等。第二是新能源技术与应用。第三是生命科学技术与应用。因为人口老龄化和人们对生活质量要求不断提高，对医疗方面的要求会不断增加，所以生命科学是未来一段时间的发展方向。第四是农业科学技术与应用。现在人口增加，但是耕地在减少，特别是对食品安全等要求提高，农业科学技术的发展和应用已经成为可持续发展和减贫的一个重要领域。第五是绿色技术带动绿色增长。节能减排、环境保护的技术是大家特别需要的。我们在调查当中发现，好多企业想进行环保的技术改造，但是找不到适合的设备。应该加强这方面的共性技术研究，这是重要的产业技术发展方向。第六是海洋和空间科学技术的应用。现在空间技术主要是国家在做。我们很多地区都是面临海洋，如山东、广东、浙江都是海洋大省，现在主要还是传统海洋资源的利用，如，港口资源、鱼虾捕捞等等，真正深层次的海洋资源利用还很薄弱，需要发展海洋科技。第七是要发展高技术服务业。目前制造业转型升级迫切需要工业设计、现代物流、信息服务、研究开发外包等等。第八是要提高基础工业的水平和竞争力。目前我国制造业中，特别是装备制造业中"卡脖子"的就是新材料和一些关键零部件和核心部件。

第二个层次，要坚持开放创新、加强国际合作、有效利用国际资源。前面讲到创新网络化、专业化、全球化发展。很多重要技术的复杂性增加，跨领域合作增多，一个地区、一个国家难以独立完成，需要大家联合攻关。特别是人类共同面临的一些问题，包括健康、能源、粮食安全、环境等问题，都需要人类共同合作解决。

第三个层次，要掌握和有效运用国际规则，保障在全球范围内谋划

和推动创新。在我们创新能力比较薄弱的时候，人家不太重视你。现在
我们有一定的创新能力了，欧美国家在中美和中欧战略对话中，把创新
政策和知识产权政策作为重要的对话内容。因此，我们要掌握和有效地
运用国际规则，来保障我们在全球范围内谋划和推动创新。

解读党的十八大『创新驱动发展战略』

王 元

授课时间：2013 年 5 月 31 日

作者简介：曾在清华大学、中国社会科学院、德国埃森大学学习，获经济学硕士、博士学位。早年务工，挥汗打铁。20 世纪 80 年代初开始，在中国社会科学院工业经济研究所、国务院发展研究中心从事产业经济和企业改革研究工作。2000 年调任中国科学技术促进发展研究中心。现为中国科学技术发展战略研究院常务副院长。主要研究领域为产业经济、科技发展战略与政策等。

内容提要：本文从五个方面解读创新驱动发展战略。作者认为，创新驱动发展战略有非常深刻的时代背景，对中国的未来发展有重要的战略利益。中国丰富完整的生产体系和科技跟进能力结合在一起，能够形成极其独特的优势，这是推动和实施创新驱动战略的基础。作者还分析了科技发展规划的重要目标与政策含义，剖析了科技领域的新部署以及科技体制改革的最新进展。

今天，我就中国科技发展和党的十八大提出的创新驱动战略给大家做一个解读。各位学员都来自企业，对产业发展和全球竞争态势都有深切的感触。央企在所处行业中都是举足轻重的，各位对宏观经济走势和我们国家提出的"调结构，转方式"有着非常深刻的体会。我想从创新驱动发展战略的角度跟大家介绍一下中国科技发展的总体情况，包括我们对科技发展的一些判断以及中国未来战略的一些想法。

我讲五个方面的内容。第一部分，创新驱动战略提出的背景。我不从宏观经济形势的角度来讲，只讲创新驱动战略。一起探讨国家经济社会发展有哪些重大的科技需求，全球科技创新在发生什么样的变化。第二部分，创新驱动战略提出来之后，成为各级党委和政府工作的重要方针，创新驱动战略作为经济发展阶段的重要特征，是否适合我国的所有地区？从科技发展的角度来说，有什么样的基础条件来支撑这样的战略，这就涉及对中国科技发展总体实力的判断。第三部分，"十二五"国民经济发展的规划和"十二五"科技发展规划中，确立了什么样的目标，这些目标的政策含义是什么。第四部分，围绕创新驱动发展战略，在落实"十二五"科技规划的过程中，对科技部署作了哪些调整，发现了怎样的新信号。第五部分，科技体制改革的问题。2012年7月份召开了改革开放以来第四次全国科技创新大会，这次大会规格最高、参加人数最多。中央和国务院非常重视科技体制改革，科技体制改革涉及企业，涉及大学，涉及部门，涉及地区，围绕企业主体的创新组织，我们有些什么实质性的推动和思考。

一、创新驱动发展战略的背景

进入21世纪的第二个十年，中国经济进入了一个新的历史进程。

我们说站在新的历史起点上，这个新的历史究竟是什么？有几个非常有意思的特征。

第一个重要特征是 2011 年中国正式宣布经济总量超过了日本。在 2011 年年底，中国政府第一次宣布中国制造业增加值超过美国，成为第一大制造业国家。我们预测，中国经济可能会进入个位数的增长阶段，如果中国经济今后的年均增长不超过 7%，美国经济增长不超过 3%，我们会在 2020 年之前在经济总量上超过美国。当然，可能有不同的算法，美国历史学家麦迪森的《世界千年经济史》是一部影响力比较大的书[①]。他按照购买力平价的方法来计算，中国在 2003 年 GDP 总量就超过美国。即使按照现汇来计算，中国在所谓百年屈辱之后，所有人也将见证中国经济总量超过美国的重要历史时刻。在全球 GDP 的总量中，中国所占的比重将会超过 15%。

大家都在讲**中等收入陷阱**的问题。经济史一般认为，一个国家的人均 GDP 达到 5000 美元之后，会进入中等收入陷阱。近 50 个国家相继进入五千美元之后，只有极少数国家跨越了这个陷阱，这是经济学热议的一个重要问题。在我看来，对于中国来说，这是一个伪问题。中国经济差异性大，发展阶段不平衡，在整个经济增长的过程中，这种差异能够产生持续的动力。我一直不认为中国会进入中等收入陷阱，或者可以说，中国还没有到中等收入陷阱的阶段。我们考察了 40 多个没有跨过中等收入陷阱的国家，比如阿根廷、巴西、墨西哥等等，没有任何一个

概念释义

中等收入陷阱：世界银行《东亚经济发展报告(2006)》提出了"中等收入陷阱"(Middle Income Trap) 的概念，基本涵义是指：即鲜有中等收入的经济体成功地跻身为高收入国家，这些国家往往陷入了经济增长的停滞期，既无法在工资方面与低收入国家竞争，又无法在尖端技术研制方面与富裕国家竞争。

---

① 安格斯·麦迪森：曾经担任过很多国家政府的经济顾问，其中包括巴西、加纳、希腊以及巴基斯坦。由于他的研究兴趣，他曾经到访过很多发展中国家，他主要的研究兴趣是影响各国长期经济发展的因素，焦点是经济史的计量分析和国际比较。

国家拥有类似于中国的科技基础和工业基础。我认为，一般化地泛论中等收入陷阱，而不对中国经济社会发展的实际表现和结构特征做深入分析，就是在用一般性的结论来诠释中国所面临的问题。在经济总量增长的同时，中国的人均 GDP 在 2012 年已经超过六千美元，增长速度之快令人惊叹。

第二个重要特征是，虽然中国人均 GDP 的排位在 80 个国家之后，但是中国相当多的中心城市、沿海省份的人均 GDP 已经接近或超过一万美金，这些地区的人口总规模接近美国的总人口，超过了日本总人口。有些事情只有在中国能够发生，杭州湾的跨海大桥有 37 公里长，舟山的环岛高速多么壮观，汶川地震之后的重建规模令人振奋。这样的壮举只有在中国才能够发生，彰显中国科技的积累，体现了中国工业化的水平。

当我们讲人均 GDP 依然落后于很多国家的时候，确实有越来越多的人口、越来越多的省市正在跨越一万美金的门槛，进入更高的中等收入阶段。在这样的背景下，有人认为，中国传统产业分量过大，高新技术产业应该更快地发展，服务业或者第三产业的发展滞后于第一和第二产业的发展等等。但是，当人均超过一万美金的时候，获取财富的手段和方式就要发生非常深刻的变化。拼资源、拼劳力、拼价格的财富获取方式是难以持续支撑人均一万美元之后的国民收入增长要求的。

中国是一个非常巨大的市场。很多人都在用苹果、三星的手机，或者联想、华为的最新手机，同时家里也存放着大量过去使用过的手机。前几天我在上海看见我在德国学习时候的指导教授，他用的手机依然是西门子公司 15 年前的第一款手机。我们手机的更新速度非常快，追求各式各样的新东西，而且背后的市场规模极大。这就产生了各式各样的、丰富多彩的产品和结构。比方说芝华士酒，中国人并不会喝洋酒，但是芝华士在中国的销量是世界第一。在工业化或现代化的过程中，除了印度以外，只有中国和美国有条件依靠自己庞大的国内市场来推进工业化和现代化。

回想起第一次工业革命，英国、荷兰、比利时、德国、法国等国家，在发展过程中建立了大量的殖民地，这和它们没有足够大的国内市场有一定关系。它们需要海外殖民地输送劳动力，需要海外殖民地扩大原料来源，更需要海外殖民地来维护和支撑市场。无论鸦片战争，还是东印度公司在印度的占领，都是在一定程度上为当时工业革命所形成的产能扩张来寻找市场，这样支撑了欧洲国家财富的迅速积累。

第三个重要特征，进入新世纪第二个十年之后，中国整个经济结构有可能进入一个新的活跃变动时期。这个判断有三个重要维度。第一个维度就是大量新兴地区的出现。这些新兴地区既包括前几年已经迅速发展的北部湾临港经济带、防城港、北海等，又包括主打海洋战略的舟山群岛，还包括辽宁的沿海城市带以及福建海西经济区所确定的平潭岛开发区。这种新型地区的出现，对中国整个经济的发展起到非常重要的带动作用，它和背后的腹地以及区域经济会产生密切的联系。像深圳对广东的带动，浦东对上海的带动，宁波对浙江的带动，这些点状开发的区域性增长极对所在区域和全国的带动性都非常强。第二个维度是一些新型部门的出现。新型部门能够带动相当多产业的出现和成长。第三个维度是产业内部组织集约化的提高。这将是我们国家未来产业结构变化的重要特征。各位老总都经历了三十多年的改革开放，中国企业在相当长的时间里，始终存在产业结构是否合理的问题。这个问题表现在大中小企业并存，而且生产同一种产品。20世纪90年代我在中国社科院工业经济所从事研究的时候，作为改革开放之后第一届研究生，刚到社科院，就参加了国务院的经济结构调查。这次经济结构调查持续进行到90年代末期。我们对二十个产业的集约化程度进行比较，中国产业的集约化程度比国外低15—30个百分点。中国有众多的汽车厂，有众多的钢铁企业。从世界发展趋势来看，没有任何一个国家像中国，有这么多的这类企业，一个行业中，有这么多的巨头，这确实是中国必须要逐渐解决的问题。我们不能依靠行政命令来解决行业集约化程度，行业集约化程度还在于生产的过程以及市场组织的布局。未来中国经济结构调整将处于非常活跃的时期。

第四个重要特征，随着中国高速铁路网和高速公路网的密集化，越来越多的城市连接在一起，都市圈、城市群以及城市带成为一种趋势。现在北京到天津不到半个小时就能到达，京津两地已经发生了很大的变化，两个城市的都市区呈现并拢的趋势。东北的沈阳、抚顺以及锦州等城市在路网开通之后，也呈现同城化的趋势。当越来越多的城市被连接在一起的时候，要素的流动就会发生非常重大的变化。物理通道打通之后，要素的流动会越来越快。中心城市原先所独享的要素资源能够辐射到更多的城市。我们到地方上去调研的时候，相关领导都要介绍当地有多少大学，有多少科研院所，有多少院士和博士等等。这些都是实现创新驱动发展的条件，关键要看你的地区能不能比其他地区更有效率地配置资源。院士、博士、大学、院所都是可以流动的，这样的变化对中国经济的版图会发生深刻的影响。

第五个重要特征，在很多产业部门中，越来越多的中国企业有条件成为行业中的全球领先者。不是拍了胸脯，中国就能成为领先者。在越来越多的行业中，中国已经出现了一批可以领先于世界的龙头企业。一个行业中大致可以观察到三类企业。一类企业叫领先型企业，比如苹果公司推出来的 iPhone，直接打乱了原来的手机市场。第二类企业是跟随型企业，三星、华为、联想等一大批企业都在跟随。联想的智能手机的市场占有率很可能在两三年内要超过三星。第三类企业是模仿型企业，过去中国的大量企业都是在模仿。领先者吃大蛋糕，跟随者分掉小蛋糕，模仿者吃一些更小的蛋糕。我们总是说，中国产业处在低端，拼劳动力、拼资源、拼环境、拼成本，让人家赚了我们的血汗钱。回过头来看，在越来越多的行业中，中国企业开始有条件成为领先企业。华为、中兴通讯现在已经成为国际市场中最重要的竞争者，我们也有越来越多的企业"走出去"。目前，行业部门按照统计局的分类标准有一级分类和二级分类，三级分类我们是不知道的。如果从三级分类来看企业，你会发现大量企业已经冲在前头了。在这样的格局下，政府应该帮助企业做些什么事情，是延续过去传统的方式，还是调整支持的方式和手段，这是我们要思考的问题。

　　第六个重要特征，除了能源资源以外，劳动力成本对我们产生持续影响，并且影响会非常之大。如果说资源价格、能源价格的上涨是由国际市场价格所决定，不同国家的企业都要接受同样的价格，那么劳动力成本的刚性上涨则是由中国企业独立承担的。我认为这会产生两个结果。一个结果就是，越来越多的企业需要从劳动密集型企业转变为技术密集型和资本密集型企业，用更多的资本和各种各样的机械来替代劳动力，在东莞已经看到这样的趋势。这会带来另外一个重要变化，我们需要更多地通过技术进步和创新来创造出新的就业岗位，创新和创业引起了整个社会的重视。过去我们讲创新，主要讲科学家、工程师、关键技术、技术研究、科技文件等等，现在越来越强调如何通过创新带动就业。

　　第七个重要特征，随着中国制造业的增加值超过美国成为世界第一，而且这种趋势我认为是不可逆转的，越来越多的跨国公司开始在华设立独立的研发机构，商务部的统计是1500多家。全球技术中心正在向中国转移，虽然中国不是这些跨国公司唯一的技术中心，但中国将成为全球重要的技术中心。这两年科学活动也开始向中国转移。一些重要的科学杂志开始在中国设立办事机构，科学中心也在逐渐向中国转移。

　　党的十八大提出来要全球谋划，要有全球视野。从全球视野来看创新驱动的背景，我觉得有三个方面值得关注。第一，21世纪前十年的后半期，特别是2007年之后，很多国家都频繁地出台创新战略，这是过去没有出现过的现象。奥巴马就美国创新战略连续发表演讲，内容涉及怎样维持增长能力和美国的繁荣，怎样增加高收入群体的规模，以及怎样创造更多高收入就业机会等等。俄罗斯也出台了2020年国家创新发展战略。连一直没有明确国家战略的英国，到了2009年，也提出了以增长为目的的创新与研究战略。第二，就是大家都非常关注的新的工业革命的问题。美国一位经济学家写了一本书叫《第三次工业革命》，重点讲新能源与新机器之间的结合，产生了七个方向的技术变革。李克强总理责成有关研究部门作出相应的判断。党的十八大前后，领导同志在讲话中多次提到科技革命与产业变革的问题，这也引起我们密集的讨论。在我看来，判断一次革命是否能够发生是几十年之后的事情。当革命确实渗透到所有人、所有部门中，才能被定义成为一场科技革命。蒸汽革命如此，电气革命如此，自动化革命如此，信息革命依然如此。所谓信息革命实际也是在 PC 机和互联网发展了三年之后，才被人们普遍确认为一场革命。现在预测科技革命还不太理智，但是我们的确看到产业变革已经非常活跃。一种产业变革对中国带来的影响是多方面的，无论从能源的角度、材料的角度、制造的角度、装备的角度，都要有相应的变化。3D 打印技术在中国发展得很快，但是它对整个先进制造业会产生多大的影响，特别是对大批量、标准化、连续生产的产品会产生怎样的影响，这还需要观察才能判断，但 3D 打印技术的确引起一个重要的产业变革，这种产业变革改变了材料技术。我是学锻压的，锻件通过热处理，要不断地改变其金属结构，但是 3D 打印技术出现之后，就可以通过金属粉末的铺垫，通过数字建模形成一个完全科学合理的镜像检验。这种变化是相当大的，但是这样的变化是作为制造业的一次革命，还是作为一种特殊的技术变化，还需要进一步观察。第三，进入 21 世纪之后的前十年一直到现在，全球科学论文和发明专利的增长幅度明显高于 20 世纪的任何一个十年，大概要高出 3.4—5.6 个百分点，这是很不得了的数据。2000 年一直到现在，专利和论文的分布在学科领域上是相对平衡的，所有学科的增长都很快，没有出现明显朝某些领域集聚的状态。我们认为这是群体性突破。群体性突破是有来历的，不能随便乱说的，不知道哪个地方会出彩，也不知道哪个地方会出现重大成果，很难预测未来五年、十五年会发生什么变化。这种群体性突破有技术的时代特征，表现为要绿色发展，要可持续，要智能化。价值观的变化能够比单项技术的变化产生更大的影响，对各个国家的未来都会产生非常深刻的影响。

总的来说，创新驱动发展战略有非常深刻的时代背景，对中国的未来发展有重要的战略利益。

二、中国推动创新驱动发展战略的条件

中国有什么样的基础和条件来实施创新驱动战略，这涉及对中国科技总体水平的评价。从总体上来说，中国科技的发展有两个根本性的变化。

第一，全社会对科技进步和创新的有效需求发生了根本变化。我们估计，2012年全社会的研发经费投入超过1万亿，这1万亿中的74.6%是由企业投入。中国技术市场年均增长超过24%，2012年达到6400多亿，挂牌交易的技术交易总额的增长速度非常快。大学、科研院所和企业联合兴办的各种研究机构、实验室已经成千上万。我是浙江大学的客座教授，浙大为了优中选优，突出学科优势，在与企业合作方面设置了两千万元的门槛。尽管如此，很多企业的需求仍然非常迫切。20世纪80年代、90年代，甚至十年前与现在都无法同日而语。小平同志讲科学技术是第一生产力的时候，他到日本坐了新干线，到美国看了各种各样的公司，知道中国与发达国家的差距是很大的。他的第二个重大部署就是解放知识分子。那时候中国在科技方面的投入是很少的，国家层面的"863计划"一年不过一百多万，现在都已经上百亿了。过去我们讲需求牵引，现在需求越来越旺盛，这是中国科技发展的重要推动力。

第二，中国科技的跟进能力大幅度提高。跟进能力不是模仿。我不讲科学这块，中国在材料科学、化学、生命科学领域的论文数量现在都是数一数二的，增长非常快。从企业层面或产品技术层面来看，比方说苹果推出iPhone手机之后，中国企业迅速跟进。联想公司对三星采取并行战略。三星推什么产品，联想很快就能推出来，跟进速度非常快。

有人说是模仿，如果没有相应的技术储备，你是跟不上的。过去我们模仿，形似神不似，样子有点像，但是实质达不到那种水平，这是因为你掌握的技术和技术储备非常脆弱。联想在 12 年前，在比尔·盖茨刚提出智能手机概念的时候，联想公司以及科技部的科技计划已经在不同技术部件上开始布局。联想智能手机在技术准备上，无论是触摸屏也好，还是自由滑动也好，都已经有了十年的技术积累。三十多年改革开放，我们引进了大量技术，同时也逐渐提高了我们国家的学习能力，加上各种不同环节技术知识的经验积累和沉淀，整个工业部门和科学研究部门的基础越来越厚实。如果我们把跟进能力和中国特有的丰富和完整的生产体系结合起来，就是重要的竞争优势。

中国现在之所以能够把自己制造的产品卖到世界各地，一个非常重要的原因是中国什么都可以制造，中国有非常强大的产业自组织能力和学习能力。美国、德国、英国等国家中很多制造部门已经不存在了，因为规模不经济。中国可以生产火柴，也可以生产蜡烛；可以生产衬衫，也可以制造大型装备；可以生产数控机床，也可以制造万吨巨轮，我们的产业结构极其丰富。我是 20 世纪 80 年代第一批出国的留学生，在德国留学，那时候德国商店里的中国产品无非是景泰蓝的盘子和北京生产的一种笔记本。现在，奥特莱斯里的世界名牌很多都是中国制造，包括意大利的手包、皮鞋。中国丰富完整的生产体系和科技跟进能力结合在一起，能够形成极其独特的优势，这是推动和实施创新驱动战略的基础。

三、科技发展规划的重要目标与政策含义

我不讲具体的目标，大家从已经正式公布的文件都可以看到，就不

再重复。但是在制订"十二五"国民经济发展规划的时候，有几个问题引起了比较热烈的讨论。

第一是怎么看中国科技论文已经世界第二的现象。很多人认为，中国产出论文的速度非常快，中长期规划制定的时候，我们预计到 2020 年科学论文总数进入世界前五。当时我是主要执笔人，现在回想起来，这个目标很保守。2012 年我们全球科技论文总量已经是世界第二位。大家经常说中国科学论文质量差，论文导向也存在问题。这些问题都存在，但是科技论文迅速增长的事实反映了中国已经拥有相当数量从事科技研究的群体，有大量的人在从事着不同学科的研究，努力在世界一流的刊物上发表论文。这种大规模科学活动沉淀下来，包括发表论文的过程、所带领的学生、所教育的各种各样的人才，这些都是非常重要的财富。我们也关注到中国论文质量也在迅速提高，2003 年制订中长期规划的时候，中国论文的总引证率排在 17 位，2012 年已经提升到第 7 位了。

第二是如何看待科技成果转化率的问题。温家宝总理曾经提出，能不能给科技进步或创新找到一个简单而实用的指标。起草组和我讨论过三次，他们首先提出科技成果转化率的问题，很多政协委员也在提科技成果转化率，认为中国存在成果转化率低的问题。成果转化率是个伪指标，但是个真问题。成果转化难于统计，因为不知道分母是什么，也不知道分子是什么。但是，成果转化的确是个真问题，涉及科技体制改革，也涉及发明专利。目前，中国的发明专利已经跃居世界第一位了。很多人都在讲，中国的发明专利质量不高，有很多是垃圾专利。发明专利很复杂，为了保护核心专利有必要注册大量外围的、保护性专利。实际上，要筛选出核心专利也是非常困难和艰巨的

观点要览

如果我们把跟进能力和中国特有的丰富和完整的生产体系结合起来，就是重要的竞争优势。

任务。李国杰院士曾经跟我说，他们为了筛选出计算机的核心专利，大约花了两三年的时间，才筛选出 13 个核心专利。国民经济规划的起草组提出成果转化率的时候，我们进行了讨论，最后没有采用这个指标。

第三是如何看待科技进步率的问题。中长期规划使用了科技进步贡献率的指标。所谓科技进步贡献率，在经济学理论上叫广义技术进步贡献率。它的意思是说，在整个国民经济增长过程中扣除可计量的资本贡献，再扣除可计量的劳动力贡献之后的余额部分，它既包括了新技术的引进，包括新产品研发投入，也包括生产过程中生产组织人员素质等方面的变化。算不太清楚的余额统称为广义技术进步贡献率。我个人不主张使用这个指标，因为这个指标是波动的，而且不具有可比性。指标在中国常常用来进行绩效考核，一般来说指标应当是不断递进的。科技进步贡献率不是一个绩效性指标，而是一个观测性指标。2008 年中国应对金融危机的时候连续几年扩大投资规模，四万亿进去之后，中国整个科技进步贡献率就会下降。像北京、上海这样的城市，虽然科技资源极其丰富，科技投入极大，但是它们增长的贡献主要还是资本，这些城市科技进步贡献率指标要低于西部城市。这个指标不宜作为各地方进行比较的指标，而且这个指标很容易被操作。"十二五"国民经济发展规划和党的十八大没有采用这个指标。2013 年的全国科技创新大会、党中央和国务院联合颁布的科技体制改革文献里仍然出现了这个指标。

我认为科技发展有两个核心指标。第一个核心指标是全社会的研发强度，就是 R&D 占 GDP 的比重。2012 年我们 R&D 占 GDP 的比重达到 1.9%，到 2015 年将会达到 2.2%。不考虑国民经济增长的速度，估计在 2015 年全社会的研发投入强度会超过 1700 亿元。它沉淀下来的技术研发活动和科学活动，对中国未来发展非常重要。第二个核心指标是每万名从业人员中的研发人员数量。我们提出的目标是 45 人，这与美国、日本等国家仍然存在较大差距。中长期规划纲要在选择目标的时候，我并没有同意采用这个指标，这个指标在中国非常"凄惨"，和其他国家差距很大。"十二五"要着力提高这个指标，因为科学技术进步、创新驱动的重要特点是整个社会职业结构出现变化，职业结构的变化能够直接反映企业的发展究竟是靠创新、靠资本、靠劳动力，还是靠扩大再生产。我们最近又制订了一个新的指标，即每千人企业从业人员中的研发人员数量。我们想把这个指标作为一个重要的观测指标，来观测中国企业职业结构的变化。

四、科技领域的新部署与新调整

　　全国科技创新大会召开之后，特别是党的十八大之后，科技领域有了一些比较新的部署。

　　一是开展新的重大专项的论证。2012 年重大专项的研发投入累计已经超过了 500 亿元，涉及大飞机、大规模集成电路、创新药物等。最近逐渐出现了一些标志性产品，比方说，大规模集成电路的成套工艺装备，其中关键装备光刻机在上海已经出来了。大飞机也在加快推进，一系列创新药物开始出现。

　　二是推动战略性新兴产业的发展。2007 年中国开始制订十大产业振兴规划，提出七大战略性新兴产业，2012 年颁布了战略新兴产业发展规划。在推进过程中确实存在各种各样的问题，包括产能过剩的问题，过分依赖国外市场的问题等等，这些问题也引起我们持续的关注。中国在发展战略新兴产业的时候主要是动员整个社会资本进行投资，能够在很短期内迅速形成大规模的生产能力，但是在形成生产能力的过程中，投资驱动的导向造成战略性新兴产业在发展方向上，一定程度抛弃了我们在技术研发布局上五年到十年的持续投入。比如，光伏产业采用的大量装备大都直接从国外进口核心部件以及零部件，实际上排斥了中国原来已经提前十年甚至更长时间布局的技术研发体系。战略新兴产业在今年两会受到各委员的关注，如何进一步健康地推动战略性新兴产业，需要中国重新布局，这种布局要考虑整个新兴产业的组织特点。我们过去在战略性新兴产业发展过程中，有规模规划，有布局规划，有结构规划，也有市场规划，但是我们可能忽略了三个问题。第一个问题是战略性新兴产业的技术体系到底应当怎么形成？最近我们做了 LED、电动汽车等产业的技术路线图和产业竞争力分析。我们绘制了技术路线图、产业路线图、厂商路线图和价值链路线图。分析显示，中国整个科研布局比较重视终端，缺乏成体系的布局，而且技术体系各环节也非常不均衡。我们在先不解决胯下问题或不知道胯下存在什么问题的前提下，老是在寻求某种跨越。无论是成功跨越还是没有成功跨越，事后我们才真正感到胯下问题的重要性。第二个问题是如何认识战略性新兴产业发展的组织特点？我们对战略性新兴产业的组织特点仍然缺乏清晰的认识，究竟是纵向一体化更好呢，还是横向一体化更具有竞争力？光伏产业可以看得比较清晰，虽然无锡尚德破产重组了，但是尚德的纵向一体化很可能是这个产业部门的重要组织特点。第三个问题是如何认识促进战略性新兴产业发展的政策？过去，我们更多重视供给政策，而忽视需求政策的制订。如果没有需求政策，整个行业只能面对国际市场，如光伏产业或新能源产业。从二次能源的结构角度来看，光伏产业在国内的市场还没有超过7%，93%的产品都在出口，一旦国际经济形势发生变化，国内厂商会受到巨大打击。如果不启动国内需求，战略性新兴产业不可能得到健康发展。我在思考"产学研用"究竟意味着什么？我们看军品的发展，歼-15、歼-20、导弹驱逐舰、卫星激光等领域的进展非常快。为什么获得如此快的进展？因为有明确的用户和明确的目标。民品的发展就不遵循这样的路径。今年，国电公司和国网公司宣布实施新能源并网发电的政策，这是光伏和新能源产业的需求政策，这种需求政策对相关产业的健康发展非常重要。需求政策是我们对战略性新兴产业进行重新思考和重新部署所应关注的问题。

三是中国研发投入的结构。中国政府的研发投入超过 80% 是朝着试验发展阶段,这种投入结构并不合理,这意味着我们对基础研究的投入仍然不足。根据我们的测算,2012 年基础研究所占比重低于 5%,中国科技投入带有明显的功利主义倾向,追逐效益,追逐热点。科技成果转化非常重要,但是我们千万不要忽视成果转化所需要的关键技术和中间技术。过去我们在追赶的过程中,功利主义是对的,人家有的我没有,我要有;人家做得好的,我做不好我要学。在资源有限的条件下进行重点突破,选择重中之重,有所为有所不为是非常重要的。但是,我们如果只是为了制造而制造,就有可能失掉制造所需要的基础性技术和中间技术的研究。随着财政资源越来越丰富,中央政府科技投入的定位应该落在不放弃任何可能的创新机会上,应当更多地在面上进行持续布局。说起来容易,但做起来难度非常大。重视前瞻性技术和基础性研究,将是今后布局的重要关键点。

四是科技资源向民生领域倾斜。党的十八大要求更多关注民生,涉及水、食品安全、健康卫生等领域。今年以来,中国科技资源配置重点在一定程度上向民生领域倾斜。最大的民生问题是就业问题。人们常常认为就业问题是人社部和发改委的事,科技的作用容易被忽视。实际上,我们应该关注如何通过配置科技资源,使用财政工具,真正促成更多的人来参与创新和创业活动。

五是提升中国科学技术的开放水平。科学技术是最早走出国门的。无论是中美建交、中韩建交、中日建交,最早的代表团都是科学技术代表团或者教育代表团。中国也搞了很多双边和多边协议,参与了很多国际科学大工程。但回过头来看,中国科技开放程度仍然很低。在制订"十二五"规划的时候,我是起草组的组长,我特别强调国际化程度。我们的大学和政府出资兴办的研究机构,要拿出一定比例的固定工作岗位提供给国外的科学家,大学提供 10%—15% 的工作岗位,科研院所提供 10% 的工作岗位，这些要求要作为大学和科研院所履行职能的重要考核指标。以日本理化所为例，日本理化所前前后后产出多位诺贝尔奖获得者，其固定编制人员 1728 人，合同编制聘用 4700 多人。4700 多名员工中，80% 以上是外国科学家。我们的大学和研究院所如果能够进一步提高国际化水平，让更多不同文化、不同背景、不同研发方法、不同研究思路和不同创意的科学家真正交流起来，能够扩大我们的国际视野，对中国研发水平的提高会产生非常大的影响。2011 年我们去德国访问，参观了很多重要的研究机构。我们发现，德国原子能、生命科学以及尖端通信技术的研究所都有大量来自中国的科学家，很多研究室清一色都是中国科学家。这是科研院所和大学的组织范式，是中国研发活动发展的重要方向。

五、科技体制改革的问题

第五个部分讲一讲全国科技体制改革的问题。

中共中央和国务院联合发布了科技体制改革的文件，这个文件有三个关键词。第一个关键词叫作企业主体，第二个关键词叫作协同创新，第三个关键词叫作地方实践或叫地方探索。按照文件分解出 62 项具体任务，400 多项具体措施。每项任务都有牵头部门，厚厚一大本，其中有牵头部门联络人、责任人、完成时间、路线图，整个改革措施在严格地推进。

我重点讲一讲企业主体和协同创新的问题。目前有很多词汇容易混淆。我们谈科技的时候更多讲的是技术，往往忽视了科学。中国的语境容易混淆，有时候又把创新和研发混在一起。创新是个经济过程，需要很多要素，研发只是创新过程中的一个要素而已。在创新过程中，企业主体非常重要。有很多企业没有研发机构，研发人员数量有限，技术水平也很低。为什么企业成为研发主体？经济过程就是这样，因为企业是市场的基本组织单位，所以企业当然成为主体，这是没有什么可以争论的。当然，大学和科研院所也发挥着非常重要的作用。

大家现在都关注企业，我们千方百计找优秀企业，找龙头企业，找地方上最重要的企业，但是从国家战略层面和科技资源配置的角度来说，不抓产业就抓不到企业，我们必须首先搞懂整个产业才能抓好企业。在科技体制改革的过程中抓企业，就要在企业里建国家重点实验室，现在已经有一些，将来还会建更多。我们也会增加投入，建设国家级工程技术中心。除此之外，在企业为主体的布局中，一定要抓产业，才能抓住企业。我们首先要知道企业在产业中扮演什么角色，发挥什么作用，才能围绕产业发展规律和技术特征组建产业创新链。我们正在做产业路线图和产业竞争地图，分析不同行业中的产业链和技术链，分析产业链中厂商分布情况，分析技术链上厂商掌握的专利情况。

我们研究了科技成果的转化过程之后，还发现一个容易被忽视的问题。我们往往强调科研成果的激励机制，但是需要指出的是，无论大学和科研院所的科技成果获得怎样高级别的奖项，到了企业之后，它仅仅完成科技成果转化的 1/4 工作，后面还需要大量的技术来支撑整个生产过程，保证生产的稳定、连续和可靠，这是一个复杂而艰巨的技术实现过程。我们要重视企业能够把最先进技术快速转化为实际工艺技术装备和可批量生产产品的创新能力。过去科研院所很大程度上承担了这方面的工作，现在院所改制更多以利润为中心，这种工作慢慢被削弱。

关于协同创新，从国家的层面上看，最关键的是政策协同。供给政策、需求政策、投资政策、消费政策、技术政策、产业组织政策、进出口政策应当相互协同。协同还是一种重要的组织模式。我们在浙江遇到一家生物医学材料与器械有限公司，这个公司策划了两三年，现在把国内外 100 多个研究团队组织起来，有搞研发的，有搞技术的，有搞产品的，有搞工艺的，有搞装备的，不少重要用户也参与进来。这家企业的主攻方向是一种特种材料，现在开始进入快车道。他们谈的体会就是协同创新，你首先要明白想做什么，然后考虑怎么做，关键是请谁来做，要找到能解决问题的关键人物，甭管是国内的还是国外的。

目前，我们正在抓紧修改科技成果转化法，国务院法制办已经将其确定为一档法律，主要涉及成果转化法的国有资产属性问题、处置权限问题、分配比例问题等等。这些都是存在较多矛盾的问题。制订更好的需求政策工具，这对引导整个企业的投入和研发方向非常重要。只要有稳定明确的需求政策，你不需要关注企业如何投资，有多少人会去投资，这些都可以交给市场去选择。采购制度、行业技术标准等需求政策工具，也是推动技术进步的重要措施。

实施知识产权战略，建设创新型国家

田力普

授课时间：2013 年 4 月 22 日

作者简介：1953 年出生，国家知识产权局局长、党组书记，第十七届中央纪委委员，第十八届政协委员。中国人民大学、武汉大学和华中科技大学兼职教授，同济大学知识产权学院名誉院长和博士生导师。

1981 年毕业于中国科技大学研究生院。理学硕士，研究员，德国慕尼黑工业大学名誉博士。先后在欧洲专利局、德国专利局、德国联邦专利法院等机构学习进修，曾作为访问学者在德国马克斯－普朗克专利法研究所从事知识产权研究工作。曾参加中国专利法实施细则的起草，发表过多篇知识产权方面的论著和译著。历任国家知识产权局专利复审委员会副主任，电学审查部副部长，自动化部部长，副局长。

内容提要：本文论述了知识产权对我们国家经济社会发展的重要性，在分析我们目前面临的形势和挑战的基础上，介绍了知识产权战略和加强知识产权工作的举措。作者认为，我们正处于从模仿型国家向创新型国家快速转变的阶段，知识产权已经成为关系国家发展的重大战略问题，知识产权是国家的核心战略资源，知识产权战略是国家重要的发展战略。

CELAP

　　大家上午好！今天我主要是围绕实施知识产权战略，谈一谈创新型国家的建设，主要包括四部分内容：第一部分，讲一讲知识产权对我们国家经济社会发展的重要性。第二部分，介绍一下我们目前面临的形势和挑战。第三部分，简要介绍一下知识产权战略。最后，讲一下加强知识产权工作的几点思考。

一、知识产权对我们国家经济发展的重要性

　　我们搞的是社会主义市场经济，市场经济跟知识产权有什么关系？我认为有两点。第一，知识产权在市场经济中具有财富和商品的属性，而且这个商品是高附加值的。在计划经济时代，大家是不认可这一点的，认为知识、专利、商标不属于商品，认为它没有价值，这是由经济制度决定的。那时大家甚至认为，我们的文化知识没有价值，可以无偿使用。但是，市场经济就认为知识创造这个无形的东西，也是产品，也是商品，也有交换价值，也有使用价值，而且越来越多的人认识到，它的价值更高，比有形的财富更高，具有更高的附加值。第二，知识产权是市场竞争的必要手段，也是我们建设创新型国家的基础和衡量指标。就是说，市场竞争不光是有形财富、有形产品之间的竞争，也包括知识财富、知识产品的竞争。进入知识经济时代后，这一点越来越被大家认可。产品在市场化过程中有一个曲线，横轴是按时间来计算产品从一开始构思创意到最后市场化和营销的整个过程，纵轴代表附加值。在20世纪六七十年代以前，这个曲线是比较平坦的。为什么呢？因为当时发达国家没有完成全球产业结构调整和转移，制造环节一般都在发达国家，两端的研发和营销当然也在它们那里，所以发达国家的制造成本比较高。但是，20世纪80年代以后，发达国家率先搞发展方式转变，也

是经济增长方式转变，进行产业结构调整，逐渐把中间附加值比较低的制造、组装和零部件生产扩散到其他国家和地区。它们把两头放在本国，左边一头的创意、研发、设计，右边一头的市场营销、品牌培育，这两头都属于服务业，属于第三产业。中间那块是第二产业，把二产转移到生产成本低的地方，所以成本压得越来越低，这个曲线看起来也越弯曲。我们国家两头也有一些，研发、设计、创意、营销也都有一些。但是我们的竞争力更多体现在出口加工贸易。我们引进技术，引进原材料，然后加工制造、组装、再出口，我们在加工组装方面的竞争力非常强。现在你别看发达国家搞制造业回流，美国搞什么再工业化，它也就是喊一喊，弄几个厂子回去，还是离不开中国。经济学家把我们这种模式叫打工经济，两端叫知识经济，两种经济之间有一个交换，知识经济国家可以输出知识、资本，打工经济输出工业产品。知识经济是怎么回事，和知识产权有什么关系？知识经济的概念我们就不说了。产权化的知识在知识经济中构成了最重要的生产要素和财富资源。在传统工业经济中，其他要素如资本、劳动力、资源、土地等非常重要，到知识经济时代，那些都不重要了，你生产多少吨钢铁、多少水泥、你有多少土地、你有多少劳动力都不重要，重要的是知识。

另外，知识产权在知识经济中是国际竞争的重要工具。刚才说知识产权是市场竞争的工具，现在要上升到国际层面了。在国际竞争的舞台上，知识产权是一个核心的东西。

中央提出来 2020 年要进入创新型国家行列。创新型国家和知识产权有什么关系？整个创新型国家建设是一个庞大的系统工程，知识产权是其中很小的一部分。那比这个再大一点的是什么呢？我们叫知识财富，还有很多不是知识产权，不是专利，不是商标，也不是著作权，但它也是财富，像非物质文化遗产、标准、商业模式，甚至专利商标过期了，可以随便用了，它也可以产生价值。再大一点的概念叫知识资本，知识不是凭空产生的，要人来创造，所以要和人力资源加在一起。知识资本和金融资本是对应的。知识经济是什么呢？就是你的生产要素以知识资本为核心，其他要素为支撑。以前其他要素是核心，知识也有，但不是主要的。现在要搞知识经济，知识资本就是核心。什么是创新型国家？就是你这个经济体中，知识经济占据主导地位，自主创新成为国家经济社会发展的主要动力，这时候国家才能够称之为创新型国家。也许知识经济的成分在整个经济总量中没有占多数，没有超过50%，但是核心驱动力在这里，能够带动其他要素的聚集和发展，这才能够称得上是创新型国家。在创新型国家的建设过程中，国家的核心竞争力体现在知识产权上，这是胡锦涛总书记在一次讲话中专门讲到的。

自主创新现在讲的比较多，实际上很不容易。我这里有一个金字塔模型。在金字塔的底座，就是我们过去的技术引进，主要依靠学习、跟踪、模仿、拷贝、复制、仿制等等。我们过去一直都是这样做的。现在提出自主创新以后，还要这样做，因为很多技术还不能自己创新，很多我们需要的东西光靠自己还创不出来，还得学习。当然前提是不要侵犯人家的权利。从金字塔底座向上，我们叫引进、消化、吸收基础上的再创新，我们的专利语言叫改进发明。再往上有一个集成创新，都是已有的东西，我们把它集合在一起，形成一种新的产品，专利语言叫组合发明。最顶尖的叫原始创新，世界上没有过的，我们专利术语叫作首创发明。首创发明、组合发明、改进发明都是可以获得知识产权的，要有这类创新，可以在国家知识产权局申请一个专利。金字塔底下那些就不行，创新的分界线很明白。过去我们国家主要还是处于金字塔的底部，大家都热衷于去学习、模仿、跟踪。我们都知道"863"，"863"项目国家投了很多钱，搞的规模很大，也产生出了很多成果，但是专利少。大家问为什么专利少啊？因为"863"设计的时候，就是跟踪世界最领先的技术，还是在金字塔底下跟踪学习。人家有的，我们没有，通过"863"我们把它得到，但这东西得不了专利，可是对国家的发展进步是有用的。所以我为什么说这个底座托儿不能丢呢？你光有尖，没有底座托儿，那是空中楼阁啊。但是你有了这个托儿了，没有金字塔的顶尖，你永远是二流国家，永远没有自己的创新，永远被人家瞧不起。当然自主创新很难，尤其是原始创新，我们搞专利的都知道，每年国内专利申请几百万，但是真正的原始创新很难，你想到的人家早就想到了，人家都做出来了。全球每年的原始创新也就几十个吧，能够引领未来的产业发展、技术变革的也就几十个。中国人自己做的，老实说还算不出一个。比如说载人航天，美国、苏联几十年前已经做到了。大飞机那是第二次世界大战就有了。很多发明创造不是在中国产生的，创新是很难的事情。但是我们要走创新之路，我们的目标是 2020 年要成为创新型国家。那现在是什么国家啊？我说，我们还是一个模仿型国家，整个社会、企业从思想到生产还是模仿型的。但是，我们处于从模仿型国家向创新型国家快速转变的状态。这个转变有路径，所以我们有目标，那就是要进入创新型国家的行列。我们有发展的方式，那就是转变经济发展的方式。我们有战略，我们有动力，那就是党的十八大提出的创新驱动发展。我们还有着力点，也是十八大提出来的，就是实施知识产权战略。这个转变非常难，相比模仿型国家，创新型国家所需要的条件是完全不一样的。你要搞模仿，很多东西是不需要的，但是要创新就不行了。

　　中国这样干，西方怎么看？怎么想？他们的想法很简单，你不要成为创新型国家，你就当模仿型国家就好了。所以要遏制我们的发展，阻止我们成为创新型国家。最好还停留在打工经济时代。因为那个状态很好，它在两头高端，然后我们给它打工。全球的产业链分工布局，是西方国家早就设计好的，这个设计符合他们的国家利益。说句老实话，当时也符合我们的利益，因为我们改革开放以后，我们要发展，我们也有一个过程。打工我们也愿意，引进技术，大进大出，两头在外，出口加工，让我们国家能够快速地积累，我们也需要。这种增长方式、这种发展模式我们也是需要的。但是现在我们已经认识到了，我们不能永远搞打工经济，我们也要往发达国家那个模式上走。但是，西方不答应，他们希望这事只由他们来干，我们不要干，所以现在我们遇到很多麻烦。

2012年召开了党的十八大，大家也学习了，创新驱动发展也是我们这个班的主题。我也参加了十八大，我们学习十八大报告的时候，大家在小组讨论中认为这个报告非常好，其中一处提到战略，那就是创新驱动发展战略。我发言说，其实有两个地方提到战略，在创新驱动发展战略下面还讲了实施知识产权战略，讲了两个战略，当然后面还有一句，要加强知识产权保护。我们也回顾了一下，党的十六大当时也有一句话，叫作完善知识产权保护制度，十七大讲实施知识产权战略，十八大把这两个捏到一块儿了，又做了进一步的强调，我觉得这个意义非常深远。大家也可能问，十六大以前的提法呢？十六大以前我们党的政治报告中没有任何一个报告讲到过知识产权，这一切都是发生在十六大以后。2012年12月中央经济工作会议，习近平总书记有一个很重要的讲话，就是要着力增强创新驱动发展新动力，加快科技创新，加强产品创新、品牌创新、产业组织创新、商业模式创新，加强外商投资权益和知识产权保护等等。2013年3月份《政府工作报告》全面总结了政府五年来的工作，其中在第四部分提到我们过去五年做了四件事（简称"3+1"），包括三个规划纲要和一个战略。一个战略就是知识产权战略，三个规划纲要就是人才、科技和教育中长期规划纲要。

为什么西方国家这么看重知识产权？最近我有一个朋友从美国回来。我问他到美国有什么感想？他说美国什么都便宜，房子便宜，食品便宜，汽油便宜，食品安全还挺好。那美国什么最贵啊？他说，知识产权产品最贵。反过来，中国什么都贵，房子贵、吃的东西贵、穿的东西贵，但是知识产权产品便宜。你到大街去买盗版盘，在网上去下载影视产品，都不花什么钱的，知识产权的价值还没有被认知。美国有三大霸权：金融霸权，军事霸权，知识霸权。知识霸权就是体现在知识产权相关产业上。它有三个第一，PCT 国际专利申请全球第一，知名商标数量全球第一，版权相关产业的收入全球第一。美国人把知识产权看作是它的命根子。美国商务部有个报告，2010 年知识产权密集型行业对美国 GDP 的贡献率是34.8%，对就业的贡献率是 27.7%。大家也不要惊奇，美国人为什么总是就知识产权指责我们。因为这关乎他的国家安全，关乎到他的经济安全。这个案例大家都知道，苹果公司生产全球最受欢迎的数码产品，它的产品基本都是在中国生产的，它没有 iPod、iPhone、iPad 的生产工厂，它自己什么都不生产，它进行全球外包。生产一台 iPod，全球零售价是 299 美元。有两个美国学者分析了 iPod 的价值构成。他发现零部件 114 美元，整机组装 4 美元，销售、物流、商业成本 75 美元，还有 106 美元是什么呢？就是知识产权费用、创意、品牌、设计、专利等等。这是美国人研究出来的，中国组装企业富士康拿到占 1.3%。苹果过去非常有意思，过去它的产品背后都写中国制造（made in China）。前两年开始改了，你翻过来看看，改成设计是在美国加利福尼亚，然后组装在中国。中国出口到美国的电器电子产品，95% 是加工贸易，80% 是来自外资企业。我

们老说我们的出口有高技术产品，苹果能算高级技术产品吗？其实都是加工贸易，顺差在中国，利益在美国。2010年世界商标价值的前十名，第一是苹果，第二是 Google，第三是 IBM，还有什么麦当劳，反正基本都是美国的，第九是中国移动，也算是中国的一个品牌吧。我算了一下，根据 2010 年的统计，陕西的 GDP 是 1 万亿出头，折算为美元为 1578 亿美元，大致相当于苹果的品牌价值。苹果的品牌价值是 15300 亿人民币，陕西的 GDP 是 15700 亿人民币，我们一个省好几千万人辛辛苦苦干一年，成千上万

家企业获得的收入也只相当于人家一个牌子。苹果公司根本就不能算是二产，不是传统意义上的 IT 企业，它是一个三产。苹果就是做研发、创意、设计、创建和运行新的商业模式。它这个企业是生产知识，运营知识的，这个企业不得了，竞争力非常强。根据我们的一个统计，全球市场中 10% 的世界名牌占据了全球 60% 的市场份额，这就是品牌的价值。

二、目前我国知识产权面临的形势和挑战

（一）面临的形势

咱们国家知识产权制度发展得比较晚，新中国成立前基本没有什么动作。清朝那会儿也有法律，也立法了，但是没用，因为清王朝不久就灭亡了。新中国成立以前，国民党政府也搞了一个专利法，但是它也很快就灭亡了，也没用。新中国成立以后的计划经济也用不上知识产权。改革开放以后，从 1979 年开始，我们才开始创建知识产权制度，现在还在发展和完善。我们发展得很快，知识产权搞了三十多年，形成了一个法律体系，形成了工作体系，形成了一个执法体系。我们的商标、实用新型和外观设计多年居全球第一，发明专利 2011 年就首次超过美国，成为全球第一。从专利增长曲线上看，就 1985 年到 2012 年间三种专利申请的增长情况来说，2005 年以前，专利申请的增长是比较缓慢的，从 2005 年到 2010 年左右，增长明显加快，特别是 2009 年、2010 年增长非常快，近两年又提速了，发展得更快。PCT 称之为专利合作条约，是一种全球专利申请布局的国际安排，这体现一个国家的企业在全球部署专利的能力和水平。我们国家在 2008 年以前很长一段时间也是增长缓慢，这几年直线上升。商标的增长也很快，2012 年已经超过 120 万件，

在全球也是多年第一。但是成绩说明不了太多，我们关键要看看问题。

中国科学院原院长、副委员长路甬祥有这么几个判断，他说我们国家科技总体上还没有走出跟踪和模仿。我前面讲了个金字塔，我们还在金字塔底座那儿，创新还比较少。原创能力不足，世界级的重大发明极少，路甬祥副委员长用了极少两个字。关键核心技术自主化比例较低，对外技术依存度大于45%，这是一个非常清晰、冷静的判断。原创发明少到什么程度呢？国外有一个统计，主要统计1950年到2010年60年来全球重大原创性发明的国别，最多是美国，其次是英国、法国、日本等。这个统计中原来没有中国，我额外加上一个。这60年来咱们搞的杂交水稻差不多可以算是原创。尽管在袁隆平之前，国外已经有杂交水稻，也在研究，也有进展，但是中国人首先把这种技术路线研究出来，而且获得全球性的影响，我觉得应该能算一个。

（二）面临的挑战

第一，从全球来看，知识产权作为国际竞争的一个焦点已经成为现实，我们国家面临巨大的外部压力。第二，知识产权纠纷的高发期提前到来，知识产权保护已经成为主流意识。第三，我国现在亟待建立和提升知识产权意识、知识产权文化和创新文化。过去，知识产权国际竞争还不像现在这么重要。以前其他很多国家在发展过程中，也遇到知识产权的问题，但都不像我们这么尖锐。像第二次世界大战以后的日本、德国的发展，只是发展到后期才遇到知识产权的问题，才有外部压力。它们有一个缓冲期，可以先发展，先模仿。但是中国现在就比较困难，我们再搞模仿，再搞反向工程，就是抄人家的，用人家的牌子，用人家的技术专利，用人家的文化产品。不给钱，人家不干，而且纠纷多。你想抄一抄，仿一仿，要点小聪明，人家就找你麻烦，跟你打官司。

有两个认识问题。一个是发达国家为什么在知识产权问题上对中国施压？这个道理很明白，这不是说我们社会制度不一样，你搞社会主义，他搞资本主义，他要让你全盘西化，不是这个。而是你中国发展了，强大了，对他构成威胁了。世界就这么大，资源就这么多，你发展起来，你人人有汽车了，你人人有手机，人人有电视，你还想搞全面小康，这个威胁到他了。现在你又提出搞自主创新，建设创新型国家。创新原来是人家的事情，你搞创新以后他怎么活啊？这关系到他的经济安全，关系到他的国家安全，所以他一定要遏制你。所以中国知识产权的国际形象非常糟糕，你们出国就知道。你们接触一些外国企业家也好，政治家也好，你们会体会到的。一方面因为我们自己做得不好，另一方面是一种集体的、无意识的、发自本能的宣传。第二个认识问题是我们目前知识产权保护水平是否太高？也有人说，日本、德国发展的初期没有什么保护，你美国搞了两百多年的知识产权，头一百年也不保护外国人的知识产权。那时美国的版权法，只对本国人的作品保护，外国人的随便仿，随便抄。英国作家狄更斯气得到美国去打假，带着一帮人到处在美国投诉，最后失败而归。美国人根本不理他，说对不起，你英国人的著作权在我们这儿根本不保护，可以随便翻译。我们可不可以？说老实话不行。不是那个时候了，人家不给你这个时间了。现在是经济全球化的时代，中国的产品销往全球，改革开放要引进外资，引进人家的研发机构，不保护知识产权行吗？不保护知识产权人家不来，你的产品侵权到那儿就给扣了。不是说我想怎么做，就可以怎么做的，那个时代已经过去了。必须要加强知识产权保护，而且更核心的问题就在于知识产权保护的高水平对我们自身有利，有利于中国走创新之路，有利于让创新驱动发展，有利于激发国人的创造活力。

竞争激烈体现在什么地方呢？就是国外的企业通过知识产权到中国市场来竞争，已经不是国际竞争了，它直接到我们国内来竞争。比如说跨国公司在我们国家大量申请专利，注册商标。申请的专利就集中在发明专利。我们有实用新型、外观设计。它主要申请发明专利，因为技术含量比较高，而且集中在高科技领域，而且要尽可能利用我们的法律维持最长时间的保护。从 1998 年到 2012 年世界各国在我们国家知识产权局申请的专利曲线可以看到，1998 年、1999 年那会儿很少，几千件、万把件，甚至有的年份只有几百件。现在，日本、美国、韩国、德国等都在中国有很高的申请数量，数以万件。其中有一个我们叫超长部署期，国外专利的超长部署期，从 2000 年到 2007 年这八年间平均年增长在 20% 以上，这是非常惊人的数字。全球的专利增长量一般的年份平均都是 3%、4% 左右，没有超过 5% 的。但是偏偏在中国，它们集中几年的时间进行大量的投放，什么意思呢？它先把专利布局放在前边，还没有来投资呢，还没有派研发机构进来呢，它就已经先把专利弄到手了。金融危机以后，现在又往上走了，超出世界平均水平。而从 1998—2012 年国内外发明专利申请的趋势上看到，国外的线较平，国内的线是往上扬。在 2004 年之前，国内外大致一样，国外来华一万件，国内人在本国也是一万件，基本是一半对一半。2005 年以后，国内的创新潜力开始释放出来，发明专利申请猛增，但是长期以来国内的专利都少于国外。2012 年国内申请了 52 万件，国外有 12 万件。当然从数量看国内挺多，但是我认为数量不多。拿 2011 年来做分析，2011 年我们国内有 41 万件发明专利申请，大概有两成多一点的是个人申请，这也是中国特色。在世界各国只有中国有大量的个人申请，其他国家基本都是职务发明。但是个人申请专利存在一个问题，他可以有直通车，一个很普通的人可以搞一个发明直接到国外申请知识产权专利，最后获得授权拿到证书，中间没有盖任何审批章。但是，他要用这个专利也很难，要去产业化也很难，因为还有很长的路要走。所以，职务发明是很重要的，刨掉十多万个人的，还有 33 万件专利是职务发明，其中有约四成来自外商投资企业，包括独资或合资企业。只有 20 万件是来自我们国内的企业、院校，我们所说的自主知识产权也主要从这里面产生。那这 20 万件中有四成是来自申请量最多的前一百家企业，集中度非常高。前 15 家企业 2011 年的申请就达到 3 万件，剩下还有 12 万件，我们有多少企业呢？有几百万家企业声称是创新型企业，是有研发的企业。几百万家企业分这 12 万件专利，可想而知，分布的数量并不多。2009 年，我们国家 42.9 万家规模以上工业企业申请专利的仅占 5.9%。虽然庞大的数据超过美国，你一层一层剥掉剩下没多少。

专利质量是一个什么状况呢？告诉大家一个小知识，我们有三个数量：一个叫申请量，一个叫授权量，一个叫有效量。申请量是什么意思呢？我搞了一个发明，以前我不知道有专利这回事，现在我希望弄一个专利，就递交一个申请。这是我个人的希望，这个申请是否最后能够得到授权，还不一定。要经过专利审查，审查合格以后才授权。审查是国际规则，不是咱们自己定的。中国审查专利的标准跟美国、欧洲、日本都一样，检索调查文献也是全球化的。所以，专利授权了以后，就反映出我这个发明水平的高低了。还有一个就是有效量。授权以后，我要生产，要销售，就得维持这个专利。维持专利需要交一些费用，我们叫年费。我如果不想要这个专利，我就不交费，这个专利就失效了，谁都可以用了。所以，我生产出来了，我销售出去，然后打上我的专利号，我要保证我的专利有效，所以叫有效量，反映专利的市场价值。这三个量不一样，头一个是意识，第二个是水平，第三个是价值，当然最核心的是第三个。从 2006 年到 2012 年国内的发明专利的申请、授权、有效量的统计资料来看，现在最多的是申请量，然后差得很远的是授权量，有效量就更少了。当然，随着年份的增加，有效量、授权量还在增长，但是增长不如申请量来得快。为什么呢？是质量的问题。申请了不一定授权，很多被驳回了，不够条件。授权以后要市场化又可能会有问题，可能是寿命短，用几年就不要了。核心的专利数量少，反映出质量有问题。质量有问题不是说这些专利都是垃圾，不该申请，还是要申请的，没有这个申请量，后面的授权量、有效量就谈不上了。而且，这个质量和水平逐渐在提升。从发明专利申请量的分布图中可以看到，我们在 2011 年超过了美国，超过它一点点，2012 年超过它很多了，欧洲也在我们下边，日本、韩国也在我们下边。中国现在排第一，美国第二，日本第三，欧洲第四，韩国第五。而授权量美国第一，中国排老二，日本老三。再看看有效量，有效量咱们更低了。美国还是第一，日本第二，我们变第三了，只比韩国多了一点点。还有一个很重要的数据就是 **PCT**。我们前面讲的都是国内申请，还有一个国外申请的问题。你得在全球部署，要走出去跟人家竞争。PCT 的数据，美国老大，日本老二，德国老三，我们 2012 年才刚刚接近德国，大概还差几百件，跟日本、美国还有很大的差距。我们不过两万件左右，美国有五万多件，日本也有三四万件。

我们再看看技术领域，国内申请专利五花八门，所有的技术领域都可以申请。国内集中在什么领域呢？集中在食品、化学、土木工程、机械器具等，材料、冶金、药品、游戏、环境技术等所谓高科技领域我们也有，但是少一些。国外主要集中在光学、影像技术、医药技术、半导体、通信等。咱们现在还在搞核电，建核电站，需要大型先进压水堆专利技术。我们查了一下，我们国家核电站的技术与国外相比，人家是 40，我们是 1。核心技术基本在国外，所以要引进。我们有三种专利，发明、实用新型、外观设计。国人更多的还是倾向于后面的，发明、实用新型和外观设计各占三分之一。国外实用新型很少，主要是申请发明专利，再加上一些外观设计，即高端的设计。实用新型、

术语简介

专利合作条约（简称为 PCT）： 这是继保护工业产权巴黎公约之后专利领域的最重要的国际条约，是国际专利制度发展史上的又一个里程碑。该条约于 1970 年 6 月 19 日由 35 个国家在华盛顿签订。1978 年 6 月 1 日开始实施，现有成员 60 多个，由总部设在日内瓦的世界知识产权组织管辖。

外观设计不审查，门槛比较低。2012年，中国发明专利的申请数量中有七成来自国内，而授权数量国内占五成多一点。什么意思呢？就是很多国内的专利申请通不过审查，不符合专利法规定的授权条件，也就是说质量还是有问题。国内国外是一视同仁的，标准是一样的。目前，来自国内的申请量、授权量都已经超过国外了，这几年质量在稳步提升，在接近国外的水平。

还有一个挑战，就是国内企业跟国外企业的专利纠纷非常多，挑战还是很严峻的。我们目前搞模仿，侵犯知识产权的行为还是比较多的，有的时候人家打官司也有道理。这里举几个例子，先说说汽车的外观设计。我接待了一个日本企业的老总，说你看我们日本车子的造型是这样的，然后我们在中国市场上发现了同样的造型，他们还买了两辆作为证据。还有饮料瓶的外观。"醒目"是可口可乐公司的饮料，我们一个企业的山寨版叫"酷月"，远远一看分不太出来。有两本书，一本是《好妈妈胜过好老师》，一本是《好爸爸胜过好老师》，看起来这是一个系列书，妈妈要好爸爸也要好，这样孩子才能教育好。但是有一个是正版，有一个是盗用人家的设计和书名，结果打起官司，这是著作权纠纷。"好想你"是河南一个企业生产的干货、炒货、大枣的商标。这个商标官司打得一塌糊涂，因为他打不胜打，有很多类似的商标，比方说，有的企业注册了"真的好想你"牌的枣，还有"真的想念你"、"真的喜欢你"、"真的长想你"等等。还有比较新的一个，叫作"枣想你"。这都是傍名牌，"好想你"的枣可能卖得比较好，所以其他企业也傍名牌。层出不穷的这种"创新"，叫创新吗？你说你怎么维权？还有一个官司，联想牌啤酒被批准注册，联想公司不干了，说凭什么啊，联想是名牌啊，你弄成联想牌啤酒。

商标这种知识产权是干什么用的？为了区别。大家都生产同样的产品，消费者不知道是老张的，还是老李的。怎么办呢？弄个牌子。老张牌，老李牌，这样让消费者一看，老张的，我认他，他这个产品好，老李的我不买。商标的目的是以示区别，这是立法的本意。如果大家申请的牌子都令消费者混淆了，分不清这是老张的，还是老李的，这个就是失去了立法的本意了。

我们国家拥有自主知识产权的企业数量少，也有一些好的，但是少。前面为什么讲我们还是模仿型国家啊？拥有自主知识产权的企业只有几千家，占万分之几。什么叫拥有自主知识产权？不受制于人啊，就是你有核心技术、关键技术。不是说你有一个专利，就拥有核心技术了。规模以上的工业企业 95% 都没有申请过专利，很多企业就是贴牌、模仿。最近上海市搞了一个统计，2010 年年底上海共有中小型法人企业 33.9 万，加上大企业共有 34 万，其中拥有发明的 4400 家，占 1.3%，拥有实用新型的占 4%，拥有外观的占 2.5%，这是上海的统计。从创新看也好，从研发看也好，上海是国内专利密度比较高的地区，但也就是这个状态。你说实用新型、外观设计不好，但它也有用啊。即便如此，也只有百分之几的企业才申请，大部分企业干什么去了？国内权利人拥有的专利情况不容乐观，有效专利少，发明专利比重低，持续时间短。向外申请更少，中国企业走出去，2000 年以前只有几百件，2011 年有 3 万件，也不是很多。有一个指标叫平均每百万人口向外申请专利，中国是 1.6 件。发达国家是 50 件以上。

三、大力实施知识产权战略

2008 年 6 月 5 日国务院颁布《国家知识产权战略纲要》，标志着我们国家这个重要的战略开始实施。纲要的基本定位是什么呢？有三条，即知识产权已经成为关系国家发展的重大战略问题，知识产权是国家的核心战略资源，知识产权战略是国家重要的发展战略。这个战略不是我们国家知识产权局自己的发展战略，也不是我们系统的战略，是国家的战略，是由国务院颁布的。纲要的核心内容着眼于制度变革，完善知识产权制度。大家要注意，知识产权是一种制度，一种确认无形财富的财产权的法律制度。纲要的主线就是促进自主创新支撑的创新型国家建设，增强国家的经济实力、科技实力、文化实力、国际竞争力，保障国家利益和经济安全。纲要的方针，叫作激励创造，有效运用，依法保护，科学管理。纲要的涵盖范围是所有的知识产权领域，涵盖知识产权的全过程，包括创造、运用、保护三个环节，还有信息、中介、人才等方面，全方位涉及经济、贸易、科技、文化等领域，应该说是比较完善的。我把纲要的主要内容简称为"112579"，即一个序言，一个指导思想，两个阶段目标，五个战略重点，七大任务和九个专项，这里我就不详细讲了，大家在我们的政府网站上可以看到。

四、加强知识产权工作

最后，讲讲加强知识产权工作。第一是认识问题。我前天在武汉参加了一个国际会议，作了一个很短的演讲，我说在三十多年前中国开始改革开放的时候，只有几个人认识到知识产权这个东西的重要性，大部分人都不认识甚至反对。这几个人里有一个伟人，就是邓小平。中国搞知识产权跟小平同志的决策是有关系的。为什么？因为当初搞专利的时候，大家全反对，因为一搞专利我们就保护外国人，这是肯定的，因为我们都是模仿嘛。反对搞著作权的人更多了，《专利法》是1984年通过的，《著作权法》1990年才通过，当时争论非常大。现在认识提高了，我那天讲，大概全国有二十分之一的人，有几千万的人知道这个重要了。从几个人到几千万人，大部分的人还不认识，但是认识的这几千万人很重要，是什么人呢？我们的发明创造者、文化产品的生产者、创新者，包括企业家、文艺工作者、专家、教授，还有一个群体就是政府官员。从中央政府、中央领导到地方政府、各级领导，大家确实要比普通老百姓的认识高。两会期间，记者都在采访基层，问老百姓你最关心什么啊？你对两会有什么期待啊？我就注意了，没有一个老百姓说我关注自主创新、国家的知识产权保护，没有人这样说。都是说什么住房啊，医疗啊，子女啊，老百姓对创新也好，知识产权也好，都不太关心，但是这个事情是管长远的。那谁最关心？谁认识最高？我觉得首当其冲的应该是我们的政府官员，我们要走在前面，这关系到国家的长远发展。习近平总书记3月4日到我们政协科技联组会，总书记有备而来，作了一个长篇讲话，诠释什么叫作创新驱动发展。

第二，政府有认识了，你管什么？怎么抓？我认为有"五抓"，抓战略，抓机制，抓政策，抓环境，抓服务。我们建设服务型政府，加强社会管理，知识产权工作也是政府重要的公共服务职能。

第三，要让企业成为知识产权工作的主体。把知识产权作为市场竞争的重要工具和企业的核心竞争力，这一点也非常重要。刚才我讲了很多例子，就是想说明，情况还不是那么乐观，那些数量还不是我们真正想要的，关键要让知识产权、专利转化为生产力，要靠企业。

第四，切实加强知识产权保护，要加大执法力度。中国知识产权的保护环境不容乐观，执法投入不足。国外老是在指责，我们不要管他，但是我们要认识到知识产权制度的核心就是法律保护，没有良好的法律保护环境，没有强有力的执法，这个制度就要崩溃，就要失效。现在知识产权保护很难，有形财产好保护，无形财产就非常困难。

第五，文化和人才。这里的文化是指全社会的知识产权意识，这一点是带有根本性的。我们国家搞知识产权时间很短，只有三十多年的时间，说句实话，知识产权真正被大家认识，也就是加入世贸组织以后这十来年的时间。过去大家还是认为，知识不值钱，知识应该共享，应该无偿使用。国外的东西我们可以拿来随便仿制，这个习惯现在还是有的。这是我们的文化传统，历史上从来没有任何一个朝代有知识产权保护制度，法律制度和工作机构都没有。现在就需要转变，知识产权战略纲要里专门有一章是讲文化的，这一点我觉得更重要。

科技创新的回顾、思考与展望

王渝生

授课时间：2013 年 4 月 11 日

个人简介：中国科学院理学博士、教授、博士生导师，德国慕尼黑大学博士后，享受国务院政府特殊津贴。曾任中国科学院自然科学史研究所副所长、研究员，中国科技馆馆长、党委书记、研究员。长期从事科学史研究和科普教育工作，发表论著 30 余种，学术论文 80 余篇，科普著作和文章百余种（篇）。全国科普先进工作者，中直系统精神文明建设先进个人。

内容提要：本文以世界科技史为背景，回顾了科技创新的历程，对未来的创新趋势进行展望。讲座认为，人类文明经历了原始文明、农业文明、工业文明，现在正在进入生态文明的阶段。20 世纪有两大科学理论，四大科学发现，六大高新技术，21 世纪科技发展有八大趋势。新中国成立六十多年来，基础研究广博精深，工程技术硕果累累，科技创新服务民生。

CELAP

今天我以世界科技史为背景，从中国科技史的角度回顾一下科技创新的历程，并对未来的创新趋势谈一下我的思考和展望。既然今天要讲科学，要讲创新，就要把科学和创新的概念理一理，即要正名，所谓名不正则言不顺。

一、科学的由来和内涵

什么是科学？我查了一下有关史料，大概科学来源于古希腊的哲学。在 2500 年前中国有一个著名的教育家，我们也把他作为一个思想家、哲学家，叫孔子。孔子的哲学主要是教育哲学、人生哲学、伦理道德哲学。与孔子所处同一时代的古希腊，哲学也非常发达和成熟，古希腊的哲学有四个组成部分，一个是本体论，一个是认识论，一个是人生哲学，一个是自然哲学。自然哲学也就是研究自然界的本质和规律性，用今天的话来讲，自然哲学就是自然科学。中国古代没有科学这个词，中国古代跟科学这个词最为接近的叫格致，《礼记·大学》有所谓八目：格物、致知，诚意、正心，修身、齐家，治国、平天下。这八目我们现在主要讲后四个，要修身齐家治国平天下。在古代，国和天下不是一个含义，国是指诸侯国，是指一些小的邦主，天下才是指我们华夏大地，整个中华。我们要修身齐家治国平天下，但是常常忽略了开始还有格物致知、诚意正心。"诚者，天之道也；思诚者，人之道也。"这是孟子说的。格物致知就是科学方法，就是通过接触了解、考察研究客观存在的事物来获得科学知识。

科学这个词是什么时候传到中国来的呢？ 1898 年戊戌变法的时候，康有为、梁启超的奏折第一次谈到我们要学西方的科学。光绪皇帝的上谕也讲：我们的格致要变成科学。科学这个词在中国社会大行其道是在新文化运动、"五四运动"时期。被毛泽东称为"五四运动总司令"的陈独秀在《新青年》上撰文说，现实的中国，只有德先生、赛先生可以救治政治上、思想上、学术上、社会上的一切黑暗。从而举起了民主与科学的大旗。我是 1978 年，也就是 35 年前考上中国科学院研究生院，我几乎每一年都要参加中央举行的"五四运动"纪念会。我感到有些困惑，每一年弘扬"五四"精神的内容都不太一样。你说"五四"的精神是爱国，那当然是。也可以是图存，是救亡。但不要忘了，我们要恢复历史本来面目，"五四运动"的核心旗帜就是民主与科学。注意是民主与科学，还不是倒过来的科学与民主。因为当时德先生是摆在赛先生前面的。所以胡适也有一句话，历史就好比一个小姑娘，她原本应该是个小姑娘。历史学家写出的历史就是给这个小姑娘穿上不同的服装。所以想要恢复历史的本来面目谈何容易。

幸好我是学科学史的，科学还是一个比较客观的东西，科学本身没有国界，科学本身是客观真理，也没有阶级性，所以一般说来，研究科学的历史中外都差不多，没有太大的区别。相反，政治史、思想史，包括经济史、文化史，都有历史学家自己的观点摆在里面。2000 多年前的秦始皇，我们读历史的时候说他是暴君，后来又说他是统一中国的大英雄。再比如说曹操，从小看戏就是奸臣白脸，后来我看郭沫若的新编历史剧《蔡文姬》，里面的曹操非常英明。曾国藩，在我读中学的时候，也就是 20 世纪 50 年代、60 年代，那时他是镇压太平天国运动的大刽子手。听说蒋介石喜欢曾国藩，我心想那肯定是坏人。我们共产党的一些领袖也喜欢曾国藩，就这样，我觉得要看看曾国藩的书，我真的是一看就看进去了。《曾文正公全集》有三个部分，有他给皇帝的奏折，有他的家书，特别是给他的两个儿子写的家书。这两个儿子一个当外交官，一个是数学家。还有一部是曾文正公的日记，他写给自己看的，我读了后真的很感动。我不说别的，我就讲科技，因为科技没有阶级性。1871 年，当时在曾国藩军中的知识分子在安庆造了我们国家第一台可以算是自主创新的汽轮船。当然，这个比欧洲的蒸汽机晚了好多年，至少晚了100多年。那个汽轮船到底像什么样子？因为是第一架，查遍了科技史料找不到，这个汽轮船是几缸的，有多大，它的速度是多少，在科技史料中没有找到这方面的记录。没有想到我读曾国藩的日记，居然发现曾国藩那一天亲自参加了第一次试航，他回来就用蝇头小草写了上千字来描述我们中国第一艘汽轮船，叫"黄鹄号"，描述了它的形制、大小。曾国藩当然不懂它的技术特征，比如汽缸，他就说成是窍，前有三窍，后有五窍，诸如此类的，然后是速度有多少。从曾国藩的日记里面，找到了我们国家第一台汽轮船的技术资料。

接下来我讲科学的定义。科学的定义我查了有关的史料，找到了几十种说法，我记了厚厚的一本笔记。我最欣赏的科学定义来自英国的科学史家贝尔纳，他写了一本书叫做《历史上的科学》，他用历史的观点来看科学，他对科学的定义有五个要素，即科学是一种建制，科学是一种方法，科学是一种传统，科学是一种生产要素，科学还是一种信仰和态度的强大势力。我本人对科学的理解有以下几个层次：第一，科学即知识。弗兰西斯·培根1620年写了一本书叫《新工具》，传到中国来。其他的话我们都忘记了，但是四五百年以后，我们记住了弗兰西斯·培根的一句名言：知识就是力量。我查了一下原文，拉丁文的知识和科学是同一个词，所以知识就是力量也可以说成科学就是力量。我认为，从最低层次看，科学就是知识。第二，科学不是一般的、零散的知识，它是理论化、系统化的知识体系。第三，科学还不是一个死东西，它是活生生的，科学共同体、科学家群体，为了获取知识和知识体系的一种社会实践活动。第四，在现代社会，科学还是一种社会建制。第五，小平同志说科学技术是第一生产力，科学对物质文明建设有基础性的作用。第六，如果说科学技术是第一生产力，那么科学精神就是第一精神力量，科学不仅对物质文明建设，而且对政治文明建设、精神文明建设、生态文明建设也有重大的意义。

二、科学的社会功能

首先，我给大家介绍一个有关科学与技术争论的故事。1997 年，当时我还在中国科学院自然科学史研究所当副所长。1998 年我出席了一个高层次的会议，纪念邓小平同志"科学技术是第一生产力"发表 10 周年、"科学技术是生产力"发表 20 周年。这个会上有三十几个领导，都是科学家，我也发了个言。我去查了查马克思最早对于科学技术是怎么认识的？为什么到了 1978 年小平同志会说科学技术是生产力，我要讲那段历史。在自由发言时，出乎意料，我听到了一个苍老的声音，他说了这样一句大不敬的话：我对邓小平的论断有意见。大家听后都起哄。小平同志这么好的两句话，你还有意见？你还有什么意见？没有想到，他一听大家嚷，便再强调一句，我对邓小平的论断有两点意见。他有哪两点意见？第一，邓小平讲科学技术是生产力，是第一生产力，他没有把科学和技术分开来讲，笼而统之讲是不准确的。技术通过工程，通过生产和生活活动可以成为生产力，甚至是第一生产力，但是科学却不一定。陈景润的哥德巴赫猜想是什么生产力？我们每个时期都有科技发展的总方针。还记得 20 世纪 80 年代很有名的两个词叫面向、依靠。那是 80 年代改革开放时，我们科技发展的总方针就是科技发展要面向经济建设，经济建设要依靠科技进步，就是说我们科学技术和经济建设的关系非常密切。搞科技创新，一定要面向经济建设，要在生产实践中有应用。用这个观点来衡量，陈景润就没有办到，他的那个科学研究就没有面向经济建设。他就是一个人关在屋子里面算啊算的。第二，邓小平不是经常说物质文明建设和精神文明建设两手都要抓，两手都要硬吗？为什么你讲科学的时候，你只讲它是生产力，是第一生产力？我们的领导干部也要学科学，要用科学的思想来武装头脑，要用科学态度来对待万世万物。我们的工作当中要体现科学精神，所以科学不一定只是有生产力的功用，还有精神方面的作用。他讲完以后，大家都觉得这个院士还是有水平的，他讲真话，讲实话，但是大家不敢鼓掌。这个时候打破僵局的是他旁边的另外一位女院士，比他还年轻。这个女院士对这个老院士说了一句话：某某老啊，你对邓小平提了两个意见，我也要对你提两个意见。第一，对邓小平同志说的这句话，你要结合历史背景、时代背景来看。那是1978年，全国科学大会拨乱反正，要把臭老九，要把知识分子从资产阶级知识分子里解放出来，发挥他们的聪明才智，所以要强调科学技术是生产力。我们从事科学技术研究的知识分子是搞生产力的，那当然是工人阶级自己的一部分，要弄清当时的时代背景，这样你就知道强调生产力的这种良苦用心了。第二点，邓小平这句话多精练？科学技术是生产力，八个字。过了十年，人家说十年磨一剑，他是十年增加两个字，科学技术是第一生产力，十个字。你要小平同志在八个字里面、十个字里面既要谈生产，又要谈精神；既要谈科学，又要谈技术，哪儿是八个字、十个字能说清楚的？就像你刚才，起码讲了八十个字、一百个字。如果这八十个字、一百个字让小平同志说，比你说的还好。这一下，我们开会的三十多个人就热烈鼓掌。我当时就在想，这个女院士不仅像刚才那个老院士一样讲科学，她还讲政治，不仅讲唯物论，还讲辩证法。我再讲一句话，这个故事就完整了。后来，几天以后，我读商务印书馆出版的《爱因斯坦文集》第三卷，我读到爱因斯坦1937年的一段话，就把这个问题讲清楚了。他用的就是八十个字、应该有一百个字。爱因斯坦说，科学的社会功能有两个，第一，科学直接的但更多的是间接的通过生产工具转化为生产力，促进生产的发展。科学的第二个功能是它的教育功能，科学作用于人类心灵，这个功能看起来不像第一功能那么明显，但是它和第一个功能同等重要。你说爱因斯坦这段话是不是就把科学和技术分开了？而且，把科学的生产力的功能和精神力量的功能讲得更激动人心。这个故事是我亲身经历的，很有意思。

三、科学的分类和公民科学素质

现在我们看看科学的分类。毛泽东在 1941 年延安科学院成立大会上有一句名言，世界上的知识有两门，一门是自然科学知识，一门是社会科学知识，哲学则是自然科学和社会科学的归纳和总结。这句话我第一次看到是在 1965 年解放军总政治部发的《毛主席语录》中。我是 1966 年大学毕业，1965 年我还在大学里读数学系。我当时马上就想，科学一般分成自然科学、社会科学，数学分在自然科学里面，哲学在社会科学里边，为什么毛泽东要把哲学单列出来？如果他把哲学单列出来，我就要把数学单列出来，我始终认为数学和哲学是一对孪生姊妹。如果说文史哲、政经法都属于社会科学，那数理化、天地生都属于自然科学，这一点问题都没有。但是，如果将哲学单独提出来，那数学跟其他的自然科学区别至少也一样大。你看物理化学、天学地学生物学，都是要通过观察实验，并且以数学为工具对自然界的某一个领域、某一个部分进行深入研究，唯有数学它是全面的，它是整个科学的工具，是整个科学的基础。我当时就认为世界上的知识有两门，一门是自然科学，一门是社会科学，哲学和数学则是自然科学和社会科学的工具和基础，也可以说是归纳和总结。这是 1965 年我的看法，但我不敢说，说了就是反对毛主席。后来，我到北京读研究生了，慢慢接触了钱学森。钱学森又提出了一个概念叫思维科学、人体科学。我一下就觉得世界上的知识有三门，一门是自然科学知识，一门是社会科学知识，还有一门是思维科学知识，因为自然科学是研究自然界的规律，社会科学是研究人类社会发展的规律，而思维科学是研究思维的本质，思维的产生、思维的发展、思维的规律性。思维是什么？你也可以把它说成是自然，但它是一个很奇怪的自然现象。我们对自然科学的研究是通过什么来进行的？通过人的思维来进行，所以思维是研究自然科学的一个工具。同样的，我们的社会科学家，我们的政治家，他研究社会发展的规律，也是用他的思维去研究，所以思维本身不是自然科学和社会科学的研究对象，思维是研究自然科学，研究社会科学的工具。那么思维本身应不应该作为一个研究对象来研究，来找到它的本质和规律性呢？我觉得是应该的。因此，就应该有一个新的科学，既不是自然科学，也不是社会科学，还不能够认为是自然科学和社会科学的交叉，它必须要用新的方式，新的方法来研究思维，来研究大脑的活动，它就是思维科学。

我参加了《国家中长期科学和技术发展规划纲要（2006—2020）》的战略研究，最近几年又参加了《国家中长期教育改革和发展规划纲要（2010—2020）》的战略研究，我现在还是国家教育咨询委员会委员。同时，我是国务院颁布的《全民科学素质行动计划纲要（2006—2010—2020）》起草组组长，这个纲要从 2006 年要管到 2020 年。当时，国务院在 2006 年 2 月份要公布全民素质行动计划纲要，要我当纲要起草组组长，这个纲要应该有哪些内容，纲要的总字数又不能超过一万字。我在纲要中首先对科学素质下了一个定义，计划纲要第一个自然段就是关于科学素质的定义，主要是我起草的，现在看来那个定义还是不太完善的，完全可以进行修正。我当时对科学素质是这样下的定义，即公民的科学素质是公民素质的重要组成部分。这句话里面我只讲科学素质是公民素质的一个重要组成部分，我没有讲公民素质应该由哪几个部分组成。我个人认为由三部分组成，第一要有思想道德素质，第二要有科学文化素质，第三要有身心健康素质。我现在想进一步解释的就是科学素质。公民具备基本的科学素质一般是指了解必要的科学技术知识，掌握基本的科学方法，树立科学思想，崇尚科学精神，并且具备一定的应用他们处理实际问题，参与公共事务的能力。就如我将科学理解成六个要素一样，我把科学素质也理解成六个要素，即四个科学和两个能力，也就是科学知识、科学方法、科学思想、科学精神，再加上两个能力。这四个科学里只有科学技术知识可以转化为直接的生产力，科学种田、科学做工可以提高产量，提高质量，增加收入。方法，思想，精神的层面不是生产力，它属于文化的范畴，它属于意识形态，它属于上层建筑，我把它叫做科学文化素质。

四、人类文明的进程

我们人类社会经历了几百万年，有人说两百万年，有人说三百多万年。我看到一个最新数据说美国的考古学家和人类学家在非洲的中部，发现了距今 440 万年前人类的头盖骨化石。依照最新的说法，人类有 440 万年了。但是，当时人类的头盖骨的脑袋容量远远小于我们当今的大脑容量，所以我们的祖先傻乎乎的，处于蒙昧时代。只是到了最近的三万年、五万年，我们人类才开始聪明起来，但是缺乏文明教养，互相残杀，因此叫做野蛮时代。只是到了最近的五千年、七千年，不超过一万年，我们人类诞生了文明，人类才过上了文明的生活。而这个文明又分为三个阶段，第一是农业文明有几千年，第二是工业文明几百年，第三是生态文明几十年。我认为从 20 世纪 60 年代开始，我们在大搞"文化大革命"的时候，西方世界已经开始从工业文明向生态文明的历史阶段演进。所以我斗胆地把生态文明当成人类社会文明形态的一个新阶段。我们知道，邓小平提出了物质文明、精神文明，江泽民又加了一个政治文明，胡锦涛在党的十七大报告中，又加了一个生态文明，合在一起叫四大文明。我把生态文明概念借用过来，将其作为人类社会发展的第三个文明阶段。虽然人类文明经历了农业文明、工业文明，现在正在进入生态文明这第三个文明阶段。但是，我们从溯源的意义来讲，我们人类都几百万年了，难道我们的文明才几千年吗？那一万年以前、两万年以前石器时代难道不算是原始文明？从溯源的意义上来讲，还有一个人类的早期文明，或者可以叫原始文明。生态文明是人类文明发展阶段的第四个文明，原始文明、农业文明、工业文明、生态文明，这是我的一个视角。原始文明还是乱七八糟的石器，农业文明一定要有土地，是黄色文明，工业文明有了机器大生产，世界就可以联系起来，所以希望能够成为一个海洋文明，蓝色文明，没有想到到工业文明后期，人口爆炸、能源枯竭、生态破坏、资源匮乏、环境污染，变成"黑色文明"。今天我们提出来的生态文明就是人与自然、人与社会、人与人、人的身心之间都要和谐，这叫做生态文明，绿色文明。

农业文明、工业文明跟世界的科技发展有关，我们先讲一讲世界科技发展的背景。首先，古代有四大农业文明古国。农业文明需要三个基本条件，第一土壤，第二阳光，第三水。土壤、阳光到处都有，唯有水很稀缺，所以农业文明，人类第一个文明都是在大江大河流域。有尼罗河流域的古埃及文明，两河流域的古巴比伦文明，恒河、印度河流域的古印度文明，黄河、长江、珠江、黑龙江、雅鲁藏布江流域的古代中华文明。中国是世界四大文明古国之一，五千年前世界文明四分天下，中国有其一。到了 2000 多年前，古埃及、古巴比伦、古印度的文明相继衰落下去，出现了中断现象，中华文明还在持续发展。这个时候，在欧洲地中海沿岸崛起了一个新兴的联邦奴隶制的古希腊文明，后来是古罗马文明。古希腊文明在公元前 5 世纪达到高峰，古罗马的文明大概在公元前后。两千多年前是中华文明和希腊文明平分秋色，世界文明两分天下，中国有其一。到一千多年前，连古希腊、古罗马文明也衰落下去，确切说来是公元 476 年，日耳曼雇佣军侵占了西罗马帝国，奴隶时代就变成了封建时代。

欧洲封建时代的特征是政教合一，欧洲的宗教裁判所可以仅仅因为布鲁诺信奉哥白尼的日心地动说这样一个科学理论，就把他判处死刑，烧死在罗马的繁花广场上。欧洲的中世纪从公元 476 年开始到 14 世纪的文艺复兴之前一千年，科技创新、经济发展和社会进步受到了极大的阻碍，乏善可陈，史称黑暗的中世纪。而中国，因为中国的封建时代整整比西方早了将近一千年。按照郭沫若的划分，中国的封建时代起自春秋战国之交，即公元前 475 年，一直到 1840 年鸦片战争，中国整个封建时代超过了西方封建时代一倍多，长达两千多年。中国的封建时代形成了一个超稳定的政治、经济、文化、科技相联系的稳定结构。所以，中国的封建时代要打破就不像欧洲这么容易，欧洲文艺复兴很快地就把中世纪的那些东西打破了。而我们中国鸦片战争以后到现在一百多年，经过了戊戌变法、辛亥革命、新文化运动，然后我们中华人民共和国成立，以至改革开放，我们封建的东西要想完全打破还难得不得了。我们现在一看电视上的历史剧，《甄嬛传》都看得津津有味。不要说清代，明代、宋代甚至于汉代的戏，我们看起来都觉得非常亲切。为什么呢？他跟我们身边现实生活中的现象太接近了，这叫做几千年一贯制。所以现在很大的一个任务，是要防止封建社会的那些余毒滋生、泛滥。当然，从正面看，中国从公元前 5 世纪到公元 19 世纪这两千多年的封建文化里面，除了文学、艺术、哲学、人文取得巨大成就以外，科学技术也不是吃素的，也不是吃干饭的。

中华文明包括科技文明在欧洲中世纪那个时代远远超过了西方。英国有一位科学史家叫李约瑟，他是 1900 年 12 月 9 日出生，1995 年 3 月 14 日去世，活了 95 岁。他是平民出身，后来被英国王室封了爵位，他去世后，英国政府邀请我们中国科学院前院长卢嘉锡和当时的院长周光召去参加葬礼。当时卢嘉锡住院，周光召又很忙，就委托我们中国科学院自然科学史研究所的所长、副所长，代表中国科学院的院长去出席李约瑟的葬礼。住的是什么房间？住的就是剑桥大学三一学院牛顿住过的房间。李约瑟出版了7卷34分册的巨著《中国科学技术史》，每一本书的扉页上都印着这样一行字：中国在公元3世纪到13世纪期间保持了一个世界其他地区、其他民族所望尘莫及的科学知识水平。我一会儿就要讲中国的科技创新，中国的科学思想水平、科学知识水平、科学技术水平。

五、近代科学革命和技术革命

14世纪到16世纪的文艺复兴、宗教改革，加上科学革命，是西方近代化运动的三个方面。第一就是文艺复兴，第二就是宗教改革，第三就是科学革命。我现在专讲科学革命。1543年哥白尼出版了一本书叫《天体运行论》，推出了日心地动说，这就引起了我们近代的科学革命、天文学革命。然后，经过伽利略、开普勒到牛顿，牛顿是1687年出版了一本书叫做《自然哲学的数学原理》，提出了运动学的三大定律，其中第二定律加速度定律，用了我们迄今为止数学界认为是最简洁又最有用的公式，$F=ma$，一个力，一个加速度，一个质量，居然是这么一个简单的线性关系，这是牛顿发现的。另外牛顿还发现了万有引力定律。牛顿力学的奠基表明哥白尼近代科学革命的终结，近代科学革命从1543年开始一直延续到1687年，这个近代科学革命轰轰烈烈地在欧洲开展。中国没有份儿，中国还在封建的老路上蹒跚地爬行。

有了科学革命，西方接着就有了两个世纪的技术革命，即18世纪和19世纪的技术革命，一个是18世纪的蒸汽机革命，它的旗手是英国工人出身的工程师瓦特。瓦特在1781年获得了旋转蒸汽机的专利，我们中国是1872年，晚了差不多一百年。瓦特的蒸汽机问世就有一个重大的意义，就是机器进入了人类舞台，机器进入人类的社会，一下就把时间加长了，把距离缩短了。以交通工具为例，从来都是人步行或者是骑马，或者是坐牛车、坐马车，突然之间我们有了火车，有了汽轮船，后来我们有了汽车，一下给我们人类生活带来了便捷。而且使用蒸汽机也给我们的工业生产带来了方便，西方就从封建时代一下跨入了工业时代，这是一个划时代的变化。18 世纪就把它称为蒸汽时代。然后到了 19 世纪，又有了近代第二次技术革命，那是电力革命，从 1831 年法拉第的电池理论，后来到了实际运用的电池。电力时代的代表人物就是爱迪生，我们说楼上楼下，电灯电话，白炽电灯是美国发明家爱迪生在 1879 年发明的，到现在也不过一百年多一点。贝尔 1876 年发明了电话，我们人类就从蒸汽时代步入了电力时代。到了 19 世纪末，我们就有了无线电通信，苏联说是波波夫，后来我们查了一下马可尼比波波夫早一点。

到了 19 世纪末我们就有了所谓物理学上的三大发现。哪三大发现？那就是 1895 年伦琴发现 X 射线；1896 年贝克勒耳发现天然放射性元素铀，以及 1898 年居里夫人发现镭。第三个发现是 1897 年汤姆逊发现电子。这三大发现使得当时的科学家把精力全部集中在物理学上，引发了 20 世纪初的物理学革命。

重点提示

有了科学革命，西方就有了两个世纪的技术革命，一个是 18 世纪的蒸汽机革命，一个是 19 世纪的电力革命。

六、当代科学发现和技术发明

20 世纪前 30 年是继 16 世纪中叶哥白尼天文学革命之后的第二次科学革命，那就叫物理学革命，它诞生了两大科学理论。第一，爱因斯坦的相对论。爱因斯坦是 20 世纪最伟大的科学家，甚至于我们也把他认为是人类有史以来最伟大的科学家。我们搞科学史的经常要应付各种需要，比如说有的地方说我们要建一个十大科学家的雕塑园，我马上就可以挑出前十个给他。有的地方说我要二十个，我马上给他挑出前二十个。有的地方说我只要四大科学家，我马上给他四个。有的地方说，我进门就摆两个，一个爱因斯坦，一个牛顿。有的说我要一个，那就肯定是爱因斯坦。所以这个世界，科学家是有一个排名的，包括中国科学家也有一个排名，古代也有一个排名，近代也有一个排名，中外科学家连在一起也有一个排名。爱因斯坦是 20 世纪也是人类历史上最伟大的科学家。他伟大在什么地方？他创立了相对论，1905 年狭义相对论，1915 年广义相对论。爱因斯坦 1905 年创立了狭义相对论，同时就有了一个自然的推论，也是一个公式，叫做质能相当关系式 $E=mc^2$。你看这个公式，比起牛顿 1687 年的 $F=ma$ 就多了一个平方。其实爱因斯坦这个 $E=mc^2$ 还不是指这种宏观的能量，他是指原子内部的能量，确切地说是指原子核的能量，即核能。E 等于它的质量 m 乘光速 c 的平方。如果把 m 代成 1 克，1 公斤就是 1000 克，1 克代到 m 这个公式里面，算出来的 E 有多大呢？相当于 36000 吨优质煤在常规状态下完全燃烧所释放出来的热能。谁说科学不是生产力？谁说科学不是第一生产力？爱因斯坦居然在 1905 年发现了 1 克物质内部的核能可以相当于 36000 吨煤炭。那我们现在还挖什么煤啊，我们只要把这个原子核内部的能量释放出来加以利用就行了，但是这件事情又谈何容易啊。要释放原子核内部的能量，那是一个高科技，而且有危险，有核泄漏，核污染。爱因斯坦指出这个公式，后来就朝着这个方向努力，40 年以后终于实现原子弹（1945 年）、氢弹（1952 年）、核电站（1954 年）。你们看看，爱因斯坦是哪一年出生的，是 1879 年，1905 年他多大岁数？只有 26 岁，居然 26 岁的一个刚刚毕业的大学生，既不是博士也不是教授，仅是瑞士伯尔尼专利局的一个职员，通过自己刻苦钻研，居然发现了核能有这么大的力量。当时科学家都笑话他，说这个年轻人胡说八道，开玩笑。没想到他后来很快就在别的方面也作出了成就，所以他在 1922 年就获得了诺贝尔物理学奖，但是获奖的理由不是他的质能相当关系式，也不是他的相对论，而是他在电动力学方面的贡献。这就是天才。其他领域的天才我不知道，在科技领域是有天才的，像爱因斯坦这样一个 26 岁的年轻人，完全通过理论研究，完全通过数学推算，没有任何实践经验，能够推导出这样一个公式 $E=mc^2$，代表了真理，颠扑不破，是迄今为止我们数学界认为可以和牛顿那个 F=ma 相媲美的两个人类历史上最伟大的公式。所以 20 世纪前 30 年首先出现了爱因斯坦的相对论。

　　第二个科学理论就是从普朗克 1900 年的量子论到狄拉克 1928 年的量子力学。狄拉克创立量子力学是 1928 年，当时也是 26 岁。量子力学是可以和牛顿的经典力学相媲美的一种力学，它是在量子状态下，是在高速运动、微小离子状态下的一种物理性质的表现。现在看来，牛顿力学是一种宏观的、低速运动规律的表现。

　　我讲了 20 世纪初的两大科学理论，现在再讲 20 世纪中叶的四大科学发现。第一是宇宙的热爆炸模型。1929 年科学界就发现整个宇宙在膨胀，整个宇宙在冷却。1948 年就推算出来整个宇宙的年龄是 137 亿年。因为现在膨胀，现在冷却，可以反推回去，137 亿年以前是集中在一个高质量、高能量的质点。一个原始火球大爆炸，137 亿年以后就形成了我们现在的宇宙。我们的太阳系是在 60 亿年前诞生的，我们地球大概诞生于 47 亿年前。现在，我们地球也已经走到它人生的中年了。第二是物质结构的**夸克**模型。第三是全球大地构造的**板块构造**。我们关心天，关心地，关心物质结构，我们再关心一下人类自身，那就是 1953 年的 DNA 双螺旋结构。为什么龙生龙，凤生凤，老鼠生儿打地洞？原来每一个人都有遗传基因，叫脱氧核糖核酸，DNA 的分子结构是一个双螺旋模型。

20 世纪有四大科学发现，大爆炸、物质结构、板块、双螺旋四个发现。然后还有六大高新技术或者说六大技术发明。

第一，核技术。爱因斯坦相对论提出了 $E=mc^2$，这是核能的理论依据。然后 40 年以后，1945 年发明了原子弹，1952 年发明了氢弹，1954 年发明了核电站，1955 年爱因斯坦去世，爱因斯坦最后看到他的质能相当关系式的实现。爱因斯坦 26 岁创立了相对论，得出了质能关系式，66 岁看到了原子弹的爆炸，75 岁看到了核电站的建成，76 岁他闭上了他的双眼。

第二，空天技术。空是空，天是天，航空是在大气层，一般说来是在 100 公里以下，航天是在宇宙空间，一般说来是在 100 公里以上。航空技术以 1903 年 12 月 17 日美国的莱特兄弟在世界上造成了第一架飞机为标志。从此，飞行器具备了有动力的、人工操纵、可以连续飞行的能力。航天方面，1957 年 10 月 4 日苏联发射了第一颗人造地球卫星，载人航天方面，1961 年 4 月 12 日加加林遨游太空。

第三，信息技术。1945 年发明电子计算机，以后朝着巨型超级计算机和微型笔记本电脑两个极端的方向发展；现在我们的时代是一个信息时代。

第四，生物技术。1969 年美国的生物学家发现了有两种生物酶，一种可以像剪刀一样把基因剪下来，一种可以像浆糊一样把基因粘贴上去，这就叫基因重组技术。我们现在就有了各种生物技术，包括体细胞的克隆，1997 年克隆羊多莉诞生。

第五，激光技术。1960 年美国制成红宝石激光器。激光是一种单射的、方向性极强的、能量极大的光，它可以用于农业，医疗手术等等。

第六，纳米技术。纳米是一个长度单位。物质在纳米尺度下具有很多特殊的物理性质、化学性质。比如，碳是脆的，但是纳米尺度下的碳的延展性就很强，可以做成碳丝、碳管等等。

七、未来科技发展的趋势

我们展望一下 21 世纪科技发展的八大趋势。上面已经介绍，20 世纪有两大科学理论，四大科学发现，六大高新技术。21 世纪科技发展有八大趋势。

第一，数学，我是学数学出身的，数学的核心部分会越来越深奥，越来越抽象，但是数学的应用会越来越广泛。

第二，信息科学。信息科学已经有了六七十年了，现在方兴未艾，因为信息的获取、信息的储存、信息的传输、信息的应用已经形成了一个庞大的信息产业。

第三，生命科学。因为生命科学跟人的生活质量、疾病、健康、寿命息息相关，所以生命科学将会在 21 世纪的某个时候取代信息科学，成为 21 世纪的带头的自然科学。也就是说，我们现在还是信息时代，过些年到某个时候，我们科学界将会一致同意宣布人类由信息时代进入到了生物时代。

第四，物质科学。与生命科学相对应，无生命的物质科学包括物理学、化学、天学、地学，他们是工程技术的基础。

第五，环保科学和新能源技术。为建设环境友好型和资源节约型的社会，在 21 世纪将会大力发展环境保护技术和新能源技术。

第七，空间技术，也要得到大幅度的发展。

我给大家讲个故事。我到香港去讲科技，讲中国的科技成就，大家一般都鼓掌。杨利伟 2003 年 10 月 15 日遨游太空，我也讲杨利伟，没想到遭到了冷遇。我就想不通，我说杨利伟上天那么伟大的事件，你们怎么一点都不激动啊？这时候站起来一个人反问我：王教授，你说一下杨利伟是哪天上天的？我说，是 2003 年 10 月 15 日的神舟五号。他说，那世界上第一个上天的是谁？我说，加加林。他说，他什么时候上天的？

我说，1961 年 4 月 12 日，我记性好，我背得下来。他又问了一句，那他比我们杨利伟早了多少？我心算一下，脱口而出，四十二年六个月零三天。我一说完，才知道上当了。他就是要让我比较，差了人家 40 多年，你还得意什么？我现在发现，宣传不能够只报喜不报忧，不能只讲我们的成就，不讲我们的差距。杨利伟当然很伟大，我们中国人第一次实现了航天的梦想，但是要实事求是，比别人晚了 40 多年。2012 年刘洋上天了，我们也在宣传，知不知道刘洋比起世界上第一个女宇航员晚了多少年？整整 50 年。我接待过世界上第一个女宇航员，是苏联的第一个女宇航员，当时 19 岁就上去了，现在七八十岁了。她到科技馆来访问，让她给公众作报告，讲世界上第一个女性坐载人航天的经过，我万万没想到她讲下面一段故事。她说她是有危险的，当时苏联为了要抢先让苏联女宇航员成为世界上第一个上天的女航天员，那是非常有问题的，她是冒着生命危险上的。最后也没有按照预定的轨道降落，幸好降落到一个偏僻的集体农庄的水田里，是集体农庄的老大娘第一个把她救出来，不然就淹死了。救她的那个老大娘满脸的皱纹，把她从宇宙飞船里边扶出来的时候，问她的第一个问题是："姑娘，你到天上去了，你看见上帝了吗？"她问大家，你说我怎么回答？她对公众作报告，当时有学生，那些学生马上异口同声，"没有上帝"。这个女宇航员说，当时我是 19 岁，是年轻的共产党员，我看到面前的这位老大娘那么善良，两个眼睛里面流露出善良的光芒，她戴了一个十字架，她是东正教的，她信上帝，她认为天上有上帝。我从天上回来，问我看见上帝没有？如果我像你们这么回答，"没有上帝"，我对得起这个老大娘吗？所以我想想我不但要有党性，我也要有人性。当时我就是这样回答的："大娘，我上天走的那条路跟上帝走的那条路不是一条路，我们走岔道了，我没有碰见他。"杨振宁曾在清华大学 90 周年庆典上讲到科技，最后一段话是这么说的："科技解决了世界上许多问题，但是它不能解决人世间的所有问题。"他下面接着就说了两句话："科学不能解决的问题，你去请教哲学吧。"清华那些学哲学的拼命鼓掌，哲学比科学高。再下面一句话有好多把手举起来的都不敢鼓掌了。下面一句话是："哲学还不能解决的问题，你去请教神学吧。"那还得了？我旁边一个老科学家就说了一句：杨振宁老糊涂了，最后也像牛顿一样堕入了神学论的泥坑。我当时心里面很难过，现在好多人都说什么牛顿、爱因斯坦这些科学家晚年相信神学、相信上帝，他们的科学就做不出成绩来了。实际上牛顿、爱因斯坦从小就信上帝或者信犹太教。信仰是信仰，与从事科学的职业并不矛盾。不是说他信了上帝，他就不能够从事科学研究，他在科学上作出了成绩，他就不能够信上帝。我认为宗教和科学是铁路警察各管一段，互不相干。科学并不排斥宗教，宗教也不排斥科学。

我十多年前就在凤凰卫视的世纪大讲堂讲了宗教与科学。国家宗教局局长叶小文，现在是中央社会主义学院的院长。他曾经也让我去宗教局讲宗教与科学。我讲过一句名言，不是我的，是抄来的。这句名言是：科学与宗教或者说宗教与科学是一对孪生姊妹，她们同生同长，如果说你要消灭宗教的话，连科学一起消灭吧。当然这不是一句话能解决的问题，要花一点时间才能把道理讲清楚。实际上，杨振宁那句话我是这样理解的，就是说科学、哲学、神学这些东西都是平行的，你科学不能解决的问题，你去请教哲学；哲学说还不能解决，你去请教文学；文学说还不能解决问题，你去请教艺术；艺术说还不能解决问题，你去请教宗教；宗教说还不能解决问题，你又去请教另外一门学问。他应该是这个意思。他刚好只说了三个，科学不能解决的请教哲学，哲学不能解决的请教神学。他并不是说神学比哲学高，哲学比科学高。比如，我问你一个问题，你回答不了就去问他，他回答不了再去问另外一个人。我再说一句难听的话，不要把科学当成唯一一个真理，不要把科学当成唯一一门学问，不要把科学凌驾于其他知识之上，这是我的观点。不要搞科学主义，不能什么都是科学，我们现在有点把科学泛化，只要把科学抬出来，你就不要反对。我觉得这是一个误会，科学从来都是在不断地否定自己，不断地推陈出新，不断地吐故纳新，不断地进步，不断地反权威。如果要讲科学精神，除了科学精神是求真务实、与时俱进以外，还要看到科学的那种自我否定和科学的宽容性。

我的研究生申请自然科学基金和科学院的课题，填的表有点自欺欺人。一个搞科学史的软课题，哪有什么经济效益啊，社会效益也不一定。我出一本书就印五千册，最后加印到一万册就谢天谢地了。申请几万块钱，你都要填表，还要特别说明你这个课题有什么预见的社会效益？有什么预见的经济效益？这些影响了我们的孩子，我到中小学去看他们的创新大赛。他居然说他的发明如果我们全国 13 亿人都用，每个人节省 100 块钱，那就要节省 1300 亿元，如果全世界人都用又能节省多少。最近我参加国家自然科学基金的评审，有一个科学家就是不填。后来我们就打电话问领导。领导说，他不填就不填嘛，你们看他有没有道理？我们说不懂。不懂也没关系，看一看这个科学家有没有信誉？我们说，有信誉，他经常出其不意搞一些名堂。那就给他，也没几个钱。看到没有，现在放开了。我已经说了，科学的价值不仅在于它有用，有些科学的价值就在于没有什么用处，你也要拿钱支持他。退一万步讲，你拿钱给他，他打了水漂，你还是要支持，这是科学精神，既要追求卓越又要允许失败，既要有严密的科学态度，又要有相当的宽容精神。

看问题千万要按照我刚才说的，世界是多样性，生物是多样性，人也是多样性。就像王渝生讲课的风格跟你们其他老师不一样，那怎么办？那没有办法，那你们就接受。每个人的观念都不一样，你都要理解他，所以为什么叫理解万岁。我觉得除了理解万岁之外，还要加一句话叫尊重万岁。理解万岁，你还是居高临下。你要尊重他，要尊重万岁。

著名数学家陈省身先生，在南开大学，92 岁去世。2002 年北京举行世界数学家大会，我把他请到科技馆来给北京青少年数学夏令营作报告，讲完后请他题词，他写了四个字：数学好玩。当时那个老师很失望，说这个话能够拿给学生讲啊？我当时好高兴啊，说到我心里去了。所以后来我在青少年中作报告，我说不仅数学好玩，科学好玩，学习好玩，生活好玩，工作好玩。为什么不可以说好玩啊，好像一说到玩就不行了。我当全国政协委员的时候，有一个全国政协委员是个书法家，他跟我一起到幼儿园看到三岁的小孩搁一个碗吊腕学书法。他马上说，这是摧残儿童，小孩在五岁以前不能够练毛笔字，他的身心发育还不能够让他这样强制性捏着毛笔而且写字不抖。为什么全世界都是六岁、七岁入学，为什么全世界都是 18 岁左右婚姻法规定才能结婚，它是有道理的，不能够提前。我们现在是有一个理论，不要输在起跑线上。不要信那一套，他完全没有按照科学规律。教育也是一门科学，如果你不按照科学规律办事，那这个教育是要失败的。为什么我们的教育老出不了诺贝尔奖获得者？我们是应试教育。

第八，21 世纪要解决世界的四大科学难题。第一个难题是自然界的四大起源问题，宇宙的起源、物质的起源、生命的起源、人的起源。这世界太怪了，无中生有，或者像《道德经》里面讲的一样，道生一，一生二，二生三，三生万物，还是什么太极生两仪，两仪生四象，四象生八卦，八八六十四卦。到底这个宇宙是怎么生成的，物质世界的万物从哪儿来的？无机界为什么变成有机界，变成动物界？这个动物界怎么会又冒出一个人？坦率地讲，昨天在院士班有院士都提出对达尔文进化论的质疑。不要认为他是反科学，他本身就是科学家、生物学家。他说这个东西奇怪了，猿猴变成人，那现在的猴子怎么没变成人？有的人说，只有一支猿猴能变成人，其他的猿猴不能变成人，你怎么知道？有没有变得慢的，再慢慢变，现在又变成人了？另外，按照达尔文的进化论，进化是从低级到高级，从简单到复杂。我们的考古发现，我们的沉降化石群，在同一个历史期出现了相差好多年的动物化石。人的起源也很奇怪。第二，在物质科学领域，相对论的局域性与量子力学的普世性之间的矛盾问题没有解决。第三，在生命科学领域，遗传与异化、遗传与进化的关系问题没有彻底解决。第四，在脑与认知科学领域，脑和意识的产生机理、本质规律性没有解决。这是 20 世纪的科学家没有解决的问题，留待 21 世纪的科学家去研究。这是 21 世纪科学发展的趋势。

八、中国科技创新的回顾与展望

下面我们对中国科技的创新作一个回顾。农业文明，我们中国是领先的。为什么呢？中国传统文化里就有很多科学的东西，有农、医、天、算四大科学体系，还有以四大发明为标志的技术成就。只是到了近代，我们没有文艺复兴，没有宗教改革，没有科学革命，没有资产阶级革命，没有资本主义的生活方式和社会制度，依然在封建的老路上蹒跚爬行。但是，中国古代的科学技术，也对欧洲的近代科学革命和资产阶级革命起到了巨大的推动作用。"李约瑟之问"：为什么中国古代科学那么发达，而近代落后了，或者说近代科学为什么没有在中国产生？这一个问题的研讨是有一定道理的，都是为了以古鉴今，古为今用。从整体上说，近代科学比古代科学先进；就具体的方法论来讲，近代科学也有它的不足，重分析轻综合，重结构轻功能，长于线性研究，短于非线性研究。中国传统的系统思维方式在今天也有它的借鉴意义。耗散结构论的创始人普利高津说："中国传统的学术思想是着重于研究整体性和自发性，研究协调和协合，现代新科学的发展，近些年物理和数学的研究，如托姆的突变理论、重正化群、分支点理论等，都更符合中国的科学思想。"创建协同学的哈肯也指出："事实上，对自然的整体理解是中国哲学的一个核心部分。在我看来，这一点西方文化中未获得足够的考虑。"

近现代科技发展，在工业文明的后期，人与自然的对立，人对大自然的征服和索取，人定胜天，要征服自然，改造自然。我们平常说的四句话，认识自然，利用自然，改造自然，征服自然。我觉得前两句可以说，改造自然这句话就要小心一点。我认识一个领导，是20世纪50年代留学苏联的治沙专家，现在80岁了。他告诉我，他从苏联留学回来，就在大西北地区拼命地向沙漠宣战，要把沙漠改造成为良田，到现在才发现完全错了，沙漠就是沙漠，良田就是良田，可以不要让沙漠侵犯良田，但不能够说要把沙漠改造为良田，那是办不到的。人没有这么大的力量，成本太高，把这一块沙漠变成良田了，别的地方的水没有了，也许就沙漠化了，最好是跟它和平相处，把沙漠看成是良田朋友，不要看成是敌人，80 岁的老人有这种看法我很佩服。所以说，我们不要随便提改造自然，但是我们可以改善自然。至于征服自然就明显错了，我们应该尊重自然，尊重自然就是尊重自然规律，就是与自然和平相处，就是与自然和谐共生、共生共荣。

我们动辄批评古人讲天。实际上，中国古代的科技发展遵从中国传统哲学的"天人合一"。中国的天不是西方的天，中国的天不是神，不是上帝，中国的天是指自然界和客观规律。我们讲天时地利人和，天和地和人都是一回事，不是说天高高在上是神仙，而是指自然规律不可违抗。另外，我们仰观天文，俯察地理，道法自然，自然融法，古代科技的一些思想是有现代意义的，我认为也是一种创新。我是学数学的，我以前很看不起中国的传统数学，言必称希腊，言必称欧洲。但是，我的老师吴文俊在 1978 年给我上第一堂课的时候，他讲了一段话，我至今还记得。他这样说道：数学是世界上多地区、多民族共同创造的一门科学理论。但是，东西方数学，各有千秋。以《九章算术》为代表的中国传统数学思想方法体系，同以《几何原本》为代表的西方传统数学思想方法体系，犹如两颗璀璨的明珠，在世界的东方和西方交相辉映；在世界数学发展的历史长河中此消彼长，互为取代。一度西方数学占了上风，以至我们今天学数学的人一提到数学言必称希腊，欧几里得、阿基米德；言必称西欧，牛顿、莱布尼兹。但是我认为在电子计算机出现后的今天，计算机的原理和中国传统数学的算法思想若合符节，因此可以认为以《九章算术》为代表的算法化、程序化、机械化的数学思想方法体系要凌驾于以《几何原本》为代表的公理化、演绎化、逻辑化的数学思想方法体系之上。不仅不无可能，甚至可以说是殆成定局。吴文俊在 35 年前给我们研究生开了一门课叫几何定理的机器证明，后来叫做机械化数学原理。这是他上课给我们讲的第一段话，我背下来了。

我是搞科学史的，有时候去看看吴王金戈越王剑，有些剑两千年了都没有生锈，有些工艺到现在还没找到，可以引发很多科学前沿问题。天体演化、大地构造、地震预报、气候变迁、海平面升降、生物进化，有很多重大的科学热点和社会热点问题，在我们传统的科学文献里面都有。所以我们不要言必称希腊，不要数典忘祖，忘记了我们的祖先。有些例子你们可以看，特别是我们中国科学院的副院长竺可桢，是个气象学家、天文学家。他做了很多历史和自然科学史结合的研究工作，即通过历史文献中有关气象、天文记录的资料来研究中国古代史。我在 20 世纪末参加了夏商周断代工程，要把这个夏代、商代、周代的历史年代确定下来。要不然的话，我们号称中华文明上下五千年，一出国，人家外国历史学家就说，你们哪有五千年，你们三千年不到。我说你怎么这么说话？人家说你们二十四史第一部是司马迁的《史记》，那里边有年表，那个年表是从西周共和元年开始的，也就是公元前 841 年，到现在满打满算不到三千年，你们怎么说有五千年的文明。后来我们的所长、我的老师和社会科学院的历史学家组成了一个专家组，搞夏商周断代研究。国家拿了 1200 万，搞了几年，最后确定夏代是公元前 2070 年，商代是公元前 1599 年，周代是公元前 1046 年，周代武王伐纣是公元前 1046 年，就把夏商周的年代定出来了。我们也不过找到中华文明四千年，现在又在搞一个新的工程叫做中华文明溯源，要把三皇五帝搞清楚。搞这些东西要靠历史文献，要靠考古发掘，还要靠我们的科学技术。比如说，我们考虑武王伐纣的时候，就是根据历史记载，武王伐纣的那一天是夜再旦。什么叫夜再旦？突然之间天亮了，然后天又黑了，然后再天亮，这就是一次发生在拂晓的日全食记载。术业有专攻，闻道有先后，我们搞近现代科学的，搞科技前沿的，也不要小看那些在故纸堆里面找寻科技史料的，有时候是可以化腐朽为神奇的。当然也不要把古代的一些东西拿来牵强附会，非说周易可以算命，非说有科学预测学，非说电脑可以算命，那就不好了，我们要取其精华弃其糟粕。

中国古代有哪些技术创新和知识创新呢？技术创新就是指南针、造纸术、印刷术和火药，并称为中国古代的四大发明。有人说你这四大发明有什么意义？我告诉你们，马克思在 1863 年有一篇短文叫做《机器，人与自然力》，他用了下面一段话来评价中国的四大发明。马克思说：火药将封建堡垒和封建骑士阶层炸得粉碎，指南针使航海和资本主义建立海外殖民地成为可能，造纸印刷术是传播新教，进而传播文化的有效工具，总而言之，中国古老的四大发明是新兴资产阶级赖以生存和发展的前提和条件，是推动社会变革的强有力的杠杆。马克思说火药将封建堡垒和封建骑士阶层炸得粉碎，我就想到法国大革命攻占巴士底狱就用到了中国的火药，把被封建堡垒、封建骑士阶层囚禁的那些新兴资产阶级、市民阶层放了出来。

有人说中国古代只有技术没有科学，此言差矣。中国古代至少有农医天算四大科学体系。我们的农学，两千多年前汉代的农耕图，跟今天一模一样，说明我们两千多年前农业科学技术就很发达，当然也说明我们现在农业的机械化、工业化、信息化、现代化还很落后。我们的天文学，古代的天象记录、天文仪器、宇宙论、历法计算是世界领先的。数学，我刚才已经背了一段吴文俊的说法。医

学，我们有中医。西医是在近代医学革命以后建立在人体解剖，建立在
解剖学和现代生理学的基础上的医学。中医中药那时候没有解剖，没有
生理学，不可能检验出什么是细菌，什么是病毒。是靠经验的，靠望闻
问切，是带有民族性、地域性、经验性的一种总结。不管怎么样，时间
是检验真理的标准，它能够看病，它能够维护我们中华民族几千年人类
的繁衍，就有一定道理。你说它不科学？只能说它不符合现代科学，在
古代从溯源的意义上来讲，也可以说是古代科学。所以从这一点来看，
我认为中医是应该改造，应该现代化。但是我不同意说中医中药一定要
科学化，我更不同意中西医结合。它本身就是两股道上跑的车，你非要
中医学西医，西医学中医，一点用处都没有。我陪人去看中医，那个中
医很妙，一边摸脉，一边听诊器在听，我说你还没有戴上呢，他挂在颈
上装模装样在听。你逼着他搞形式主义嘛。中医有他自己的五脏六腑的
理论，西医有他自己的解剖学和生理学的理论，西医的系统跟中医完全
不一样。你不一定要中西医结合，中医学西医，西医学中医。让他们各
自去干，哪一个笑到最后，哪一个就最厉害，有些就自生自灭了。

我坦率讲，中国那么发达，计算运筹如飞，连成语里面都有数学，
为什么呢？《史记·张良传》中张良打仗，运筹于帷幄之中，决胜于千
里之外。什么叫运筹帷幄，就是用**算筹**在那儿算，现在都不用了，筹算
死掉了。我们古代的天文仪器都不用了，现在是光学或射电天文仪器
了。我们的农医天算，现在唯一保留的还有中医，中医在朝鲜、日本、
越南甚至在有一些欧美地区也还被华侨和外国人在用。

到了明末清初，1582年利玛窦把西方科学带到中国来，明末清初
是西学东传。利玛窦和徐光启翻译了《几何原本》，徐光启是光禄大夫，
几乎相当于宰相，他能够和一个外国人合作翻译一本数学书。那个时候
西学东传，徐光启有一句名言，他说欲求超胜必先汇通，欲求汇通必先
翻译，这就叫引进、消化、吸收、再创新。他把外国人的东西翻译过来
是为了中西汇通，汇通的目的是为了超胜。翻译、汇通、超胜三部曲。
但是，明末清初的中西医交流活动很快就被雍正以后的闭关锁国政策所

终止，鸦片战争以后才有的西方科学源源不断传到中国。牛顿的《自然哲学的数学原理》一书是 1687 年出版的，我们到 1931 年才翻译过来，差了两三百年。

20 世纪以来，西方科技的传入让中国科技在引进、消化、吸收上再创新，其中也不乏原始创新。比如说，20 世纪初我们还在建学校，还在办杂志，还成立学会，还在修铁路，30 年代我们有一次科技发展的高峰，40 年代我们有了一些初步的科学研究。不要忘了除了国统区，我们延安解放区也很重视科学，徐特立是延安科学院院长，吴玉章是陕甘宁边区自然科学研究会会长。当时的徐特立有一段话使我很感动，徐特立在 1941 年说：科学，你是国力的灵魂；科学，你是人类社会进步的标志，因此，前进着的政党必须要不失时机地把握住前进着的科学。这段话我觉得现在有好多科学家都说不出来，有好多领导人也不一定说得出来。1949 年 10 月 1 日中华人民共和国成立，仅仅过了一个月，11 月 1 日就成立中国科学院，郭沫若当院长，20 世纪 50 年代就有了原子反应堆，60 年代、70 年代就有了很多科技发展的成果，80 年代有了正负电子对撞机，90 年代有了核电站。进入新世纪，有了载人航天，有了探月工程，有了科学发展观。

新中国成立六十多年来，有七项标志性的科技成就。我现在故意问一个最简单的问题，但是你们不要嫌它简单，希望你们大声地集体回答我。两弹一星是哪两弹，哪一星？第一弹是什么弹？原子弹（学员回答）。第二弹是什么弹？氢弹（学员回答），有没有别的说法？两弹一星，是核弹、导弹、卫星。氢弹是原子弹的一种。

新中国成立六十多年来，我归纳了一下，一个是基础研究广博精深，一个是工程技术硕果累累，一个是科技

概念释义

算筹：或称算子，是中国古代一种十进制计算工具，起源于商代的占卜。商代占卜盛行，用现成的小木棍做计算，这就是最早的算筹。

创新服务民生。杂交水稻、三峡工程、青藏铁路，这都是我们的知识创新和技术创新。特别是党的十六大以来，近十年间每一年都有新成就，2002 年长江工程截流，2003 年实现了载人航天，2004 年下一代互联网主网站开通，2005 年青藏公路铺通，2006 年召开了科学技术大会，2007 年召开了党的十七大，开启"嫦娥工程"，2008 年正负电子对撞机改造完成，2009 年"天河一号"和上海的同步辐射光源建成，2010 年我们的"天河一号"以峰值运算千万亿次，夺得世界第一，但是第二年日本的超级计算机就是万万亿次每秒。2011 年杂交水稻突破了 900 公斤，2012 年我们可上九天揽月，还可下五洋捉鳖。我们有最高科学奖励的获得者，我们也有历届诺贝尔奖的华裔获得者。国家中长期科技发展的总方针是 16 个字：自主创新，重点跨越，支撑发展，引领未来。我们重大专项有 16 个，其中有两个是保密的，我们列出了 14 个，前四个是信息技术，中间有四个是生命科学和生物技术，这预示着我们的信息技术和生命科学、生物时代的开启。我们也有国家创新体系，包括技术创新体系、知识创新体系、国防科技创新体系、区域创新体系和科技中介服务体系。创新型国家有一些硬条件，也有一些软条件。

最后归纳了一下，创新有原始创新、集成创新、引进消化吸收再创新三种类型。日本是集成创新，韩国是引进消化吸收再创新，目前我们亚洲只有三个创新型国家，日本、韩国、新加坡。全世界有 28 个创新型国家，中国现在还不是创新型国家。我们还需要努力，要继往开来，与时俱进，坚定不移走中国特色自主创新道路，争取在 2020 年跻身于世界创新型国家的行列。

国外典型国家创新体系的特征与启示

王海燕

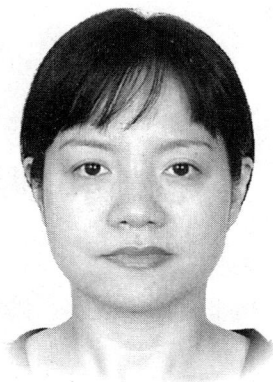

授课时间：2013 年 4 月 11 日

作者简介：河北人，理学博士。现就职于中国科学技术发展战略研究院科技体制与管理研究所，研究员、副所长（主持工作），兼任中国科技院所联谊会副秘书长。长期从事科技政策、创新体系、区域发展、创新方法等领域的研究工作，主持和参与国家级、省部级研究课题及国际合作项目 50 余项。

内容提要：本文比较了中国、美国、德国、韩国、芬兰和瑞典的国家创新体系的主要特征，分析了国际经验对我国的启示。作者认为，国家创新体系比较成熟、创新绩效比较好的创新体系往往是大学和企业双核心，有一个非常好的政策框架，有发达的创新网络或者中介组织，有比较高的开放程度。

CELAP

今天，我谈四个方面的内容。第一，典型国家创新体系的主要特征。第二，我国创新体系的基本特征。第三，国际经验对我国的启示。第四，探讨几个问题。

一、创新和创新体系

为了在同一个语境下来讨论问题，我先谈两个关键词，就是创新和创新体系。无论是中央的文件报告、领导讲话，还是在网上搜索，这两个词出现的频率都非常高，尤其是创新。在我们的科技发展战略当中，创新实际上是一个核心词。怎么去理解创新？不同的人有不同的说法。怎么去规范创新的概念？怎么去定义？我们也综合了一下出现频率比较多的几种理解。有一种理解是科学家眼里的创新，在科学家看来，创新就是科学的新发现，技术的新发明。至于这种新发现和新发明可以用来干什么？科学家是不关心的，在科学家眼里，创新就是发现和发明。在政治家看来，创新是一种精神，一种文化。江泽民同志就说过这句话，创新是一个民族进步的灵魂，是一个国家兴旺发达的不竭动力。这是政治家眼里的创新，实际上它是给人一种精神的象征。在经济学家看来，创新实际上是对生产要素的重组，它可以包括技术的因素，也可以包括非技术的因素。最有代表性的是美籍奥地利经济学家熊彼特提出来的创新。现在政府文件里提到的，尤其是像科技部关于国家的科技政策、创新政策里面，提到的创新都是指经济学家眼里的创新。这种创新一定是要追求经济效益的，它不是单纯的发明或发现，而是把一种生产要素或者是新的技术引入生产体系之后，完成一个完整的价值增值过程，在市场上形成它的商业价值，这才叫创新。

那么创新体系呢？研究创新体系是我们所的主业，这个主业也让我

们特别苦恼。为什么呢？因为创新体系这个概念很多人不
是很清楚。但是，只要讨论这个问题，不管是什么样的背
景，大家都可以参与到这个讨论当中。那么就会出现一个
问题，就是大家自说自话。这个词是国外引进的，是英国
学者**弗里曼**在研究日本如何在短时间内形成经济腾飞的过
程当中提出来的。我们把这个概念引入学术界之后，国内
学者跟国外学者对创新体系的理解是不一样的。这个词由
学者引入之后，政府也非常感兴趣，但是政府讲的跟学者
讲的又不一样。即使在政府内部，各个部门讲的创新体系
也有区别。现在科技体制改革和创新体系建设到了一个关
键时点，但是，各界对于"创新体系"的理解仍然千差万
别，所以我还是想强调一下这个概念的内涵。实际上，创
新体系有不同的层次，有国家创新体系、区域创新体系、
产业的乃至企业的创新体系。这个概念强调的是，无论在
哪个层面，有关创新的各个活动主体都会组成相互联系的
关系和制度。完善的创新体系能够提高创新的效率，提升
创新的能力。现在我们谈开放，创新体系的开放性确实比
过去越来越强，尤其是在全球化的背景之下。但是，国家
作为国家创新体系的边界仍然没有消失，所以，国家创新
体系依然是将国家作为分析的边界。那么创新呢？我们特
别强调的是追求经济效益，实际上强调的是参与创新活动
的各个主体，以及主体之间形成的网络关系和互动。创
新体系实际上指的是一种制度设计。根据 OECD 的报告，
创新体系描述的就是参与创新的各个行为主体，在围绕创
新展开活动过程中形成的一种网络关系。区域创新体系实
际上也就是在区域这个边界之内，区域创新体系比国家创
新体系层次更多，它有跨越国家的层次，比如说欧盟，比
如说亚太。整个这样一个大的地区，它都是属于区域范

概念释义

**弗里曼长波
理论**：是一种从
技术创新与劳工
就业关系角度研
究经济长期波动
的理论。20 世纪
70 年代由英国苏
塞克斯大学克里
斯托夫·弗里曼
（Christophe Free-
man）提出。弗里
曼的经济长波分
析以熊彼特长波
技术论为基础，
从技术创新与劳
工就业关系角度
研究长波。

畴。今天我这儿提到的区域创新体系是指国家这个层次之下的，比如说省一级，比如说市一级都可以叫做区域创新体系。区域创新体系强调的是在这样一个特定的区域范围之内，在这个生产体系当中引入新的要素或者实现要素的新组合，从而促进资源有效配置的网络体系。无论是哪种方式，这种要素的新组合或者是新要素都要融入本地的生产体系当中。区域创新体系跟国家创新体系相比，首先边界不一样。其次，主体性要素不一样。在国家层面，创新体系追求主体性要素的完备性，比如说大学、研究机构、企业等创新主体都要具备。但是，对于区域层面的创新体系而言，不一定要求具备所有的要素，比如有的地区可能没有几所大学，甚至没有大学。主体性要素的完备或者缺失决定了这个网络结构是网状还是链状。另外，资源流动的方式不同，因为在国内的跨区域的流动还是相对容易的，但是不同国家创新体系之间要实现资源的跨国流动就相对难一些。最后，从产业结构的完整性看，国家创新系统追求产业结构的完备性，在壮大优势产业的同时，往往还要扶持弱势产业。但是，对于一个区域层面而言，我们往往追求形成优势产业。

二、典型国家创新体系的主要特征

主要谈五个国家：美国、德国、韩国、芬兰和瑞典。

（一）美国的创新体系

创新体系一般会涉及创新体系的结构，同时会涉及创新主体之间的相互关系。美国创新体系最大的一个特点就是强调公私关系，即公共部门和私营部门之间的关系。我们可以把它的主要特征总结为以下几个方面：

第一，美国的创新体系有一个强大的产业系统。它的企业技术创新能力相当强，企业的吸收能力和研发能力都相当强。

第二，美国的创新体系基本上是大学和企业双核心。也就是企业侧重于应用的研究，侧重于基础研究的科学创新基本上是在大学里开展，是双核心。

第三，从美国政策咨询的制定、实施和评价来看，它特别强调公私关系。比如说，美国总统科技顾问委员会每年会举办两到四次的会议，主持人有两个，一个是由私营部门选出来的代表，另外一个就是公共部门，一般共有 34 位成员，其中 17 位来自于私营部门，另外 17 位来自于公共部门，公共部门就包括了政府部门、大学，还有其他一些公立的研究机构。所以，实际上它跟我们国家还是有很大的差别。我们国家在政策咨询、决策、实施和评价各方面，民营企业的发言权是很小的。美国的产学研结合很紧密，这种紧密的产学研结合是自发形成的，和我们国家政府积极地运用各种手段强力推动产学研结合的做法差别还是比较大的。这种自然的结合主要还是因为有需求，企业以及产业系统相当强大，它的技术方向、技术需求是非常明确的。大学和研究机构围绕企业的需求展开研究，能够自然而然地形成非常密切的产学研结合，它的创新更有针对性，转化也更快。但是，美国的创新体系也不是各方面都非常理想，这些年他们也在审视自己的创新体系。比如说 2009 年金融危机之后，美国政府也在不断考量市场与政府的关系。美国也在想是不是过于放大了市场的作用？政府究竟应该发挥什么样的作用？这是他们近两年考虑的一个问题。另外，如何去评判科技投入的绩效？尤其是随着像中国这样的大国在崛起，美国政府是有压力的，这些年他们的科技投入一直比较大，但是，投入的绩效在哪儿？这两年他们也加大了对科技投入绩效的评判。

在 2005 年的时候，美国科技政策办公室牵头做了一项研究，是关于如何实现科学政策科学化的一项研究，这个研究做了六年。在 2011

年的时候，他们正式发布了一份报告。报告结论表明，美国跟我们中国面临同样的问题，就是各个部门在提出预算的时候，可以提得很清楚，我要这么多钱要干什么事？会产生什么样的效果？比如说像卫生部，在部门提出某新药研发项目的预算时，能够清楚说明通过这项研究产生什么样的新药，能够把人的平均寿命提高多少？或者在某一方面，比如在癌症的研究方面我能攻克一些什么新的难题，通过这项研究能使患病率降低多少，或者把治愈率提高多少。但是对于科技领域，每当在科技方面要做投入预算的时候，就会遇到一些问题，就是科技界说不清我拿这些钱投入之后，我的绩效在哪儿产生？会有什么样的绩效？从理论上讲，产出说得清，但绩效说不清。这也是我们国家近些年总在提科技贡献率的原因，就是想给科技工作一个说法。比如说要建立科技报告制度，也是希望通过更透明的信息管理把国家财政投入科技的钱能说得清，起码将产出说得比较清楚。美国同样有这个问题，他们这两年在这方面也增加了研究。另外，这几年美国对科学基础的忧虑也有所显现，美国的孩子都不大喜欢去读这些比较费脑筋的理工学科，所以，美国政府这些年对关系到科学基础的学科也越来越重视。

（二）德国的创新体系

德国创新体系的主要特征可以总结为下面四个方面。第一，有一个定位清晰的公共科研体系，公共科研体系有严格的法律法规和章程的约束。这个科研机构应该做什么，可以接什么样的课题，不能接什么样的课题，都有比较明确的规定和取向。第二，有一个健康的企业创新生态系统。第三，具有一个非常有特点的双重教育体系。第四，专业化、网络化的中介服务机构。我着重讲前三个。

首先，是定位清晰的科研体系。德国像马普学会等学会的使命是通过立法来规定的。如果是从事基础研究的，多少年都不会有大的变化，因为国家法律和章程对其使命和定位有非常明确的要求。这是它的公共的科研体系。

其次，德国有一个非常健康的创新生态系统。德国的大中小企业之间合作非常好。一提到德国的产品，往往会想到一些大的品牌，但实际上德国的中小企业在它的产业发展当中发挥了巨大的作用。德国的大企业、大品牌是由中小企业这些所谓的隐形冠军来支撑的。2009 年，德国中小企业占到企业总数的 99.7%，提供 78% 的就业，75% 的 GDP，包括专利在内，中小企业的贡献很高。OECD 认为，中小企业对德国在国家技术市场的成功发挥了至关重要的作用。《华尔街日报》讲到德国的时候说，"忘记大品牌吧，德国经济是小企业撑起来的。"这种小企业给大企业做配套非常厉害。我们知道，德国产品的精细程度非常高，有很多小企业小到玩具上配件、大到航天飞机上配件都能承接。所以，这些小企业的配套能力支撑了德国的大企业和大品牌。

其三，德国的教育培训体系一直是它的突出特点。首先，从体系结构上来说，它的研究型大学、工业技术大学、应用大学、职业教育和培训体系分得非常清晰，也是各司其职，定位很清楚。针对科技体制改革的事，前些天的一次座谈会上，来的有大学的校长，还有一些企业界的人士。在讨论的时候，无论是业内还是业外人士，大家对教育的诟病还是比较多。我们要建研究型大学，但是，所有的大学都奔着研究型大学在使劲。我们高校的层次划分得非常不清晰，二流大学能拿到的资源有限，它一定要奔着一流使劲。在德国，一个不同层次的大学的定位非常清晰，国家在支持重点上也非常清晰，研究型大学、工业技术大学、职业教育培训体系都有不可替代的作用。这跟前面我们讲的公共科研体系有非常像的地方，就是定位非常清晰，而且轻易不变。国家在预算支持上非常明确。

另外，它还探索了校企合作的一种双元制职业教育模式，学校跟企业共同培养学生。我们国内也有这种类似的形式。但是，企业顶多是提供一个实习基地，是短期的，而德国的校企合作，学校跟企业的配合非常密切。企业需要什么样的人，意向非常清晰。前两年我们也探讨过这个问题，比如，能不能采取一种方式，由政府来搭一个平台，企业提需求，给一些快要毕业的学生，提前半年进行方法和技能的培训，培训的大部分费用可以由政府来支持，学生可以先付一部分学费，但是当他毕业到企业去的时候，用人单位用后补助的方式来给学生报销学费。企业还是很欢迎这种方式的。很多真正搞创新的企业愿意不惜代价请人进来，但有时候花了很大价钱请来的人，企业觉得好像不值这么多钱。

跟德国人在交流的时候，德国专家认为他们的创新体系有很大的缺陷。我们认为好的地方，他反倒认为是它的弱势。比如说我们讲它的技术工人，是德国一个非常强的优势。但是，德国觉得现在面对越来越激烈的国际竞争，技术工人的优势已经变成了劣势。认为他的人才结构有很大的问题，他们太注重工匠类型人才的培养，太注重技能，对于科学基础有所忽略，他们需要培养更多的科研型人才。

（三）韩国创新体系的特征

韩国创新体系比较简单，特征也很明显。韩国的创新体系是政府和大企业双中心，他的大学和研究机构的力量比较薄弱，科学研究也很薄弱，产业发展的路径主要是依靠政府扶持大企业。现在，这个创新体系显出来一个结构性的劣势。在跟韩国学者交流的时候，他们自己也很认可这一点，就是他们现在的创新体系是一个两极分化的创新体系。大企业的创新能力确实很强，但是，中小企业的配套能力很弱，所以，这些大企业在创新过程中很难找到有竞争力的本地配套开发商。这样的话，无形当中也增加了他们的创新成本。所以，韩国这些年也出台了一些政策，来扶持中小企业，并鼓励由大企业来带动中小企业共同发展。但是，目前效果还不明显。

（四）芬兰的创新体系

2012 年我在芬兰一所大学里做过一段时间的访问学者，跟芬兰的同事一起做一个国际合作项目。通过这次国际合作，对芬兰的创新体系有了比较深的认识。芬兰是个小国，还是比较容易能够厘清它的特征。

第一，芬兰有一个特别独特的地方，特别强调不同创新主体之间的合作，几乎所有的创新项目都提倡合作。大学里的研究特别倡导，在申请项目的时候大学之间合作进行项目研究。芬兰所有的创新政策在制定的时候，都要先考虑这项政策是不是能够促进不同主体之间的合作。这是它把创新体系概念运用得非常好的地方。

第二，芬兰的大企业占了绝对优势地位。我们一谈到芬兰，肯定要想到诺基亚。这种大企业占绝对优势的局面现在也成为它的一个劣势。另外，它的电子信息产业引领整个国家的发展，在电子信息产业研发投入的强度非常高。前些年芬兰也意识到了产业单一性是存在着风险的，因此，荷兰的很多政策除了支持电子信息产业之外，也大力发展造纸、机械和设备制造等产业。

第三，芬兰的教育体系也比较有特点。芬兰和瑞典应该说是国际上教育福利最好的国家。国际上仅有两个国家不仅免除学费，而且由政府给学生提供免费午餐，就是芬兰和瑞典。到大学阶段，中间可以去工作，你想继续读书的话，国家是有补贴的（这项福利不只是芬兰和瑞典有）。

但是，芬兰的创新体系现在也面临着一些挑战。首先，单独依靠大企业引领创新实际上是有风险的。比如说诺基亚前两年受到竞争的冲击，当时在国内的市场占有率从 60% 多下降到 30% 多。芬兰人现在也在反省大企业一枝独秀的创新体系。芬兰的电子信息产业比较好，虽然造纸与机械制造也还不错，但总的来看，产业还是比较单一。他们也意识到，下一步的发展不能把鸡蛋装在一个筐子里。其次，芬兰创新体系的国际化程度相对较低。为什么呢？他的教育福利太好了，芬兰的学生都不愿意出去。从 2010 年开始，欧盟有了一个新的规定，就是欧盟以外国家的学生要交学费，在 2010 年以前去芬兰、去瑞典的中国留学生还是比较多的，因为那时候去的话，只要付生活费就可以了。但是从 2010 年以后，开始收比较高的学费，而且生活费用也比较高，这也是限制国际化发展的一个因素。另外，国际化程度较低也可能与语言有关。我比较过芬兰人跟瑞典人，他们也都讲英文，但是芬兰人运用英文的习惯和能力和瑞典人相比有差距。再次，芬兰的科研也深受"编制"的困扰。编制看似是中国特有的现象，其实芬兰也有类似编制问题。虽然他们不叫编制，叫永久职位。大学里边能提供的这种职位非常少，所以人员总在变动当中，这样的话，研究的可持续性就有很大的麻烦。这些研究人员要不停地流动，在这儿可能做个半年一年，项目到期了，就没有位置了，然后要再去跟另外一家去谈，这对研究的持续性是一个很大的挑战。同时，除了编制问题，科研项目的短期化特征也非常明显。我们总觉得中国的科研项目往往一年就结束，好多半年就要拿出一个方案来。但是到了芬兰之后，我跟芬兰人讲我们科研项目的问题，他们特别有同感，说他们也一样。芬兰有很多项目执行期很短，有些项目半年甚至不到半年就要完成。芬兰的朋友说，在芬兰，"拿项目是硬道理"，科研项目的短期化也是芬兰面临的一个很大的挑战。

（五）瑞典创新体系的特征

高研发投入是瑞典创新体系最典型的特征之一。2000 年《里斯本计划》提出，欧盟成员国都要把研发投入占 GDP 的比重提高到 3% 以上，瑞典比较早地实现了这个目标，最近这几年基本上在 3.7% 上下。这样的研发投入比例，在欧洲国家里面也是相当高的。没有独立的研究体系，也是瑞典创新体系比较突出的特征。虽然它有几个国立研究机构，来支撑医疗、国防等方面的研究，但没有形成一个独立于大学和企业之外的研究体系。瑞典采取的是研究理事会制度，欧洲很多国家都是采用这种方式。再有，瑞典在 2001 年设置了一个促进创新的专门机构，叫做创新系统署，来推进创新体系的进展，有点像我们国家成立的创新体系建设办公室，但职能不同。另外，瑞典创新体系的开放性非常高。瑞典跟芬兰很近，但是它的开放程度要比芬兰高很多。

瑞典的创新体系现在也面临着一些挑战。第一，瑞典悖论。这是瑞典学者自己提出的一个观点，就是与高研发投入相比，瑞典人认为研发投入的成果绩效并不高。这样就存在一个要不要这么高研发投入的讨论。第二，为什么瑞典的产出没有他们预期的那么高？瑞典有"创新之国"的美誉，这么小的一个国家，面积相当于贵州省，但创新的产品很多，比如说人类首次登月用的哈苏相机就是瑞典人发明的，比如说医疗上的伽玛刀等。可是瑞典人现在还是觉得创新投入的产出偏低，觉得需求方政策不到位。可能现在欧洲很多国家都有这个问题，因为本国的市场小，不能单靠国内的需求来驱动创新。瑞典在 1992 年、1993 年的经济危机时，很大程度上是靠需求政策来缓解危机，当年所谓的创新驱动实际上是一个需求拉动。另外，瑞典人也在考虑没有独立的公共科研体系的问题，他们觉得中国有一个独立的公共科研体系挺好，也在考虑是不是有必要也建立这样一个体系。瑞典跟芬兰的大企业都有足够的实力搞研发，应用类的研发都在大企业进行，而偏科学的、偏基础类的都在大学里进行，而且大学就是公立大学，都是国家资助的。第三个挑战就是高福利问题。北欧这几个国家可能都会面临福利陷阱的问题。福利高，又是民主国家，福利会越来越高。福利高到一定程度，必然是要养懒人的，这个问题怎么解决？他们自己有一部分人认为这是个问题，但是更多的芬兰人和瑞典人不认为这是个问题。他们认为国民是可以教育的，自己的教育体系非常好，从小受的教育已经培养起了好奇心，所以他们认为不会出现养懒人的问题。

总结一下，各个国家的创新体系都是不一样的，但是，国家创新体系比较成熟、创新绩效比较好的创新体系往往有这么几个特点。首先，是大学和企业双核心。大学的知识生产能力非常强，企业的吸纳和创新能力也非常强。其次，有一个非常好的政策框架。比如说，在市场规范方面，在公平竞争方面，在社会保障方面都做得非常好。再次，创新的网络或者中介组织非常发达。我们叫科技中介，他们更多的是叫中介组织。在创新架构上，一边是公共部门，一边是私营部门，而公共部门跟私营部门之间的沟通就要靠网络或者是中介组织来促成。最后，这些国家的开放程度相对于我们来说都比较高。当然这跟历史，跟我们的基础，跟我们的文化等方面都有关系。这些国家在应对国际化挑战方面表现出高度的适应性。在国际化方面，欧洲这些小国相对来说更开放。为什么呢？首先是他们的市场太有限了，产业结构的体系比较单一，不像我们有一个完备的工业体系，所以他们有危机感，必须合作。从这些国家的语言、文化背景等方面看，相似或相同的地方很多，比较好沟通，也易于合作。而且，这些国家的政策立足点也往往是消除障碍，跨国交流的障碍也是其一。

三、中国创新体系的基本特征

首先介绍一下咱们国家创新体系的演化过程、基本构成，然后介绍建设创新体系的重点任务和最新进展。

2008 年 OECD 组织中国专家和 OECD 专家一起对中国的创新体系和创新政策进行诊断，他们画了一个图，这个图也是一个演化图，实际上展示了中国创新体系中的主体，如政府、大学、企业、公共研究机构之间相互关系的演化。1985 年以前，我们大学培养什么样的人才，设置什么样的学科，由政府说了算；企业那时候还叫工厂，生产什么，生产多少，销往哪儿，也都是政府说了算；研究机构研究什么也由政府来决定。1985 年启动科技体制改革以来，各个主体之间的互动、需求对另外一方影响的相互关联就出现了。到 2005 年，企业开始逐渐成为技术创新体系的核心主体。中长期规划战略研究把我们国家创新体系分成了五个子体系，包括以企业为主体，市场为导向，产学研结合的技术创新体系；科学研究和高等教育有机结合的知识创新体系；各具特色的区域创新体系；国防创新体系和中介服务体系，这样五个子体系。这五个子体系的划分其实在讨论中长期规划的时候有很大的争议。这里面争议最大的是区域创新体系，因为国家跟区域本来是不同的层面，在国家创新里面划分了子体系，然后又弄了一个区域创新体系，区域创新体系里面有什么呢？其实在区域里面仍然会涉及技术、知识、中介和军民。所以这样划分使得这五个子体系不在同一个层面上，当时反对这么划分还有一个原因，就是国家创新体系的概念从西方引进的时候，他强调的是一个系统。2000 年后，我们国内刚刚开始研究创新体系的时候，对这个概念就有不同的译法，清华大学的学者把国家创新体系叫做国家创新系统，浙江大学也叫创新系统，因为系统更强调要素之间的有机构成，而不是切分子体系。所以，国家创新体系的核心还是要强调要打破部门界限和区域分割，形成一个有机互动的系统。

"十二五"乃至到 2020 年，我们创新体系建设的重点任务也有了一些说法，比如健全中介服务体系、发展科技服务业等等。其中比较实的是国家技术创新工程，知识创新体系讲到科教结合，现在教育部在谈协同创新，中科院有知识创新工程。严格说来，知识创新这个提法本身就有问题，国外不讲知识创新，知识你怎么能创新？因为创新要立足于实现经济价值，从事基础研究的大学，或者定位

特别说明

经济合作与发展组织 (Organization for Economic Co-operation and Development，简称 OECD)：是由 30 多个市场经济国家组成的政府间国际经济组织，旨在共同应对全球化带来的经济、社会和政府治理等方面的挑战，并把握全球化带来的机遇。成立于 1961 年，目前成员国总数 34 个，总部设在巴黎。

于基础研究的科研机构，它只是个知识生产单位，如果你瞄着去挣钱、去获取经济效益就麻烦了，这种定位有点混乱。

2012年7月2日发布了《国家科技体制改革和创新体系建设的若干意见》，即六号文。在发布六号文之前，我也参加了前期的研究和调研。为推动科技体制改革，成立科技体制改革与创新体系建设领导小组，在领导小组之下有26个成员单位，包括教育部、中科院，还有地方上的一些单位，这26个成员单位分别结合自己的工作提出了62项重点任务，因为每一项下面又会有几个点，这62项重点任务再往下细分之后一共是440项任务，最后把它浓缩为245项任务，重点任务20项，核心还是以企业为主体的技术创新体系。当然，资源统筹、协同创新、科技评价也都有涉及。

四、国际经验及其启示

国外的体系跟我们的体系是两个路子，我们是政府由上至下把创新体系分成了这么几块，然后设定一个目标再去推动，这往往也是发展中国家喜欢的方式。如果我们要借鉴国际经验，就会面临一些客观条件的限制。国家创新体系特别强调文化背景，它属于国家专有要素，这种国家专有要素使得一种体系很难移植到另外一个国家。借鉴国外经验，首先看一下客观条件的限制和我们要解决的关键问题。是否需要成立一个专门机构来推动国家创新体系建设？我们已经成立了"创新办"，但是，那么几个人干着这么大的一件事，也没有编制，怎么往前推？现在要讨论的已经不是有没有必要成立这么个办公室的问题，而是既然成立了，就要考虑给它什么样的职能。别的国家既有反例，也有一些正面的例子。反例方面，2004年韩国明确提出了推进国家创新体系建设的计划，也成立了一个专门的机构来负责这项工作，这个机构也是放在韩国的科技部，跟我们的做法非常像。主要由科技部牵头，协调各个部门来共同讨论一些政策。具体的工作则由设在韩国科技部专门部门来推动，但结果又把创新体系的事局限到科技工作本身，这个事情到现在也是不了了之，根本推动不了。正面的例子就是刚才谈到的瑞典，瑞典为了推动创新体系，成立了创新系统署，这个部门每年可以支配的经费是 40 亿瑞郎。它的使命就非常清楚，凡是需要部门合作的，凡是需要多主体共同来做的项目全部都由这个创新系统署负责，目前瑞典创新系统署运作很好。

边界不清晰，缺少一个分析框架，也是我们创新体系建设所面临的限制条件。前些年我们一谈到创新体系建设，就说科技体制改革进入全面推进创新体系建设的新阶段，基本上把科技体制改革和创新体系建设等同起来了。实际上这是两个概念，把这两个放在一起来考虑，会引出很多的问题，比如，创新体系变成了一个无所不包的框架，什么东西都被放到这个创新体系里来讨论。我们国家建设创新体系有几个关键点需要考虑，我们的框架条件必须有所突破。大家知道，企业是技术创新的主体，要促进创新资源向企业流动，最宝贵的创新资源当然是人，人怎么才能够顺畅地向企业流动？我们的框架条件如果不突破，比如说像社保，如果这个不改变，人怎么动？我们所有人的福利都是跟单位挂钩的，要实现人的来去自由，如果没有统一的社会保障体系，这是很难做到的。

我们现在也提政府对科技的管理要实现从研发管理向创新管理转变，实际上国外现在谈的更多的是创新治理，创新治理跟创新管理有什么区别呢？治理的概念更多强调发挥中间组织的作用，政府在宏观层面该发挥哪些职能？这也是我们需要讨论的。政府跟市场的关系是这一轮改革需要解决好的一个关键问题，同时要发挥中间组织的力量，代替政府的某些职能来治理创新活动。政府要把自己当成一个普通的创新主体，一个创新活动的参与者，而不是高高在上的设计者。

做增量容易，改存量很难。改存量必然会触动一些既得利益者的利益，包括部门利益。1985年以前的改革，动静很大，近些年的改革我们更多是在做增量。我们能否先将一捋家底，看一看我们的存量。现在我们有各种各样的实验室，各种各样的工程中心，很难把这些家底说清楚。我们怎么样去把存量理清，做一些调整？这是一个很大的问题。而在体制机制创新方面，通过做增量的方式更容易实现。这两年大家都知道新型研发组织发展很快，华大基因跟深圳光启研究院的发展经验就获得了中央领导的批示。为什么一些新型研发组织做得很好，而且能够吸引地方政府和中央政府的关注？我们认为主要是因为他们做的是增量。这种新的机构，既不同于原有体制之下的研究所，又不同于纯粹的民营企业，这样做增量更容易实现体制机制上的创新。

另外，创新的动力机制也是一个核心问题。现在的创新，到底由什么驱动？现在的驱动方式基本上还是政府在驱动。在不同的层面谈创新，创新的动力机制都不一样。

创新体系还特别容易忽视一个东西，就是怎么样在择优与扶弱之间掌握一种平衡？政府部门往往更喜欢干锦上添花的事。你哪儿做的好，我给你挂一个牌，这很明显是一个择优的做法。政府这么做要谨防破坏市场竞争环境。例如，创新型企业评价，评上的企业，接下来一般会有相应的政策支持，即使没有政策，也会有无形资产，而这些企业可能是本来就发展得很好的企业，并不是最需要你来扶持的，这样做法是典型的"择优"，而不是"扶弱"。还有就是高中低技术之间怎么去选择？我们去研究一下高技术产业对就业的贡献，对出口的贡献，再去比较一下各个产业的贡献，究竟哪个贡献最大，还真不一定。中央一提战略新兴产业，各地方都一窝蜂在搞，这未必是一个明智的做法。

另外，在创新体系开放性建设方面我们还是缺少思路。现在老讲应该开放，但是怎么样开放？怎么样去吸引更多的人才？怎么样一方面走出去，一方面要请进来？怎么样让我们的研发网络融入国际的研发网络当中去？我们还缺少思路，很多思路都是点上的，没有面上的大战略。

五、需要探讨的几个问题

一个问题就是如何看待企业技术创新主体地位的问题。技术创新要以企业为主体，这一点没问题。现在总是在讨论"企业的技术创新主体地位有没有确立"，我觉得这是一个伪问题，因为企业所谓的技术创新主体，它是天然属性决定的，就像一个家庭当中，这个男的就是父亲，你不要去讲他的父亲地位有没有确立，他是父亲就是父亲，这是一个很简单的问题。我们讲主体地位无非是讲企业技术创新能力强弱的问题，那就直接谈创新能力好了，没必要把能力问题又转化为一个主体地位的问题，然后又立项，又有一帮专家在那儿算，说哪个指标达到什么程度才能判定企业的技术创新主体地位已经确立了，达不到就是没有确立。这其实还是在讨论企业的创新能力，一个问题没解释清楚，把这个问题换一种表述方式，不仅无助于问题的回答，反而把问题进一步复杂化了，实际上没有这样的必要。企业在国家创新体系当中任何时候都是技术创新的主体，而大学跟研究机构是知识创造的主体，分工不一样，我觉得这一点应该明确。

另一个问题就是作为一个领导者如何激发人或机构的创新动力？创新文化也是个重要问题，我们的传统文化在创新方面有先天不足。那文化能否重建？如何重建？这也是一个需要考虑的问题。

如何把创新体系的理论用于区域、行业或者机构层面实现创新驱动发展，也是一个值得关注的问题。

强化企业技术创新主体地位，全面提升企业创新能力

赵玉海

授课时间：2013 年 4 月 27 日

作者简介：1955 年 6 月出生，科学技术部高新技术发展及产业化司司长。

1978 年 8 月—1985 年 3 月　机械部北京机电所　工程师

1985 年 3 月—1998 年 8 月　国家科委计划司　副处长、处长、副司长

1998 年 8 月—2004 年 3 月　科技部火炬中心　副主任、主任

2004 年 3 月—2010 年 6 月　科技部高技术中心　主任

2010 年 6 月至今　科技部高新司司长

内容提要：本文从国际和国内两个视角剖析了技术产业变革的趋势，分析了我国企业技术创新能力的现状，在全面梳理发展战略性新兴产业的重要任务的基础上，提出了提升企业技术创新能力的主要举措。作者认为，新工业革命和技术变革为后发国家的赶超发展打开了一个"机会窗口"，技术的融合和协同创新是新工业革命的一种典型的特征，新工业革命会影响我国产业的发展。

　　党的十八大提出科技创新是提高社会生产力和综合国力的战略支撑，必须摆在国家发展全局的核心位置，要坚持走中国特色自主创新的道路，以全球视野来谋划和推动创新，提高原始创新、集成创新和引进消化吸收再创新的能力，更加注重协同创新。十八大把科技创新摆在战略支撑和核心位置的地位，这是前所未有的。十八大又提出要以全球视野来谋划和推动创新，这既是我们长远战略发展的需要，也是我们转变发展方式，实现产业转型升级的需要。下面我围绕四个方面给大家做介绍。第一，介绍技术和产业变革趋势；第二，分析现代企业技术创新能力的现状；第三，介绍"十二五"着力推动发展战略性新兴产业的主要任务；第四，谈谈提升企业自主创新能力的主要举措。

一、技术和产业变革趋势

（一）国际形势

1. 发达国家全力抢占科技和产业发展制高点

　　最近五六年，各发达国家为摆脱经济危机的影响，纷纷抢占科技和产业发展的制高点。2008 年，美国次贷危机造成的金融危机，以及随后的欧洲主权债务危机带来的经济危机，对全球产生重大影响。这一轮危机，更多表现为结构性危机的特点，许多国家都面临虚拟经济和实体经济的不平衡，绿色发展的需求与现有的经济结构不平衡。从目前来看，发达国家特别是欧洲国家，债务问题短期内很难得到充分缓解，大部分西方国家的失业率高起。西班牙的失业率已经超过 20%，面临非常严峻的社会问题。全球人口红利在日益消退，人口老龄化，劳动力供给失调，大部分欧洲国家的退休年龄都已经延长到 65 周岁。西班牙这样深陷危机的国家，退休年龄已经延长到 67 周岁。同时出现的是投资萎缩和投资结构失衡。一方面，我们产能过剩，很多制造业的投资大幅度萎缩；另一方面，一些新兴产业和一些地区的投资结构存在不合理的问题，需求不足和需求结构的变化不相适应、产能过剩和产业结构的调整不相适应。很多问题都是两难问题，各国都认识到必须塑造更加均衡协调、可持续发展经济结构的重要性。在这样的背景下，科技被历史性地推向发展舞台的中央。谁能够在科技创新方面获得优势，谁就能掌握结构调整和转型发展的主动权，就有可能率先走出经济危机的阴影，走向繁荣。

从技术和产业发展的历程看，第二次工业革命的红利已经基本吃尽，技术发展遇到一些极限。比如，信息领域的摩尔定律，每 18 个月芯片上的晶体管数量可以翻一番，每 18 个月计算机的性能可以提高一倍。过去相当长一段时间，技术和产业的发展一直遵循摩尔定律，现在摩尔定律已经开始走到极限。目前，集成电路最窄**线宽**的工艺线已经到了 14 **纳米**，很多科学家都认为，物理极限是 5 到 7 纳米，就没有办法再往下走了。预计在 2020 年前后，集成电路按照摩尔定律发展的规律基本就结束了。制造业出现全球性过剩，我们也面临很严重的过剩。这种过剩不仅是中国的过剩，也是全球性的过剩。

在这种背景下，加快催生新一轮的科技革命和产业革命，全球进入密集创新的时代。很多未来学家对未来的技术和产业变革进行预测，我援引两个比较典型的预测。比如，美国的里夫金提出新能源加互联网催生第三次工业革命。他的基本理念是：化石能源是有限的，很快

术语简介

线宽是指 IC 生产工艺可达到的最小导线宽度，是 IC 工艺先进水平的主要指标。线宽越小，集成度就高，在同一面积上就集成更多电路单元。

纳米（符号为 nm）是长度单位，原称毫微米，就是 10^{-9} 米（10 亿分之一米），即 10^{-6} 毫米（100 万分之一毫米）。如同厘米、分米和米一样，是长度的度量单位。

就会消耗殆尽，人们消耗完化石能源以后，未来主要依靠可再生能源支撑人类经济社会的发展。未来的可再生能源将由每一个人和每一个家庭共同创造，人们既是能源的生产者，又是能源的消费者，大量的间歇性能源将会被用来制氢，氢通过网络管道输送到千家万户。现有电网在输送电力的同时，还可以作为因特网使用。再比如，英国的《经济学家》杂志也对第三次工业革命进行解释。这个杂志经常对世界经济和科技发展作出预测，它认为制造业的数字化将会引领第三次革命，包括智能制造和新材料的发展，特别是3D打印技术，将替代现有制造技术。现有制造技术笼统地被称为"大规模减式制造"。制造一个部件的传统方式，都是先有毛坯，毛坯的个头远远大于最后想要得到的部件。然后通过各种各样的加工手段，得到你想要的零部件，这种制造方式就是减式制造。未来的制造方式是分散化的"小批量增式制造"。增式制造是什么概念？3D打印是典型的增式制造技术。3D打印在制造一个零部件之前，没有任何毛坯材料，按照设定的制作轨迹进行烧结，进行一层一层的扫描式制造，全部烧结完成以后就形成所需要的零件。整个烧结过程类似于计算机的打印过程，这种制造零部件的方式被认为是未来制造业发展的重要方向，是第三次工业革命的代表性技术。

各国特别是各发达国家都将创新提升到国家发展战略核心地位，加大科技投入，发展具有比较优势的产业和技术，力图抢占未来高新技术产业发展的制高点。奥巴马政府继2010年发布"通过创新转型美国经济"的《经济复苏法案》后，2011年2月再度发布"美国创新战略"，强调竞争的核心是教育、科研和基础设施。欧盟继2010年出台"欧洲2020战略"后，2011年又公布了"地平线2020计划"，旨在整合各成员国科研资源，促进科技创新，推动经济增长和促进就业。俄罗斯发布了2020年前创新发展战略，力争在高新技术产业和知识型服务市场上跻身于世界前列。这三个经济体提出的举措还是有些不同，欧盟和俄罗斯更多围绕创新自身提出一些战略，美国人的创新就跟很多国家不太一样，美国提出教育、科研和基础设施的"三驾马车"。创新能力首先要从教育着手，教育是基础。其次要加强科研。再次就是基础设施。基础设施主要指信息流、人流和物流的基础设施，包括互联网、高速轨道交通、航空等。美国的创新战略的确有其独到之处。首先，它考虑的问题比较长远，教育是比科技更长远的东西。我们经常说，科技主要是管今天和明天的事，教育是管后天的事。从这个意义上讲，强调教育对创新的重要性更具有战略眼光。同时美国认为创新是一个体系，不仅仅是科研本身。

在各国都加快创新步伐的同时，我们企业技术创新也面临非常大的挑战，感受到技术创新速度越来越快，特别在信息领域，技术发展的速度非常快。20世纪我们很熟悉的电视机，从黑白到彩色，显像管技术经历了20年。本世纪初，我们的平板电视从原来的冷阴极荧光管到现在的发光二极管，两种液晶显示光源的革命性变化，只用了两年。芯片技术更是如此。

技术创新的研发投入和产业化成本越来越高，企业不仅要面临技术变化快的风险，同时也面临投资大的风险。目前，一条12英寸集成电路的生产线的投资要超过100亿元人民币。前不久，我接待了东部沿海比较发达的地区人员，他们想引进12英寸的集成电路生产线。我当时给他们泼了点冷水。这是一个非常烧钱的产业，一次性投资很大，企业要保持持续的竞争力，就需要连续不断地投资。集成电路行业里有个说法，企业要保持竞争力，每年投资额要占销售额的1/4。而且集成电路生产线的折旧速度非常快，一条集成电路生产线的理论寿命有15年，但是实际真正挣钱时间也就五年，大部分集成电路企业都要把设备在五年内完成折旧，这样才能有财力进行下一轮的投资。它是一个投资风险高的产业，一旦出现投资失误，就会给企业带来沉重的负担。

再如，目前液晶面板产业已经发展到10代到12代之间，每一代液晶面板的产业投资都超过200亿元人民币。资本密集度在未来会越来越高，大家在预测集成电路下一步的走势。集成电路产业发展主要有两条不同的路线：一个是让线宽更窄，现在线宽是14纳米，另外是增大

晶元的尺寸。现在主流的最先进的生产线是 12 英寸生产线，下一代的
预测是 18 英寸，直径更大，生产效率更高，竞争力更强。如果下一代
是更窄的线宽，要做到 18 英寸的规模，有人预计一条生产线的投资规
模就要超过 200 亿美金，大概一千多亿人民币。现在听起来是天文数
字，这种技术大概会在 2020 年前后出现。

后发国家的企业技术创新，受限于跨国公司设置的障碍。在全球化
的生产模式下，跨国公司通过对技术进步和技术更新换代的掌控，始终
掌握国际产业竞争的主导权。前面提到的平板显示液晶面板，我们国家
六代线投产以后，三星、夏普很快推出八代线。我们京东方和 TCL 的
8.5 代线都是 2012 年建设的。在国内 8.5 代线还没有建成之前，夏普的
10 代线已经开始投产，技术更新速度非常快。对平板显示来讲，每一
代线的技术差别并不大，主要是面板尺寸。面板尺寸大了，生产效率提
高了，成本就下降了，产业竞争力就强了。目前很多人也在探讨会不会
已经到了物理极限，现在单块面板能做到十几平米，对设备、工艺的要
求都很高，投资规模非常大。由于缺乏核心技术和标准，发展中国家的
企业只能依靠低成本、低价格的比较优势来参与国际竞争，这种优势自
然地被锁定在产业链的低端或者低附加值的环节。

发达国家抢占产业制高点的另外一个现象就是美国提出的"再工业
化"。过去有一种说法，服务业在整个产业结构中的比重越大越好，因
为服务业在发达国家所占比重都已经超过百分之七八十了。但是，金融
危机爆发后，很多国家发现服务业中有相当一块是很容易泡沫化的。党
的十八大提出，要牢牢地抓住发展实体经济的主线，发达国家也在不断
反思，美国就提出再工业化，要发展实体经济。过去一段时间，制造业
在美国 GDP 仅仅占 12% 到 13% 之间（我们国家的制造业占 GDP 的比
重超过 45%）。2012 年年初，奥巴马在《国情咨文》中提出，要以美国
的制造业、美国的能源、美国劳工的技能以及美国价值观为出发点，重
整美国经济。奥巴马政府采取税收优惠政策来鼓励制造业回流美国，这
在美国是非常不容易的。此外，奥巴马政府还提议拨款 10 亿美元建立

全美的制造业创新网络。美国制造业比重非常低，要提升的是制造业的创新能力。经过四年努力，通用汽车重新成为世界头号汽车制造商，福特汽车也提出要把 1.2 万个工作岗位从墨西哥和中国搬回美国。苹果的一些制造部门也开始回流到美国，苹果自己并不从事制造业务，回流美国的是为苹果代工的企业。为了保住订单，包括富士康在内的代工企业都把一部分业务转移到美国。

麻省理工学院对 108 家总部位于美国的跨国公司进行调查，有 1/3 的受访企业表示正在为回流美国采取措施。我个人认为，这种回流在未来可能会成为一种趋势。美国制造业回流不是简单的回流，不是把在中国的组装加工业搬回美国。美国具有强大的技术创新能力，具有非常好的制造业基础，具备用一流技术打造制造业的条件。同时，美国劳工技能和素质在全世界是最好的，美国工人的技能水平以及劳动生产率远远高于后发国家。这几年美国的页岩气已有重大突破，能源自给率提高到 80%，天然气价格大幅度降低，天然气在美国国内的价格只相当于亚洲国家天然气价格的 1/5。美国能源价格的下降带动电价的下降，重化工、石油化工等制造业需要大量消耗电力能源。从这个意义上讲，美国的再工业化和制造业回流是具有现实优势的。

2. 新兴发展中国家加速承接产业转移

我们也遭受着发展中国家的低成本和后发优势的挤压。过去三十多年，我们经济快速发展主要依靠劳动力资源等比较优势，我们承担的是低端转移技术。随着国内能源、原材料、土地、劳动力价格的不断攀升，很多制造业出现转移的迹象。首先是从沿海向内地转移，未来更多会从中国转向其他发展中国家。这几年，印度、越南、柬埔寨等周边国家凸显了成本优势，已经对我们的产业发展造

术语简介

晶元（Wafer），是生产集成电路所用的载体，多指单晶硅圆片。单晶硅圆片由普通硅砂拉制提炼，经过溶解、提纯、蒸馏一系列措施制成单晶硅棒，单晶硅棒经过抛光、切片之后，就成为了晶元。

成竞争压力。越南已经成为耐克新的生产基地，原来耐克的主要生产基地在苏州。新兴发展中国家的崛起对我们制造业形成挤压，产业升级成为我们国家工业发展面对的必然选择。

3. 商业模式创新成为实现技术创新价值的重要途径

工业革命以来，产业经济发展基本上遵从"技术创新获得利润，性价比拼占领市场"的范式推动，技术创新一直是企业获得市场竞争力的重要方式。近年来，互联网的迅速发展和贸易自由化的不断加深，技术创新的模仿壁垒在急剧下降，垄断利润也急剧下降，通过技术来获得垄断利润变得越来越难。在互联网时代，技术变化非常快，技术更新周期非常短，各领风骚三五年。很难有一个企业长期靠技术创新来垄断市场，以技术创新主导的盈利模式正在面临严峻的挑战，真正有生命力的是技术创新与商业模式创新的融合。

为了向用户提供丰富的服务和更加人性化的体验，需要针对新技术采取新的商业模式。我举几个例子。随着互联网的发展，目前盛行一种"分享经济"，借助互联网的平台可以对外短期出租自己的资产，也可以通过分享获得收益。可以分享的资产包括房屋、汽车、工具、宠物、资金和劳动力，分享的模式是点对点。分享经济的影响力在于，几乎人人都可以参与，你可以出让你的东西，同时可以从网上获得你需要的东西。它是一个影响力非常广泛的商业模式，这种商业模式在未来具有很好的发展前景。有一种网上金融服务叫网贷通，通过搭建分享平台，资金的供给方和需求方进行点对点的交易。这实际上就是分享经济的一种，过去要去银行贷款，现在老百姓有钱也可以干这事。但是也出现了一些问题，如何保障资金安全，你不知道钱是让网站拿走了，还是让真正需要钱的人拿走了。钱拿走以后，如何保障出借人的权利。这种人人都可以参与的商业模式引起很多人的兴趣，相信这些问题在未来的发展过程当中会不断得以解决。再比如开放式的客户体验销售。进入互联网时代，智能手机、平板电脑几乎都采取这种销售方式。如果没有体验，你很难把东西卖出去，因为很多功能需要用户直接使用才能够加深印象。

我们再探讨一下商业模式对苹果公司的作用。苹果公司的 Macintosh 操作系统是世界上第一款交互式图形界面的操作系统。什么叫交互式图形界面？现在我们已经用习惯了，Windows 操作系统就是交互式图形界面。在 Windows 之前，我们用 Dos 操作系统，每次要做一件事情，你要敲入一行命令，计算机才给你做，效率非常低，操作难度很大。现在，没什么人用 Dos 操作系统，实在是太麻烦。第一款交互式操作系统是苹果做的，它的技术在当时处于领先地位，在商业上也获得很大成功。但是，当时苹果坚持的商业模式是苹果自己开发的芯片和苹果的操作系统要捆绑销售。当时有很多人做芯片，但是做交互式图形界面操作系统的只有苹果公司一家。如果当时苹果把操作系统卖给其他做芯片的商家，可能现在就没有微软的 Windows 了。但是，苹果坚持软硬件捆绑，而且它的硬件在技术上并没有太多吸引力。随着微软推出 Windows，苹果一落千丈，濒临倒闭。虽然影响因素有很多，但是商业模式是苹果当时濒临倒闭的重要因素之一。随着移动互联网萌芽的出现，苹果以超前的眼光进行全面转型，精心打造一条覆盖移动互联网全过程的产业链，再次获得成功，一度成为市值最高的公司。苹果在智能手机和平板电脑上取得巨大成功，与它的商业模式仍然有很大关系。现在，苹果依然坚持过去的捆绑销售，现在叫全产业链覆盖，或者叫产业链垂直整合。我们总结苹果的成功，除了它有敏锐的眼光，预见到移动互联网的发展之外，有三个方面值得关注。一是产业链的垂直整合，这是苹果长期坚持的商业模式；二是创意驱动，坚持应用创新；三是追求科技产品的艺术化，这是苹果的看家本领。有趣的是，这么多年苹果的商业模式并没有太大变化，为什么早期失败了，在移动互联网发展初期又成功了？实际上，企业在技术和产业发展的不同阶段，要采取不同的商业模式。苹果发展历程留给我们的另外一个启示就是，技术在产业发展过程中是重要因素，但不是成功的唯一因素。苹果包括 iPhone、iPad、iPod 在内的所有产品，其技术水平处于中上水平，不是最高的技术水平。但是，它把技术和商业模式进行了很好的融合，在技术快速发展的年代，商业模式也非常重要。

　　再看 PC 产业的商业模式。PC 产业有一个安迪—比尔定律，安迪是英特尔的 CEO，安迪·葛洛夫，比尔就是微软的比尔·盖茨。PC 产业的模式叫 Wintel 模式，就是 Windows 加上 Intel 的模式，这个模式推动 PC 机一代一代地不断升级。它的发展过程是这样的，首先由微软等软件企业不断更新操作系统，提供功能更加强大、需要更强硬件支撑的软件。Windows 版本不断更新，功能虽然有一些提升，但是对硬件提升的要求远远超过软件功能的更新，实际上很多增加的功能对大部分普通用户来讲也许十年都用不了一回。但是，它对硬件的要求会翻一番，用户为了追求新的功能，就去更新机器。新的操作系统出来了，首当其冲的是芯片，就要向 Intel 购买新的芯片。按照摩尔定律，芯片功能每 18 个月增加一倍，芯片的研发为硬件升级提供了支撑。通过微软和 Intel 的合作，他们创造了 PC 产业的商业模式，使用户不断掏钱购买新升级的操作系统，购买新升级的机器。安迪—比尔定律把原本属于耐用消费品的电脑、手机变成了消耗性商品，刺激 ICT 产业的发展，也促进了 ICT 领域的技术创新。

　　4. 关于对技术和产业变革趋势的初步认识

　　第一个认识，新工业革命和技术变革为后发国家的赶超发展打开了一个"机会窗口"。实际上，技术的变革或者换代往往是你弯道超车的时候。在技术持续演进的过程中，由于你的起点比别人低，你很难在技术演进过程中超越别人或者追上别人，这种机会往往在技术换代或者变革的时候出现。18 世纪德国抓住化学工业发展的机遇，迅速赶超英国。19 世纪末，美国抓住电器革命的机遇，很快成为头号强国。20 世纪中期，日本抓住半导体产业发展的机遇，在短期内成为经济强国。我举三个具体的例子。一个是移动通信的换代，这个机遇让我们抓住了。在座很多人都有印象，20 年前很多城市装电话要交很贵的初装费。我记得，北京最贵时要交两千多块钱的初装费才能给你家装一个电话，当时整个通信技术和通信产业非常落后。现在，我们的通信技术特别是移动通信技术跟国际最先进的技术保持同步，我们这个产业的竞争力极强。20 年经历了很多变化，最开始的"砖头机"是模拟信号，后来所谓第二代移动通信（GSM）是数字移动通信技术。前几年，我们进入第三代移动通信，除了语音以外，可以通过无线大量传输数据。目前第四代移动通信技术和产业都已经做好准备，我们只是等待合适的商业机会发牌照而已。做到第四代移动通信技术，我们完全跟国际同步，而且技术水平基本相当，产业竞争力非常强。之所以能出现这种状况，就是因为移动通信技术在过去的 20 年中不断地换代，我们抓住换代的切入点，取得弯道超车的成功，机会窗口的重要性正在于此。

再比如电动汽车的发展，也给我们提供了一个发展的"机会窗口"期。中国目前是全球最大的汽车生产国和消费国。我们生产的燃油车跟国外的先进技术存在差距，发动机技术、变速箱技术大概有两代的差距。燃油汽车的技术更新速度相对缓慢，虽然我们是最大的汽车生产国和消费国，但在燃油车的技术方面要达到国际先进水平还有很长的路要走。电动汽车就不一样，我们在电动汽车技术研发的起点跟国外的差距不大，总体技术跟国外保持基本同步。这给我们提供了一个很好的发展机遇。再比如 **ARM** 架构的芯片技术。Intel 垄断计算机 CPU 的市场，但是 Intel 的技术是封闭的，Intel 的芯片是一个复杂指令架构，它的特点是高性能、高功耗。移动互联网和智能手机的出现，对手机提出低功耗、性能够用的要求。ARM 是一家英国公司，它的技术具有低功耗的优势。ARM 曾经也想和 Intel 直接竞争，准备自己开发并销售芯片。他们发现这条路非常艰难，于是 ARM 调整经营策略，他们不再直接做芯片，而是把芯片的核心技术授权许可给所有半导体公司，让别人在这个基础上开发芯片。ARM 公司的商业

重点提示

新工业革命和技术变革为后发国家的赶超发展打开了一个"机会窗口"。

特别说明

ARM 是微处理器行业的一家知名企业，设计了大量高性能、廉价、耗能低的 RISC 处理器、相关技术及软件。技术具有性能高、成本低和能耗省的特点。

模式获得了成功，ARM 架构芯片的出现，也打破了 Intel 垄断市场的格局，这种格局的打破给中国企业带来极大的机会。我们现在是全球最大的移动手机生产国家，手机要大量使用芯片。ARM 架构为我们自己开发高性能、低功耗的芯片提供了平台，在这个平台上我们可以开发各种各样的芯片，不再受 Intel 技术垄断的遏制。这些例子说明，把握好发展的机遇期对于我们转型升级是非常重要的。

第二个认识，技术的融合和协同创新是新工业革命的一种典型的特征。新工业革命不是单一技术所主导，而是多领域新技术的群体涌现。新一代信息技术是关键，移动互联网、智能制造、能源配送等离不开新一代信息技术的引领和支撑。谁能取得技术突破并产生协同效应，谁就能掌握新一轮科技与产业竞争的主动权。美国攻克水平钻井、重复和分段压裂新技术后，页岩气产量从 2005 年的 194 亿立方米提高到 2011 年的 1800 亿立方米。天然气价格下降了 80% 以上。美国之所以具有再工业化的条件，这是很重要的影响因素。实际上，美国也有不成功的例子，比如数码相机。全世界的第一台数码相机是由柯达公司在 1975 年柯达纽约实验室研发出来的。柯达过去主要做胶片技术，胶片技术跟数码相机的技术路径是完全对立的。数码相机的出现，预示着胶片产业要走向灭亡。当时，柯达已经是全球最强的彩色胶卷企业，由于柯达具有很强的胶片研发和制造能力，而且胶片给柯达带来丰厚的回报，柯达舍不得革自己的命。一个企业里很难生产出两个完全对立、相互取代的产品。柯达虽然是第一个发明数码相机的企业，但是它在数码相机上一直停滞不前，一直到前年柯达宣布破产保护。自己打败了自己，这是因为技术突破后的协同效应出了问题。

第三个认识，新工业革命对我国产业发展的影响。新工业革命对劳动密集型产业发展带来冲击，生产智能化、消费个性化和产品复杂程度的提高，要求设计、制造与市场更加贴近。这也是我们判断发达国家制造业回流的重要原因。因为产品的复杂程度越来越高，用户和制造者要贴得更近。新工业革命对我们产业转型提出了紧迫的要求，以地理集中为特征的产业集群将向分散布局、异地协同为特征的虚拟集群演变，传统要素的作用下降，创新要素的作用越来越大。过去我们比较推崇产业集聚效应，主要指地理上的集聚，认为可以降低交易成本，提高竞争力，目前也面临很大挑战。新工业革命对支撑产业发展的制度安排带来挑战，智能化生产方式使知识型员工将成为核心竞争资源，生产组织方式呈现变异，教育制度将出现改变。为什么说美国人在这方面有优势，就是美国劳工的知识水平比我们高，另外生产组织方式也出现一些变异。过去我们很注重专业化生产，让专业的人去干他最擅长的事，现在垂直整合的优势又开始凸显。三星手机、平板电脑中绝大多数硬件的生产都在三星内部完成。

（二）国内形势

1. 经济发展方式向"创新驱动"转变刻不容缓

通过多年来的艰苦努力，我国经济总量已跃居世界第二位。但我国经济发展中不平衡、不协调、不可持续的矛盾仍然突出，经济增长方式粗放、产业结构不合理、资源环境约束的问题日趋尖锐，迫切需要在加快转变经济发展方式上取得实质性进展。我国以较少的人均资源占有量和脆弱的生态环境，承载着巨大的人口规模和实现持续快速发展的压力，面临着节能减排、应对气候变化等严峻挑战。发达国家曾经拥有的资源环境等有利条件，是目前我国所不具备的。

目前的经济结构，包括需求结构、产业结构、要素投入结构和区域结构等，已严重地制约了我国经济社会的可持续发展。劳动力成本、土地等传统比较优势遭到蚕食。工业核心技术长期缺失。出口难度加大，加上外国企业对国内市场的挤压，经济发展的内外环境不容乐观。西方国家再工业化加大了对我国经济的冲击。新兴国家与我国日益呈现同质竞争的局面。过去我们跟发达国家有贸易冲突，现在我们跟很多发展中国家也产生贸易冲突，这给我们的发展带来非常大的挑战。

我们现在戴着两顶很大的帽子，第一是全球最大的能源消费国，同时还有一顶更沉重的帽子，全球最大的二氧化碳排放国。目前，大比重的重化工制造业决定了我国工业能源资源消耗强度大，2010 年，中国生产了占世界 50% 以上的钢铁、50% 的焦炭、50% 到 70% 的太阳能光伏电池，这些生产对能源和资源的消耗以及对环境承载率的影响都十分巨大。根据《世界能源推荐统计回顾 2011》数据显示，2010 年，我国一次能源消费总量达到 24.32 亿吨油当量，同比增长 11.2%，超过了美国的 22.86 亿吨油当量，成为世界第一大能源消费国。

矿产资源对外依存度不断提高。原油、铁矿石、铝土矿、铜矿等重要能源资源对外依存度超过 50%。高消耗的同时也伴随着高污染。据统计，工业产生的二氧化碳排放量占全社会总量的 70% 以上。在能源消耗大和环境污染日益严重的情况下，能源资源和生态环境约束更趋强化，传统的粗放式发展模式已不适应低碳绿色的生态环境要求，使我国未来的可持续发展面临着严峻挑战。

要转变经济发展方式，实现经济平稳较快增长，最基本的是要推进产业结构调整、促进转型升级，最重要的是要加快创新步伐，大力发展高新技术，积极推动成果转化，大幅提高经济增长中的科技含量，把经济增长建立在创新驱动、内生增长的基础之上。因此，党的十八大报告中提出了"实施创新驱动发展战略"，通过推动科技和经济紧密结合，提升企业技术创新能力，加快形成新的经济发展方式。创新驱动发展战略绝对不仅仅是技术创新驱动，技术创新驱动是很重要的一部分，还包括管理创新、商业模式创新、生产组织方式创新等，创新应该是一个广义创新的概念。

2."中国制造"向"中国创造"转变迫在眉睫

改革开放三十多年是我国工业化和城镇化快速发展的重要时期，经济建设取得了卓越成就。我国工业综合实力稳步提升，形成较为完备的工业体系，2010 年成为全球制造业第一大国。发达国家一方面由于规模限制，不可能做到完整的体系。很多发达国家像美国本来也应该拥有比较完整的工业体系，但是它前几年在产业转移过程当中，很多产业就消失了。全世界产品几乎在中国都能够找到有人在做，没有中国不做的东西，这是我们很重要的优势。在500余种工业产品中，钢铁、汽车、水泥、服装、家电等220多种工业品产量居世界第一。但是，长期以来的粗放发展模式只造就了我国工业庞大的规模，而缺乏真正的竞争力，"大而不强"是我国工业发展不可回避的现状。

"中国制造"下的生产效益和经济竞争力不高。2010年我国工业增加值率约为27%，而发达国家的工业增加值率均在35%以上，美国、德国则超过40%。美日欧等发达国家的劳动生产率约为我们的3—4倍。说明我国工业投入产出效率低、收益低。同时，也说明我国在转型升级、由劳动力密集型、资源依赖型的生产方式向资本、技术密集型的生产方式转变有巨大的发展空间。

从这个意义上讲，中国制造的发展模式是难以持续。2011年是中国加入世贸组织的第十年，在中国制造业高速发展的同时内忧外患不断显现。十年间，"中国制造"屡屡遭到贸易保护主义的阻击，以技术、环保、企业社会责任为理由的非贸易壁垒层出不穷。在国内，人口红利逐渐消失、生产要素成本增加、环保要求不断加强、知识产权保护日益完善等因素，导致了以廉价取胜、缺乏核心技术的中国制造业发展陷入瓶颈。转变经济发展方式，由"中国制造"向"中国创造"转变成为未来可持续发展的重中之重。

二、我国企业技术创新能力现状及分析

（一）我国企业技术创新能力现状

首先对我们国家企业技术创新能力的现状做一个扼要的介绍。

1. 企业技术创新活动日益活跃

经过三十多年的改革开放，我国企业技术创新要素积累日渐增强，技术创新能力有了很大提高，较快增长的科技投入促使我国在移动通信、高速铁路、超级计算机、航空航天等多个领域取得了瞩目成就，已接近或处在全球创新的前沿，一些领域正由"跟跑者"向"并行者"、"领跑者"转变。华为总裁任正非认为："我们已经走到了移动通信产业的前沿，要决定下一步如何走是十分艰难的问题。我们以前靠西方公司领路，现在我们也要参与领路了。"说句实在话，这个时候选择下一步往哪走，远比跟在别人后面的时候要难得多，跟在别人后面的时候，别人在前面走，走过的路你去判断就可以了，现在完全由你自主来选择。

近年来规模以上工业企业技术创新活动相关指标

年　度	2004	2008	2009	2011
有 R&D 活动企业数（个）	17075	27278	36387	37467
有 R&D 活动企业所占比重（%）	6.2	6.5	8.5	11.5
R&D 人员全时当量（万人年）	54.2	123	144.7	193.9
R&D 经费内部支出（亿元）	1104.5	3073.1	3775.7	5993.8
R&D 经费内部支出与主营业务收入之比（%）	0.56	0.61	0.69	0.71
R&D 项目数（项）	53641	143448	194400	232158
R&D 项目经费内部支出（亿元）	921.2	2902	3185.9	5052
企业办 R&D 机构数（个）	17555	26177	29879	31320
企业办 R&D 机构人员数（万人）	64.4	130.4	155	181.6
企业办 R&D 机构经费支出（亿元）	841.6	2634.8	2983.6	3957
新产品开发经费支出（亿元）	965.7	3676	4482	6845.9
新产品销售收入（亿元）	22809	57027	65838	100583
专利申请数（件）	64569	173573	265808	386075
有效发明专利数（件）	30315	80252	118245	201089

上面的表格是规模企业的技术创新活动的一些主要指标。规模以上企业数量30多万家，2011年统计数据显示，有37467家有研发活动，这个比例占到11.5%，纵向看，这个比例已经有很大的提升，但是不算高。另外，企业的研发经费的支出有很大的增长，2011年的时候达到

5993.8 亿，占到主营业务收入的 0.71%。虽说比例不太高，但是增长速度还可以，这说明我们的企业正在加快推进技术创新。

在发明专利这一部分有很大变化，特别是最近两三年。2002 至 2011 年，我国发明专利申请受理量以年均 23.3% 的高速增长，企业发明专利申请以其基数大、增速快，推动我国发明专利申请量屡创新高。2011 年国内企业申请发明专利 23.2 万件，比 2002 年增长 14.5 倍，占国内申请的比重由 2002 年的 37.5% 上升至 55.8%。2011 年国内企业发明专利授权 5.8 万件，比 2002 年增长 57 倍，占国内授权的比重由 2002 年的 16.7% 上升至 51.8%。国内企业发明专利申请量和授权量连续十年以高于 20% 的速度增长。总体来看，国内企业发明专利的申请量和授权量连续十年都以高于 20% 的速度在增长。

2. 企业技术创新能力仍显不足

即便是这样，我国企业与世界先进企业相比，核心竞争力总体上还不强，科技创新能力还很弱。汤森路透集团公布的"2012 全球创新企业百强"榜包括 47 家美国企业、21 家欧洲企业、32 家亚洲企业，其中 7 家韩国企业、25 家日本企业上榜。我国企业连续两年无缘"全球创新企业百强"。这说明我们企业的创新跟全球先进企业相比还有较大差距。路透社的测算依据是专利，专利不仅仅要考虑数量，还要考虑专利的质量，包括专利的影响力和专利被别人引用的情况。这几年，虽然我们的专利数量增长速度很快，但是我们专利的影响力，所谓大专利、核心专利还不够多，我们的专利被别人引用的还非常少。实事求是地讲，我们企业的快速发展很大程度上依赖于我国经济的持续高速增长，还没有完全摆脱高投入的粗放型增长模式。

我国企业的技术进步，总体上仍以技术引进和跟踪模仿为主。发展方式上存在急于求成、注重短期利益的倾向，影响了原始性创新的重大成果的产生。以跟踪模仿为主的技术发展战略已导致一些不良后果：很难产生重大原始性创新成果；对外形成技术依赖，不仅在高端技术领域，甚至在低端技术领域也是如此；无法自主地进行优化和调整；在一些战略领域拉大了与发达国家之间的差距。

3. 企业技术创新主体地位仍未确立

我国企业缺乏核心关键技术和自主知识产权，缺乏自主品牌，与发达国家的企业相比创新能力差距仍然较大，企业的技术创新主体地位亟待加强。从研发投入、研发活动、研发结果等多个方面来衡量，我国企业尚未真正成为技术创新的主体。我国大中型工业企业在研发投入强度、研发机构设立、研发活动开展、专利申请数等多项数据情况都不理想，如果将数量众多的小企业统计在内，企业技术创新情况更差。2010年我们国家大中型工业企业技术创新，研发经费投入的强度不到1%，发达国家的企业特别是五百强企业基本都是 2.5 以上。更大的问题是，我们大中型企业中真正有研发活动的企业不到 1/3。从专利的情况来看，差不多 85% 的企业没有一项发明专利，这是大中型工业企业的数据。即便我们有一些创新型企业，也还是以自己研发为主，真正跟科研机构、高校开展合作的规模还不是很大。

（二）原因分析

1. 宏观政策的创新导向仍需进一步加强

第一，片面追求 GDP 增速抑制企业技术创新活力和动力。片面追求 GDP 的增速应该是抑制企业技术创新的很重要原因。追求 GDP 增长，更多是顾眼前的东西。研发投入是管明天甚至后天的东西。2010 年我们统计一下，GDP 总量前十名的省份只有三个省份的研发强度是高于全国平均水平，很多省份经济的发展并不是建立在创新驱动上，创新在里面所占比重很低，真正超过 1.7% 的全国平均水平的只有江苏、上海和浙江，其他都是靠大量劳动力资源以及资本的投入。总体来看，我国工业化进程尚未完成，GDP 的快速增长主要依靠资金、资源、能源大量投入。相反，技术创新投入大、风险高、具有滞后效应，这导致地方政府不重视技术创新能力的培育。对企业来讲也是这样，真正的现代企业家特别是国有企业的企业家还很少，大部分人更多关注任期内能够完成考核指标。企业在劳动力成本低廉、资源要素价格低的情况下，从自身生存和比较优势出发，往往陷入低水平重复建设和同质化竞争的传统模式，技术创新没有被选择成为企业获得竞争优势的主要途径，因而也没有成为企业发展的内在需要。

第二，资源环境成本较低，未形成有效的创新倒逼机制。在我国，政府掌握着重要资源配置权，生产要素市场尚不健全，造成了矿产、能源等基础性、资源性生产要素价格的扭曲，加之环境污染控制滞后，环境污染成本低，这些都助长了企业规模的扩张，也造成了企业越来越多的高消耗、低效率的投资。企业占有和消耗的资源数量越多，可获得的利润越大，通过技术创新获得的利润与之相比就显得成本过高，进而阻断了市场机制激励企业技术创新的通道。可见，现存的发展环境在一定程度上依然容忍粗放式的增长方式，还没有形成对企业技术创新的倒逼机制。对于大多数民营企业和中小企业来说，随着市场竞争日趋激烈、人民币升值、国际市场需求萎缩等市场环境变化，民营企业和中小企业面临着巨大的生存压力，其最主要的优势仍然是价格优势，大部分企业习惯于向下压缩成本而不是向上通过增加附加值获取利润，创新意愿并不强烈，创新活力不足。

上一届全国政协主席贾庆林关注过一件事，全国政协专门就制笔产业作了典型案例调查。我国年产各种笔类产品 380 亿支，其中圆珠笔产业已占全球 80% 的市场份额。但圆珠笔笔头的 90% 以上，墨水的 80% 以上，依赖进口或进口设备、材料加工。自行研制的笔头、墨水由于质量不过关，尽管价格只有进口笔头的 1/10 和 1/3，仍少有问津。出口到美国的圆珠笔均价 1 美元，我国制笔企业只能赚几分钱人民币。小小的一支圆珠笔，里面的技术含量还是相当高的，笔头的不锈钢材料是一种专用的不锈钢材料。国外专门针对笔头开发一种材料，我们没有，因此笔头材料是从国外买回来的。做笔头的加工装备，精度要求很高，珠和笔芯之间的间隙决定能不能顺畅出水，这么小的一个部件精度要求非常高，加工装备要进口。同时墨水要有很好的滞留性，能够在很小的缝隙里流出来，同时又不能流太多，对墨水的表面张力有很高的要求。小小一支笔里面有很多的技术。我们长期做笔，产量很大，但是技术一直没有过关。

2. 鼓励和支持创新的体制机制仍需进一步完善

政府在推动技术产业创新发展中还存在缺位与越位。传统的计划经济体制与市场经济体制在创新机制上的区别：一是中央集权、行政审批和许可——分散化的首创精神；二是创新的零回报或少量回报——巨额的创新回报与激励；三是知识产权保护基本缺失——严格的知识产权保护制度；四是严格的准入，缺乏竞争——鼓励公平竞争和允许失败；五是投融资体制僵化、融资难——多渠道、灵活的融资方式。

政府在推动技术和产业创新发展中还是可以发挥相当大作用的。这里举了两个例子。首先我们看日本超大规模集成电路产业的发展。20世纪60年代起，日本政府主导，通过立法，后来推动官产学研相结合。政府与产业界共同出巨资，知识产权政府不要，由所有参与厂商共同分享，政府保证国内需求优先采用，80年代中期后取代美国成为了领先者。又举了一个韩国液晶面板产业发展的例子。20世纪80年代起，韩国政府制订了技术和产业发展专项计划，通过税收和直接拨款，支持从日本引进技术和人才，推动产业链间的合作，使这项源自美国，在日本兴盛的技术产业在韩国得到了快速、大规模的发展。韩国做得比较高明，他们围绕液晶面板的生产配套和应用，把整个产业链都打通了。液晶技术最早是从美国实验室出来的，当时美国认为液晶技术离产业化还很遥远，就没有花很大力气去做。日本首先引进美国的液晶技术，最早是做小尺寸的液晶，比如电子表。当时只能做小尺寸的液晶，后来发展到大尺寸的时候，韩国开始推动这个产业的发展。韩国除了从日本引进技术以外，还引进了很多人才。韩国引进人才的手段很特殊，用高价收买能够解决整个产业链中关键技术的人。

从这几个例子可以看出来，政府应当是技术产业的推动者、协调者。政府在推进过程中要逐步释放市场配置资源的基础性作用，政府应当在"市场失灵"环节更多地发挥作用。

第一，鼓励企业创新的财税政策体系有待进一步完善。

多年来，我国政府在技术创新方面的投入主要是通过设立各类国家科技计划项目、国家创新平台建设等形式，将资金直接拨付给实施单位，企业也习惯于通过此类渠道获得资金支持。这种资金支持方式只能照顾到极少一部分企业，并且主要是大中型企业。这种形式仅适合于需要国家重点支持的研发方向和领域，并不能起到在较大范围内支持企业技术创新、激励企业加大创新投入的作用。同时，对于目前已有的具备普惠性的财税政策，在对企业创新起到较大推动作用的同时，也存在着一些问题。以研发费用加计扣除为例。加计扣除政策是一项世界各国广泛使用的以税收激励创新的政策，自实施以来在企业中引起了高度关注。现行加计扣除政策规定企业从事的研究开发活动必须属于一定的技术领域，相关费用才可以加计扣除，导致了部分企业，特别是传统产业中的企业开展的研发活动无法得到认定。在政策执行过程中，部分地方部门从方便自身工作出发，对企业研发活动设立了新的门槛，即只对列入了中央或地方政府科技计划中的项目加以认定。而大多数企业，特别是中小企业开展的研发项目很难在政府部门立项，因而无法认定。因此，必须进一步完善鼓励企业创新的财税政策体系。

第二，资本市场对企业融资支持力度有限。

改革开放以来，我国风险投资和资本市场从无到有，取得巨大成绩的同时，发展环境和制度的缺陷也日益凸显。我国风险投资和资本市场还不够强大，发展速度远远落后于国民经济增长的步伐，不能满足企业技术创新快速发展所面临的旺盛的融资需求。

企业融资渠道单一，很难筹措到必要的技术创新资金。直接融资方面，还没有形成多层次的资本市场体系，而风险投资在科技型企业融资中所占比重仍然很小。间接融资方面，银行的贷款主要贷给一些规模比较大和竞争力比较强的企业。银行贷款的马太效应与创新活动需求是不相适应的。

资本市场现有的制度安排不适应科技型企业发展的需要。现行发审制度、发审标准等不利于创新型科技企业进入资本市场。现行发审制度下，企业上市周期长、成本高、程序复杂。现行发审标准强调企业过去的经营业绩和盈利能力等硬性指标，较少注重企业的研究开发能力、科技含量和成长潜力等软性指标，不适应创新型企业。现有的中小企业板规模有限，无法满足中小企业融资需求。没有建立适合不同企业融资的多层次的资本市场，不能为风险投资的退出提供多渠道、高效率的股权交易平台，即风险投资缺乏有效退出机制，抑制了风险投资的不断循环增值。

3. 创新要素、环节间缺乏有效的融合和联动

第一，协同创新亟须加强。当前，全球范围内的新一代信息技术、高端装备制造、新能源、新材料等多个领域都在酝酿新的技术突破，形成产业技术领域的群体性创新。重大技术创新正更多地出现在交叉领域，多个领域的交叉融合不断催生出新的技术创新成果。这要求产业链上下游的协同推进、创新链各环节的紧密结合。因此，企业的核心竞争力不再只来自于单项优势技术或产品，产业链、创新链的整合与协同创新日益成为决定竞争成败的关键。在产业链、产业间协同创新方面，尚未形成依靠市场机制促使各企业合作的方式，各方之间的协同不足已经成为制约我国整体技术突破的主要问题之一。以汽车产业为例。汽车的可靠性、耐久性以及安全、排放、节能等方面的技术突破与钢铁、电子、冶金、化工、装备制造、新材料等产业的技术水平密切相关，而目前我国相关产业能够为汽车生产提供的技术支持却十分有限，国内汽车企业所需的汽车电子部件、汽车生产线所使用的关键装备几乎全部来自国外。

第二，商业模式创新滞后于技术创新。总体上看，企业商业模式创新滞后于技术创新，多以跟随和模仿国外为主，企业技术创新"单打一"导致商业模式创新"倍增效应"难以发挥作用。其主要原因在于很多企业往往重视技术创新带来的经济利益，而忽视商业模式创新带来的价值

跃升，跟随商业模式创新居多，而不愿自己创造新的商业模式。新的商业模式需要交叉型的人才来创造，在这方面还存在相当大的差距。另一方面，在信息社会，大部分商业模式创新都是在应用信息通信技术的基础上实现的，互联网改变了基本的商业竞争环境和经济规则，使得大量新的商业实践成为可能。我国从整体上讲企业的信息化水平相对落后，极大地制约了企业创新商业模式的空间。我国企业的商业模式创新起步较晚，政策限制多、人才严重缺失。要推动我国商业模式创新的快速发展，需要改变重技术创新、轻商业模式创新的落后观念，加快复合型人才的培养力度，使技术创新的成果发挥最大的经济效益。

三、发展战略性新兴产业的重要任务

下面我简单介绍发展战略性新兴产业的重要任务。什么叫战略性新兴产业？现在说的很多，大家也都云里雾里搞不清楚。战略性新兴产业是以重大技术突破和重大发展需求为基础，对经济社会全局和长远发展具有重大引领带动作用，知识技术密集、物质资源消耗少、成长潜力大、综合效益好的产业。根据国务院《关于加快培育和发展战略性新兴产业的决定》的整体部署，重点在节能环保、新一代信息技术、生物、高端装备制造、新能源、新材料和新能源汽车等领域，围绕产业链部署创新链，组织核心技术攻关，完善配套服务，加速成果转化和产业化，促进相关产业的培育和发展。

（一）节能环保产业

一是半导体照明。半导体照明是继白炽灯、荧光灯之后照明光源的又一次革命，主要包括发光二极管（LED）和有机发光二极管（OLED），广泛应用于各种照明、大型显示和液晶背光源。这两种固体发光的形式不太一样，LED 本身是一个点光源，有机发光二极管 OLED 基本呈现面光源。目前，OLED 主要还是用于显示，它的**光效**不如 LED 高。半导体照明主要用于照明，一个 3 瓦的 LED 灯顶过 100 瓦的白炽灯。另外就是大型显示，室内外的大屏幕显示效果最好的就是 LED，天安门广场的大屏幕在白天光线最强时依然可以看得很清楚，大屏幕显示就是 LED 做的。目前我国已形成了从上游外延材料与芯片制备，中游器件封装及下游集成应用的比较完整的技术创新链和产业链。具有自主知识产权的硅衬底功率型 LED 芯片已实现产业化，白光光效超过 120lm/W。"十一五"期间，我国半导体照明产业年均增长率接近 35%，2011 年产业规模已达到 1560 亿元。半导体照明的关键技术包括外延、芯片、封装、应用（灯具、组件和系统），按衬底材料分为——蓝宝石、碳化硅和硅等不同技术路线。前面两种技术路线特别是蓝宝石的专利已经被日本人覆盖了。目前，我们倾注比较多力气的是具有自主知识产权的硅衬底。硅衬底全世界只有中国在做，最大的好处就是便宜，但是它的光效水平跟蓝宝石比还有一些差距。"十二五"的目标主要是提高光效，功率型的白光光效要从现在的 120lm/w 提高到 150lm/w，要实现关键装备 MOCVD 国产化，要突破封装及系统集成技术，力争在 2015 年产业规模力争达到 5000 亿元。

二是煤炭的高效清洁利用。煤炭占一次能源生产量的 75%，未来几十年煤炭在能源生产中的主导地位不会改变（绝对量持续上升，相对量有所下降），煤炭利用过程引发的环境和碳排放问题将日益突出。通过国家科技计划的持续部署，已开发出一批具有世界先进水平的洁净煤技术，并在我国能源建设中发挥了重要作用，如超超临界发电、煤制油、高效煤粉工业锅炉、烟气净化及低氮燃烧等技术。但在某些核心技术及装备制造方面仍与发达国家有一定差距，自主开发和优化提高的潜力很大。"十二五"主要目标：突破煤的气化关键技术；实现多联产工程示范；发展更高参数的超超临界发电技术。开发燃煤电站二氧化碳收集和利用技术以及污染物控制技术。

概念释义

光效是指光源所发出的总光通量与该光源所消耗的电功率(瓦)的比值。Luminous 原意即为光亮，计量用 luminance，意为亮度，缩写为 lm。发光效率单位为亮度/瓦，有时取 Luminance 的音译"流明"，做流明/瓦。

（二）新一代信息技术

一是高效能的计算机或者超级计算机。高效能计算是综合国力和信息化建设能力的重要体现，已经成为世界各国特别是发达国家争夺的战略制高点。在"863 计划"的持续支持下，我国高效能计算系统性能目前位于世界先进行列（曾获 Top500 第一，进入前 10 名的 3 台；Top500 中：美国 251 台，欧洲 105 台，亚洲 124 台，其中中国 72 台，位居第二，领先于日本、英国、法国及德国）。"十二五"主要目标是研制 2 台万万亿次高效能计算机，峰值运算速度 10 万万亿次以上，系统能效比达到每瓦 50 亿次以上，力争实现计算性能交替的世界领先。

二是移动互联网。移动互联网是移动通信和互联网深度融合的产物，正在重构整个 ICT 产业的发展格局，对经济、社会、文化发展具有很强的渗透和影响，产业规模将是现有桌面互联网的十倍以上。移动互联网依托移动通信网络、智能终端芯片、操作系统、新型显示、新型存储和新型人机交互技术，在电子商务、智能物流、智慧城市、智能家居、导航与位置服务、移动支付等方面有着极其广泛的应用。"十二五"主要目标：自主移动终端操作系统占国内市场份额 20% 以上，智能终端芯片工艺突破 28nm，5G 和卫星移动通信取得阶段性成果，实现产值规模 4000 亿以上。

三是云计算与大数据。云计算与大数据是互联网时代信息技术应用服务模式的新的重要形态，是计算模式和应用模式的创新，对于降低信息化成本、打造新的信息化应用服务产业有着巨大的发展潜力。云计算提供了低成本、高性能的软硬件，解决了数据集中安全存储、便捷使用管理等问题。云计算带动经济社会发展进入"大数据"时代，通过对海量数据深入挖掘应用，快速获得有价值的"大数据"，是信息化发展中又一标志化进程。什么概念呢？就是原来我们每个人都需要一台计算机，这台机器本身功能很强，在本地就可以处理很多事务。但是可能有些事务你这台计算机不具备处理能力，与此同时，你的计算机很大部分功效并没有没有发挥作用。云计算就是把更多的计算能力集中在一起，未来不再需要 Windows 一代代升级，将来所有的软硬件都在云上，通过网络建立联系，你可以动用巨大的计算软硬件资源来解决问题，这是一种非常好、能力很强、成本很低的一种计算模式。同时云计算也带动了经济社会发展进入大数据时代。现在我们面临数据爆发性增长的时代。很多城市都用摄像头，每一幅画面的信息量很大，这些数据记录下来以后，使用起来是很费劲的，怎么从这一大堆数据里找到对你有用的数据，就诞生了大数据的服务形态。通过对海量数据的挖掘，快速获得有价值的数据，这是信息化发展又一个标志化进程。"十二五"主要目标是，突破一系列云计算和大数据关键技术，形成自主的云计算和大数据技术体系和架构，推动云计算和大数据技术在电子商务、疾病防治、灾害预防、公共安全领域的示范应用。

（三）高端装备制造业

一是智能制造。智能制造是人工智能、数字化、工业机器人技术与制造装备和过程的深度融合与集成，通过智能化的感知、决策和执行，实现设计过程的智能化、制造过程的智能化和制造装备的智能化。我国高端装备自给率不高，80%的 IC 装备、40%的大型石化装备、70%的汽车制造关键装备依赖进口；航空电子、高端船舶电子自给率不到 10%；关键零部件主要依赖进口，高性能液压件和气动元件、高速重载精密轴承、高性能传感元件等与国际先进水平有较大差距。发展智能制造技术是我国从制造大国向制造强国转变的必然。"十二五"主要目标是突破一批重大核心技术和重要基础部件，依托"制造业信息化科技工程"、"数控一代机械产品创新应用工程"、"经济型工业机器人应用推广工程"的实施，促进制造业转型升级。

二是高速列车。对中国这样一个人口大国，同时又是人口流动运输量比较大的国家来讲，高铁是我们的发展的必由之路或者是必然选择。因为高铁的平均能耗、人均公里能耗和人均公里二氧化碳排放，是所有交通工具当中最低的。高速铁路具有运能大、安全舒适、环境友好等优势，每百人公里消耗的能源分别是小汽车的 42% 和飞机的 36%，排放的二氧化碳分别是 29% 和 24%；是在能源和环境约束下解决我国交通运输能力供给不足，提升相关产业发展的必由之路和必然选择。截至 2012 年年底，我国高速铁路运营里程已达 9356 公里，最高时速达 350 公里，已成为世界上高铁系统技术最全、运营速度最高、运营里程最长的国家。高铁技术也是我们新中国成立以来少有的在系统工程技术上实现整体突破并且位居世界领先的技术，这是非常了不起的成绩。"十二五"主要目标是围绕到 2020 年中国高铁里程将达到 18000 公里的目标，以高速列车相关技术为主线，以运营安全性、可持续性和提高国际竞争力为重点，实现高速列车的谱系化、智能化和绿色化。

重点提示

我国高速铁路运营里程已达 9356 公里，最高时速达 350 公里，已成为世界上高铁系统技术最全、运营速度最高、运营里程最长的国家。

（四）新能源产业

一是风力发电。风力发电应该是现有可再生能源中最具竞争力的新能源之一。因为风力发电每千瓦的装机成本已经具有很大竞争力，大体上可以在五千块钱一千瓦。是什么概念呢？我们现在燃煤发电机组要差不多四千块钱一千瓦，燃煤发电是有排放的，风力发电是完全没有排放的。从这个意义上讲，它是一个成本很有竞争力的新能源形式。我们国家已经成为全球最大的风机生产国和风机装机国，我们风机的装机容量超过60GW。说个形象的比喻，我们风机装机的总容量相当于三个三峡电站的发电总装机容量，它对整个能源的影响还是比较大的。"十二五"主要目标是，掌握7MW风电机组成套技术，突破10MW海上风电设计关键技术，支撑千万千瓦风电基地建设，全面提升我国风电制造企业的国际竞争力。

二是高效太阳能利用。太阳能总体上是两大类，光伏发电和光热利用。这是近十年来全球发展最快的可再生能源产业，年均增长率为45%。我国光伏发电和光热利用两大产业规模已跻身于世界第一；但与太阳能低温热利用相比，在太阳能发电和中高温利用方面还没有形成完整的产业支撑体系，研究水平和国际先进水平相比还有差距，国内应用市场规模较小。"十二五"主要目标是，实现光伏技术全面突破，光伏系统投资成本低于1.5万元/kw，发电成本降到0.5元/kwh，上网电价低于1元/kwh，累计装机容量达到5GW。"十二五"要通过拓展国内市场的应用来缓解产能过剩，我们是全世界最大的光伏电池的生产国，世界产量超过50%。但是我们95%以上的光伏电池都出口了，所谓的产能过剩很重要的是我们应用跟不上。

三是智能电网。中国能源的产生地和能源的主要使用地，一个是在西北，一个是在东南，需要长距离大容量的输送电力。怎么来保证安全性、高效，这是智能电网要解决的问题。另外一个是可再生能源的接入。国内可再生能源的应用除了成本因素以外，很重要的因素就是电网的容纳能力。可再生能源具有间歇性特点，对电网的冲击很大，电网不欢迎这种电。下一步要通过智能电网的发展充分吸纳这些可再生能源。风电发出来的电，每年有200亿度弃电，原因在于我们的电网不具备接纳能力。"十二五"主要目标是，突破大规模间歇式新能源并网与储能、智能配用电、大电网智能调度与控制、智能装备等关键技术，建成一批示范工程，形成智能电网技术体系和标准，建立较为完整的智能电网产业链。

（五）新材料产业

一是高性能纤维及其复合材料。高性能纤维及复合材料不仅民用，还在一些国防尖端技术上应用。经过多年努力，我国高性能纤维制备和应用技术取得重大突破，初步形成了较为完整的产学研用产业体系，基本解决了国产高性能纤维制备与应用的"有无"问题，有效缓解了重大需求。"十二五"主要目标是，突破高性能纤维制备关键技术，突破先进复合材料低成本制造和应用技术，提升核心装备制造能力，提升自主创新和产业化能力。

二是先进稀土材料。稀土材料是产业发展不可缺少的战略物资，被发达国家称为高技术产业和国防军工的关键性材料。中国是全世界最大的稀土生产国，全世界95%的稀土是由中国来提供的，但是挣稀土钱最多的不是中国。我们主要是出口稀土的原料和稀土的低端产品，真正高附加值的稀土制成品几乎没有。稀土再分离过程中有很多对环境负面的东西都留在中国，必须改变这种发展方式。所以，我们主要围绕着提高稀土材料和制成品档次，减少稀土生产过程中对环境和资源的影响，从这些方面着手。"十二五"主要目标是，以加快推动稀土产业结构调整为主线，以国家重大需求为导向，充分利用我国稀土资源优势，掌握核心技术和自主知识产权，确保国家稀土产业的国际主导地位。

（六）新能源汽车产业

电动汽车是汽车发展过程中留给中国的一个机会窗口期，我们必须抓住这样的机会。为了应对节能减排重大挑战、培育战略性新兴产业、实现自主创新与科技跨越，电动汽车的发展已成为国家重大需求与战略重点。经过连续支持，我国构建了"三纵三横"矩阵式的电动汽车研发布局，基本建立了具有自主知识产权的电动汽车技术研发平台；在北京奥运会、上海世博会和深圳大运会分别实现了百辆级、千辆级和两千辆级的示范应用。"十城千辆"示范工程不断深化，25 个试点城市公共服务领域示范自主研发电动汽车近 3 万辆。总体上与国际先进水平基本保持同步。"十二五"主要目标是，电池模块性能指标达到：能量密度 ≥ 150 瓦时 / 千克，循环寿命 ≥ 2000 次循环 /10 年，目标成本 ≤ 1.5 元 / 瓦时；在 25 个以上示范城市和周边区域建成由 40 万个充电桩、2000 个充换电站构成的网络化供电体系，实现电动汽车保有量达 50 万辆。

四、提升企业技术创新能力的主要举措

第一，加强对技术和产业变革重大问题的战略研究和顶层设计。正确认识技术和产业变革的内涵特征，研究支撑技术和产业变革的产业基础、技术体系、创新管理、教育体制等基础条件。每次技术革命、产业革命之前，很多人都会提出预测，很少听到有中国人对未来技术发展的趋势作出判断。移动互联网、云计算、大数据、智慧城市都是美国人提出来的，这也从一个侧面反映一个国家的科技实力决定了它具有把握未来技术发展趋势的能力。我们要加强这一层面的战略研究。前瞻部署信息网络、新能源、智能制造等新一轮技术创新的重点领域。充分发挥市场机制对技术和产业发展方向、技术路线选择的基础性作用。

第二，实施国家战略，推动关键领域的技术和产业发展。在事关国家安全和重大战略需求的领域，明确制约产业发展的关键技术，充分发挥国家重点工程、科技重大专项、科技计划、产业化项目和应用示范工程的引领和带动作用。通过制定规划、技术标准、市场规范和产业技术政策，引导企业加快发展节能环保、新一代信息技术、生物、高端装备制造、新能源、新材料、新能源汽车等战略性新兴产业。这里有两个不同层面的，需要重点推动的、重大的，就通过国家计划和重大专项来推动，对产业链上的企业，主要通过规划标准和产业技术政策来推动。政府在推动技术产业创新发展中要发挥好八个方面的作用：加强技术预测，制定扶持对策，保护知识产权，加强成果转化，争夺标准优势，鼓励风险投资，加强基础研究，抓紧人才培养。

第三，要提升企业技术创新开放合作水平。不是所有的技术都要自主；不可能也没必要。中国有全世界最全的工业体系，这也是我们的国情决定的，任何一个国家都没有必要非得去搞一个完整的工业体系。平板技术是源于美国，现在全球平板显示主要在东亚。现在大家都说要做什么，很少有人说我们不做什么，什么时候我们学会不做什么，那时候我们的发展境界就不一样了。国际合作，引进技术消化吸收是后发国家提高创新起点，快速提升创新能力的有效途径，在相当长的一段时间里，依然是中国企业转型升级的重要技术来源。要提高国际合作的能力和水平，特别是引进技术的消化吸收再创新。高铁和歼击机都是在引进技术的基础上，消化、吸收再创新的结果。开放合作是双向受益，中国既要引进技术，也要出口技术。要把我们的核心利益融入真正的"国际标准"。通信技术里我们在3G领域提出了TD-SCDMA标准，这是全世界第三代移动通信三大标准之一。坦白地讲，虽然它是一个国际标准，但实际上是一个中国标准。除了中国以外，没有其他国家用。到4G

的时候，我们把我们的核心技术融入国际标准中去，推出了 **TD-LTE** 技术。这个技术中 90% 与国际主流技术保持一致，10% 是我们的自有技术。这个 4G 标准中国还没有商用，在很多发达国家已经率先开始商用，这就是真正的国际标准。

第四，充分利用本土优势，带动技术突破和产业化。前面讲了中国很多发展面临的问题，但是中国也有很多其他国家所不具备的优势。一是高素质的人力资源。我们现在每年有数量庞大的大学毕业生，尽管在专业设置上、在文理分开上有些问题，但是每年有超过 500 万的大学毕业生，这是全世界任何一个国家都没有。这一大批高素质的人力资源，为我们后续发展提供了非常好的优势。二是本土市场。中国的本土市场具备支撑新兴产业规模化发展和满足多样化需求的市场条件。国家小了市场受限制，很多技术和产业很难发展，我们没有这个局限。三是产业基础。改革开放以来，通过技术引进，形成了比较完备的制造业基础。四是资本条件。中国人花钱考虑长远，有较高的储蓄率，这为我们未来的投资提供比较充裕的资本。五是环境条件。中国已经具有人才和知识流动的开放环境。

第五，要采取不同的创新模式推进技术和产业发展。在前沿技术方面，我们强调要在根技术这方面实现突破，形成原始创新的技术。在跨领域技术的协调融合方面，要关注技术的协同交叉。仅靠单项技术的突破，是很难形成一个新产业，需要技术的协同发展，形成集成创新的技术。此外，还要在引进技术基础上，在高起点上形成再创新技术；要关注技术创新与商业模式创新的结合，形成产业发展的新模式。

第六，发挥新一代信息技术和产业的引领支撑作用。新一代信息技术与其他领域技术的交叉融合，成为新兴产业孕育和发展的重要动力。新一代信息技术与能源技术的融合，使智能电网技术实现突破；新一代信息技术与工业制造技术的融合，形成了智能制造技术的快速发展；新一代信息技术与材料技术的融合，形成了纳米复合、材料基因技术的重大进展。世界经济论坛认为，信息通信技术在支撑经济增长和促进就

术语简介

TD-LTE 即 TimeDivision-Long TermEvolu-tion（分时长期演进）：是由阿尔卡特—朗讯、诺基亚西门子通信、大唐电信、华为技术、中兴通讯、中国移动等业者，所共同开发的第四代（4G）移动通信技术与标准。

业方面的作用受到前所未有的关注，已经逐渐从"播种"进入"早期收获"阶段。8 国集团国家中，过去 5 年中互联网及其相关产业对 GDP 的平均贡献率达到 21%，信息通信技术催生的新就业岗位和消失的老就业岗位之比为 2.6：1。

第七，要建立企业主导产业技术研发创新的体制机制。2012 年 6 月份中共中央、国务院召开的全国技术创新大会出台的文件里有具体的描述，最重要的内容就是确定了企业在技术创新中的主体地位，体现在技术决策、科研组织、研发投入和成果转化四个方面。

第八，要引导和支持企业加强技术研发能力建设。大中型工业企业开展技术创新活动的不到三成，这种局面必须要尽快改观，要在这些企业里建立一些研发的平台或者实验室中心等。

第九，进一步完善政策措施，引导鼓励企业成为技术创新主体。现在对企业最具有影响力的是两项措施，第一项就是研发费用税前的加计扣除，下一步是要如何扩大加计扣除的范围。第二项是高新技术企业认定，这是中外企业税收优惠政策合一以后唯一剩下的一个政策，通过认定的国家高新技术企业可以享受 15% 所得税。此外，还要加大对中小企业，微型企业技术的财政和金融支持，落实好相关税收的优惠政策。

第十，要强化科技资源开放共享。过去国家支持形成的成果、仪器设备、资料，很多东西都变成单位独享，如何把国家支持的东西能够让更多人来共享，也是我们需要解决的问题。要建立科研院所，高等学校和企业开放科研设施的合理机制；推进大型科学仪器设备、科技文献、科学数据等科技基础条件平台建设，建立健全开放共享模式；对财政资金资助的科技项目和科技基础设施，加快建立统一的管理数据库和统一的科技报告制度，并最大限度地向社会开放。

第十一，要促进科技与金融结合，创新金融服务科技的方式和途径。要突破金融上的一些限制，加大金融对技术创新的支持。

创新 创业 创造

——让中国的大飞机翱翔蓝天

金壮龙

授课时间：2013 年 5 月 31 日

作者简介：1964 年 3 月出生，浙江舟山人，经济学博士。现任中国商用飞机有限责任公司董事长、党委书记。第十七、十八届中央候补委员。从 1989 年 6 月起在上海航天局工作，1998 年 1 月，任上海航天局局长；1999 年 6 月，任中国航天科技集团公司党组成员；2001 年 12 月，任中国航天科技集团公司副总经理、党组成员；2004 年 6 月后，在国防科工委任秘书长、副主任、党组成员等职；2008 年 3 月，任中国商用飞机有限责任公司副董事长、总经理、党委副书记；现任中国商用飞机有限责任公司董事长、党委书记。曾两次获得国家科学技术进步奖二等奖。主要著作有《航天产业竞争力》等。

内容提要：本文从"民用飞机产业发展态势；实施大型客机项目的重大意义；大型客机项目的创新与实践；几点体会"四个方面展开论述。作者认为，民用飞机产业是典型的知识密集、技术密集和资本密集的高技术、高附加值、高风险的战略性产业，是一个国家科技水平、工业水平和综合国力的重要体现。未来 20 年，是我国民用航空工业发展的重要战略机遇期。中国商飞公司肩负着振兴我国民机产业的历史重任，使命光荣，责任重大。公司坚决贯彻落实党中央的重大战略决策部署，坚持"创新、创业、创造"的发展理念，力争早日实现 C919 大型客机成功首飞和 ARJ21 新支线飞机取证交付，为实现我国"大飞机梦"，全面建成小康社会，实现中华民族伟大复兴的"中国梦"作出应有贡献。

CELAP

按照以企业为主体、市场为导向、产学研相结合的技术创新体系建设目标，我国已涌现出一批具有较高创新能力和国际竞争力的企业，以企业为主体承担的一批重大工程取得了突破性进展。企业强，则产业强；产业强，则经济强；经济强，则国家强。伴随世界经济全球化、一体化的发展趋势，综合国力竞争、科技竞争日趋激烈。各国都把创新作为应对科技革命和全球化竞争的国家战略。实践表明，真正的核心技术、关键技术是买不来的，必须依靠自主创新，打造一批具有国际竞争力的企业，掌握一批核心技术，拥有一批自主知识产权，才能大幅度提高国家竞争力。

党中央、国务院把握世界科技发展趋势，着眼我国现代化建设全局，为提高我国自主创新能力，增强国家核心竞争力，作出了发展大型客机项目这一重大战略决策。这是我国航空工业体制改革的重大举措，给世界民机产业发展注入了新的生机与活力。让中国的大飞机翱翔蓝天是国家的意志、民族的梦想和人民的期盼。以党的十八大精神为指引，中国商飞公司紧紧抓住国家实施创新驱动发展战略的机遇，坚持"创新、创业、创造"的发展理念，走出了一条我国民机产业科学发展之路，探索出国家重大科技专项与国际产业有效对接合作的新模式。

下面从"民用飞机产业发展态势；实施大型客机项目的重大意义；大型客机项目的创新与实践；几点体会"四个方面阐述。

一、民用飞机产业发展态势

民用飞机产业是典型的知识密集、技术密集和资本密集的高技术、高附加值、高风险的战略性产业，是一个国家科技水平、工业水平和综合国力的重要体现。当今世界，民用飞机产业竞争激烈，美国和欧盟的民用飞机产业高度发达，我国民用飞机产业经过几十年艰难曲折的发展历程，虽然与国外先进水平相比存在较大差距，但是我们始终没有放弃过自己的努力和追求，因为一个崛起的中国需要自己的民用飞机产业。

（一）国际民用飞机产业特点

随着航空工业技术的不断发展和民用航空市场需求的不断增大，民用航空工业方兴未艾。当前，全世界约有 50 个国家和地区拥有规模不等、能力不同的民机产业。随着国际合作越来越广泛的开展，世界民机产业逐渐形成了以整机制造商为核心，主系统承包商、分系统承包商和部件供应商关系更为紧密的产业组织模式。主要呈现以下几个特点：

1. 整机制造企业集中度高，呈现垄断局面

目前全球正在发展 50 座级以上喷气客机的公司共有七家。波音、空客的大型客机产品已经系列化，拥有国际干线飞机市场的绝对占有率。波音公司 2012 年共交付 601 架民用飞机，接受订单 1203 架，创下历史新纪录。未交付储备订单 4373 架，累计民用飞机订单 25044 架，已交付 18841 架。空客公司 2012 年交付 588 架飞机，创下了年交付量的新纪录；共接受订单 914 架，也创下历史新高。未交付储备订单 4682 架，累计民用飞机订单 13496 架，已交付 7684 架。

加拿大庞巴迪公司、巴西航空工业公司在支线飞机市场占有绝对份额。庞巴迪公司是世界第三大飞机制造公司。2012 年共交付 233 架民用飞机，获得订单 481 架。

累计民用飞机订单 2907 架，已交付 2189 架飞机。巴西航空工业公司为全球最大的 120 座级以下商用喷气飞机制造商，占世界支线飞机市场约 45% 市场份额。2012 年共交付 106 架，累计已交付约 6310 架各类飞机。储备订单 185 架，价值 125 亿美元。

中国、俄罗斯、日本等国正在发展民用飞机工业，力图在国际民用航空市场占有一席之地。

2. 机身、机翼、起落架等机体结构件，发动机以及重要机载设备等供应商相对集中

在飞机机体结构件领域，企业数量逐渐减少，规模增大，并同飞机整机系统集成商建立了非常紧密的联系。在发动机制造领域，GE 公司、罗罗公司、联合技术公司下属的普惠公司处于整个行业的领先地位，斯奈克玛公司凭借 CFM56 系列发动机与前三甲企业差距不大。目前全球有几十家大型航空机载设备供应商，成为机载设备领域的核心供应商，其他机载设备领域的企业相对数量较多。

3. 国际民机产业呈现相互合作、专业化发展、全球配套的格局

民用飞机产业投入大、风险高、研制周期长。这一特点给民机研制的主体带来了巨大风险，同时也设立了较高的技术门槛和资本门槛。就是像美欧等发达国家，也不得不在资金、技术和制造等方面进行深入合作，以降低风险。

随着民机产业分工的不断细化，波音和空客等民机巨头逐渐从制造商转变为系统集成商，集中发展研发和总装这两个核心业务，将部件和系统等业务交给全球上千个供应商完成。积极推进核心业务战略，积极开展专业化发展和全球配套，形成了今天民机研发、制造、市场都呈现全球化的格局。空客公司在全球有 1500 多个供应商，波音公司 50% 以上的零部件是通过转包生产完成的。

波音、空客、庞巴迪和巴西航空工业公司这世界四大民机制造商都是国际合作的典范。空中客车公司利用法国、德国、英国、西班牙等多个国家技术与资金优势，采用风险伙伴的关系，即每个国家根据分工分

别承担飞机的部件设计、投资、生产，以取得共同市场收益，最终获得了巨大成功。波音飞机的国际合作供应商也遍及全球。通过国际合作使得全球的民机资源为我所用，已成为民用飞机产业发展的大趋势。

（二）未来 20 年，是我国民用航空工业发展的重要战略机遇期

民用飞机产业是当今世界主要国家抢占新一轮经济和科技发展制高点的重大战略之一，知识与技术密集、物质与资源消耗少、成长潜力大、综合效益好，具有国家战略性新兴产业的典型属性。发展大型客机项目，符合我国的战略、市场、产品、技术和产业需求。我国虽然在民用飞机制造方面拥有一定经验，但与欧美等航空工业强国相比还存在较大差距，无法满足经济社会发展对民用航空市场的迫切需求。未来 20 年是我国民用航空工业发展的重要战略机遇期。

一是全球民用飞机市场需求强劲。预计未来 20 年，全球大型客机总需求 27275 架，支线飞机需求 3635 架。我国干线飞机需求量为 4273 架，支线飞机为 687 架。其中 160 座级单通道飞机约 2454 架，国内民用飞机市场需求十分旺盛。

二是我国未来总乘机人数潜力巨大。2012 年，我国人均乘机出行 0.24 次，航空运输量 3.2 亿人次。到 2015 年中国将成为全球第一入境旅游接待国和第四大出境旅游客源国。根据欧美主要国家人均乘机出行在 1.7 次以上的指标，中国民航局规划到 2020 年，我国人均乘机出行次数将达到 0.47 次，旅客运输量 7 亿人次。到 2030 年，人均乘机将达到 1 次，旅客运输量 15 亿人次。民航运输将成为我国大众主要出行方式。

三是在 2006 年发布的《国家中长期科学和技术发展规划纲要 (2006—2020 年)》中，国家大型飞机重大专项被确定为 16 项重大科技

专项之一。

四是在《国务院关于加快培育和发展战略性新兴产业的决定》中，民用飞机产业等高端制造业被列入了重点发展的七个战略性新兴产业（新一代信息技术、节能环保、新能源、生物、高端装备制造产业、新材料、新能源汽车等产业）。重点发展以干支线飞机和通用飞机为主的航空装备，做大做强航空产业。

五是《中华人民共和国国民经济和社会发展第十二个五年规划纲要》指出要培育发展战略性新兴产业，大力发展高端装备制造等七个产业，高端装备制造产业要重点发展航空设备等产业，建设新型国产干支线飞机、通用飞机、直升机产业化平台。公司科技发展重点被列入国家相关"十二五"规划，C919 产业化发展、ARJ21 系列化发展、新型支线飞机研制和宽体双通道客机研制等项目被纳入国家战略性新兴产业规划，国家战略规划和政策支持为加快民机产业发展提供了难得的发展机遇。

六是工业和信息化部发布《民用航空工业中长期发展规划（2013—2020 年）》。作为建国以来第一部由国家发布的民用航空工业发展规划，确立了至 2020 年我国民用航空工业发展目标，对民用飞机产业化实现重大跨越，C919 大型客机、ARJ21 涡扇支线飞机等一批重点产品实现产业化做了明确部署。

二、实施大型客机项目的重大意义

伴随世界经济全球化的发展趋势，综合国力竞争、科技竞争日趋激烈。各国都把创新作为应对科技革命和全球化竞争的国家战略。实践表明，真正的核心技术、关键技术是买不来的，必须依靠自主创新。坚持走中国特色自主创新道路，我们充分认识到实施大型客机项目是党中央作出的重大战略决策，对我国调整经济结构、实现转型升级、提高自主创新能力、转变经济发展方式具有重要意义。

（一）实施大型客机项目，是建设创新型国家的需要

大型客机项目是《国家中长期科学和技术发展规划纲要（2006—2020年）》确定的重大科技专项，是提高我国自主创新能力，增强国家核心竞争力的重大战略举措，对加快经济发展方式转变，发展战略性新兴产业，增强我国的综合国力、科技实力和国际竞争力，向新型工业化国家转变具有极为重要的意义。

（二）实施大型客机项目，对我国经济和科学技术发展、基础学科发展、航空工业发展具有巨大的带动作用

航空工业产业链长、辐射面宽、连带效应强。民机产业突出的有"三个带动"作用：一是带动我国经济和科学技术发展。大型客机是现代制造业的一颗明珠，是现代高新科技的高度集成。发展大型客机，能够带动新材料、现代制造、先进动力、电子信息、自动控制、计算机等领域关键技术的群体突破；能够拉动众多高技术产业发展，其技术扩散率高达60%。二是带动基础学科发展。发展大型客机，还将带动流体力学、固体力学、计算数学、热物理、化学、信息科学、环境科学等诸多基础学科的重大进展。三是带动航空工业发展。通过民机产业的发展，使航空工业的体制机制进一步创新。巨大的发展空间和强劲的市场需求将加快中国民用航空产业的发展，也将促进中国自主研制大型客机的发展，进一步提升航空工业配套能级。

（三）实施大型客机项目，是满足我国快速增长的民用航空市场需求的紧迫工程

改革开放以来，国民经济持续快速发展，人民生活不断改善，中国已经成为世界第二大民用航空市场。在全面建成小康社会进程中，国内对航空运输需求会越来越大，国人对出行的快捷、舒适的要求会愈加迫切。发展大型客机，将更好地满足我国经济发展和人民出行日益增长的需要，也必将成为一个潜力巨大的、新的经济增长点。

（四）实施大型客机项目，有利于我国航空工业的发展

研制具有市场竞争力的大型客机，需要充分利用全球资源，集成世界最新技术，广泛开展国际合作，引进消化吸收再创新。可以为我国航空工业的发展提供新的突破口和增长点，有效提高航空工业整体技术水平、制造能力和管理水平，最终形成强大的航空工业体系。

（五）实施大型客机项目，是振奋民族精神、增强民族凝聚力和自豪感的争气工程

美国、法国、俄罗斯、英国等国都有自己供领导人乘坐的专机，而中国作为世界第二大经济体，还没有国家领导人的自主品牌专机。伴随我国综合国力不断增强，国际地位日益提高，拥有 13 亿人口的中国应该拥有自己的大飞机。中国人有能力用自己的智慧和双手，设计并制造出具有自主知识产权和国际竞争力的大飞机，实现全国人民共同的愿

望，实现中华民族的百年梦想。

三、大型客机项目的创新与实践

党中央、国务院高度重视实施大型客机项目，十分关心中国商用飞机有限责任公司的发展建设。在党的十八大上海市代表团讨论会上，习近平同志听取公司情况汇报，十分关心 ARJ21 新支线飞机和 C919 大型客机的研制进展情况。公司成立以来，全体干部职工全力以赴，心无旁骛，全身心投入大飞机事业。我们坚持"创新、创业、创造"发展理念，边规划、边建设、边研制、边引才、边探索，在"体制机制、人才队伍、能力平台、项目研制"等方面勇于创新实践，走出了一条我国民机产业科学发展之路，探索出国家重大科技专项与国际产业有效对接合作的新模式。

（一）公司组织体制和运行模式

中国商飞公司是由国务院国资委、上海市人民政府、中国航空工业集团公司、中国铝业公司、宝钢集团有限公司和中国中化集团等共同出资组建的有限责任公司，注册资本为 190 亿元人民币，公司注册地在上海。

按照国务院批复精神，公司坚持科学发展，创新体制机制，结合航空工业六十多年发展经验，借鉴国际航空工业公司管理运行体制和商用飞机的发展模式，按照中国特色与国际惯例相结合、产品研制与产业化相结合的原则，建立"主制造商—供应商"发展模式。中国商飞公司作为主制造商，重点加强研发设计、总装制造、市场营销、客户服务、适航取证、供应商管理等能力，发动机、机载设备、材料等主要运用市场化机制，采用招投标方式择优选用。同时，充分利用好国内现有航空工业资源。

公司按照《公司法》和现代企业制度的要求，建立了规范的公司法人治理结构，设立了股东会、董事会、经营班子。按照"主业突出、结构清晰、精干高效"的原则，实行"统一经营，两级管理"的母子公司体制，努力发展成为治理结构完善、战略管控有力、资源配置高效、体制机制灵活、基础管理扎实的民机主制造商。所属单位有上海飞机设计研究院（设计研发中心）、上海飞机制造有限公司（总装制造中心）、上海飞机客户服务有限公司（客户服务中心）、北京民用飞机技术研究中心（北京研究中心）、民用飞机试飞中心（试飞中心）、上海航空工业（集团）有限公司（基础能力中心）和上海《大飞机》杂志社有限公司（新闻中心）。成立了公司科学技术委员会。设立了北京办事处、美国办事处、欧洲办事处，美国公司已启动筹建。与浦发银行联合组建了浦银金融租赁公司。公司作为第一大股东参股成都航空公司，目前运行良好。

（二）确定"两个建成"奋斗目标和阶段发展目标

根据国家战略部署和要求，充分借鉴国际民机产业发展规律，结合我国航空工业特点，制定了"把大型客机项目建设成为新时期改革开放的标志性工程和创新型国家的标志性工程，把公司建设成为国际一流航空企业"的奋斗目标。围绕"为客户提供更加安全、经济、舒适、环保的民用飞机"的重要使命，确定了"自主创新、重点突破、支撑发展、带动产业"的发展方针和"中国设计、系统集成、全球招标，逐步提升国产化"的发展原则，坚持"自主研制、国际合作、国际标准"的技术路线，明确了"实现一个目标、发展二类产品、打造三大平台、实施四项支撑、统筹五大关系、强化六种能力"的总体发展思路。

根据公司发展战略和发展规划，确定了阶段发展目标，到 2020 年，公司力争进入全球先进民机制造商行列。主要有四个标志：一是完成 C919 大型客机和 ARJ21 新支线飞机两个具有国际标准的自主民机产品，完成宽体客机预先研究并立项研制。二是能力平台达到相当规模，"一个总部、六大中心"建设全面完成。三是人才总量超过 1 万人，拥有两支完整的型号队伍和一支预研队伍。四是大力推进技术创新、管理创新、体制机制创新，着力构建 COMAC 管理体系、我国民机产业体系和民机技术创新体系。

（三）创新体制机制，着力构建"三大体系"

根据我国航空工业的特点，借鉴国际航空制造企业的先进经验，公司坚持科学发展，创新体制机制，积极探索符合国际民机产业发展规律、具有中国特色的"主制造商—供应商"民机发展模式。

一是加快构建民机技术创新体系。依托国家重大科技专项，公司积极争取中央、地方政府和高校、科研院所的支持和帮助，着力构建以"以中国商飞公司为主体，以市场为导向、产学研相结合"的民机技术创新体系。科技部批准公司为高新技术企业和第三批创新型试点企业，与公司签署合作框架协议，打造国家大型民机科技创新能力建设平台，不断提升民机科技创新能力。公司加强校企合作，不断深化产学研融合。与清华、北航等 9 所院校签署战略合作协议，36 所高校参与了大型客机技术攻关和科研课题研究。

二是建立健全 COMAC 管理体系。建立健全公司法人治理结构，进一步完善股东会、董事会、党委和经营班

特别说明

COMAC 是中国商用飞机有限责任公司 Commercial Aircraft Corporation of China, Ltd. 的英文简称。

子的权责和议事规则。在公司股东构成上首先突破了承载国家重大科技专项的中央大型企业由国资委单一股东构成模式，开创了由中央与地方、相关行业旗舰企业共同投资的组织架构模式，形成了"权责明确、监督健全、有效制衡、协调运行"的现代公司治理结构和机制，建立了主要由外部董事构成的董事会科学决策制度。围绕经营发展、组织管理、产品实现、人力资源、科技创新、内控管理六大管理政策和决策管理、监控改进、产品实现、能力与资源支持四大管理过程，建设以客户为中心，围绕产品实现过程，坚持自主创新，整合全球资源，协同高效运行，持续为利益相关方创造价值的COMAC管理体系。

三是探索建立民机产业体系。国际民机产业是按照全球产业分工与价值分享框架进行的高端制造产业，生产链、价值链、创新链都置于国际产业分工协作中。充分发挥大型客机项目对我国基础工程学科、高端制造产业、服务贸易等整个工业体系的集成、带动、辐射作用，基本建成了"中国商飞公司为核心，联合中航工业，辐射全国，面向全球"的我国民机产业体系，有力带动了民机产业发展。以中国商飞公司为核心，打造民用飞机主制造商核心能力。公司作为主制造商，充分发挥国内现有航空工业优势，有所为，有所不为。重点打造研发设计、总装制造、服务支援三大平台，重点建设研发设计、总装制造、市场营销、客户服务、适航取证和供应商管理六大能力。联合中航工业，建设我国民用飞机产业关键配套能力。通过市场机制选择中航工业所属7家企业作为大型客机机体结构供应商。中航工业所属重要系统设备研制单位与国外供应商联合开展了机载系统研制，中航工业强度所、试飞院等参与研制。辐射全国，不断提升我国民用飞机产业配套能级。按照"项目引领、带动产业、整体提升、实现跨越"的发展思路，不断完善我国民用飞机产业布局，推动产业转型升级。与中航工业等6家央企签订战略合作协议，与国家7家主要银行建立战略合作伙伴关系。国内有22个省市、200多家企业参与了大型客机研制，确定了宝钢等16家材料供应商和51家标准件潜在供应商。面向全球，充分利用国际民用飞机优质资源。

通过国际合作与交流，集成国外先进技术和成熟产品，引进、消化、吸收国际先进技术，加快我国民用飞机项目研制进程，全面提升我国民用飞机产业整体水平。在择优选择 CFM 等 16 家跨国公司作为大型客机机载系统供应商的同时，推动国际供应商与国内企业开展合作，组建了 16 家合资企业，促进国内机载系统企业自主研制能力的提升。

（四）对标国际一流，大力推进核心能力建设

一流的产品来自一流的企业，一流的企业要有一流的能力平台。公司根据"主制造商—供应商"发展模式，借鉴波音、空客等航空企业的成功经验，考虑我国民用飞机产业现有条件，按照国家战略总体布局和要求，确立了"一个总部、六大中心"的整体布局，加快提升核心能力。

总部基地选址浦东世博园，已经开工建设，计划 2014 年建成。将规划建设项目管理中心、金融服务中心、市场营销中心、国际交流合作中心、新闻中心等重要机构。现有员工 260 多人。

设计研发中心落户浦东张江高科技园区。目标是形成一流的总体设计能力、超强的系统集成能力、独特的试验验证能力、快速的应用转化能力。综合试验室、设计研发大楼等已经竣工，全部进驻办公。现有科研人员 1900 多人。

总装制造中心落户浦东机场附近。目标是形成总装制造能力、试飞验证及交付能力、批量生产采购及供应商管理能力、核心部件制造能力、飞机维修改装能力、新技术新材料新工艺研发与应用能力。部分厂房已经完工。现有员工 4100 多人。

客户服务中心落户闵行紫竹科学园区。目标是形成飞行训练能力、航材支援能力、工程技术服务能力、技术出版物能力、市场与客户支援能力、网络与数字化客户服务能力。一期工程已经投入使用，二期工程已经完成主体工程，正在安装设备。拥有员工 490 多人。

北京民用飞机技术研究中心落户北京昌平未来科技城。目标是形成战略研究能力、总体论证能力、技术创新能力、数字仿真能力和识别评估能力。科研办公大楼已经投入运行，全部进驻办公，综合试验室和仿真实验室已经结构封顶。现有科研人员150多人。

民用飞机试飞中心已经正式成立，主要承担研制飞机的生产交付试飞、科研试飞、取证试飞及客户支援飞行的实施工作。目前已有400多人。

基础能力中心深化改革调整，增加信息化、审计、质量审核、标准化、工业工程、情报档案等相关职能，形成技术基础与能力支持、资产经营与服务保障的"两项业务板块"，加快公司服务支援平台建设。目前已有230多人。

（五）坚持人才优先发展，大力实施人才强企战略

公司确立了"广纳天下英才，共创民机伟业，成就精彩人生"的人才观和"依靠人才发展项目，依托项目培养人才"的人才理念。推进"百人计划"、"领军人才工程"、"人才集聚工程"和"青年英才工程"，实施"科技高端人才"、"项目管理人才"、"青年拔尖人才"等重点人才计划。成立了由张彦仲院士为组长，有21名专家组成的大型客机专家咨询组。型号总设计师、副总设计师、主任设计师和副主任设计师共168人。围绕公司战略目标，有针对性地引进高端外国专家和海外人才，长期聘用海外高层次人才100余名，30人入选中央"千人计划"，切实做到引进环节高端引领，融合环节开放包容，实岗使用环节务求实效。选聘优秀高校毕业生3000余名，通过开展"商飞之星"人才培养行动计划，全球民用航空人才培养计划，系统工程师培训等，把青年人才的培训、培养和使用作为系统工程。公司人才总量快速增加，员工数量从组建时的3800多人增加到7900多人，初步形成了一支信念坚定、甘于奉献、勇

于攻关、敢打硬仗的民机人才队伍，为大型客机项目提供了强大的人才保证和智力支持。公司被中组部确定为"首批海外高层次人才创新创业基地"和"全国人才工作联系点"，被国家外国专家局授予"国家引进国外智力示范单位"。

（六）加强国际合作，加快引进消化吸收再创新

公司实施国际化战略，坚持以我为主原则，充分利用全球资源，积极开展国际合作，提升自主研制能力，加快公司发展建设步伐。一是开展国际民机主制造商的合作。加强与加拿大庞巴迪公司的合作，开展C919 与 C 系列共通性合作研究。加强与俄罗斯联合航空制造集团合作。加强与波音公司、空客公司的沟通交流，共建中国商飞——波音节能减排技术中心，与空客公司开展非竞争领域的交流合作。二是与国际民机供应商合作。本着"风险共担、利益共享"的双赢原则，加强与 CFM、霍尼韦尔、GE、联合技术公司等国际顶尖民机供应商的高层互访，建立了长期稳定的战略合作关系。推动国际供应商与国内相关企业开展深度合作，促成国际供应商同国内企业成立了 16 家合资公司。公司与拉比纳公司合资成立了飞机布线公司，与伊顿公司合资成立的管路公司已经挂牌。三是推进国际教育培训合作。充分运用国际优质教育培训资源，已与 8 个国家的 15 家国际知名院校和供应商企业建立了战略合作关系。分别与皇家墨尔本理工大学、英国克莱菲尔德大学等完成教育培训合作谅解备忘录签约和博士后联合培养工作站挂牌。目前，公司正与通用电气公司合作制订实施"全球民用航空人才培养计划"（GCAT），计划选拔培养双方具有高潜力的青年技术骨干。四是开展国际适航取证合作。公司对标国际一流，主动与欧美适航当局沟通，采用国际通行的适航标准研制飞机，为未来开拓国际市场取得通行证。美国联邦航空局（FAA）正式受理了 ARJ21 飞机型号合格证申请，确定了 FAA 影子审

查路线图，全面开展 FAA 影子审查工作。五是加快海外机构建设。组建了美国办事处并投入运行，加强了对北美地区供应商的沟通、交流和管理。正在筹备美国公司。欧洲办事处挂牌运营。

（七）加强企业文化建设，履行社会责任

公司党委按照中央部署和要求，一手抓发展，一手抓党建，突出"科学发展靠班子、凝神聚气靠支部、攻坚克难靠党员"，构建覆盖民用飞机研制全程的党建思想政治工作保障体系。大力加强领导班子思想政治建设，打造学习型、创新型、和谐型、务实型、清廉型领导班子。着力推进基层党组织建设，深入开展党员"闪光"行动，发挥支部"灯塔"效应，被评为"全国第二届基层党建创新最佳案例"。加强企业文化建设，弘扬"两弹一星"精神、载人航天精神和航空报国精神，着力培育大飞机精神，努力营造"团结、协作、敬业、规范"的工作作风。重视反腐倡廉建设，坚持从严治企，建立健全高效的运行体系和有效的监督体系，大力推进青年英才工程和职工关爱工程，充分发挥青年和职工群众的首创精神。积极履行企业社会责任，成立大飞机爱心日，设立大飞机爱心基金，发布《中国商飞公司履行社会责任报告》，不断完善公司社会责任体系。

（八）加快项目研制，打造国际品牌

按照"研制一代、生产一代、预研一代、探索一代"的可持续发展模式，中国商飞公司制订了民用飞机产品发展规划。强化项目管理，实行"计划、技术、质量、适航、经费、人员"六维管理，树立"全球、全程、全员"的三大理念和"质量、适航、成本"的三大意识。学习

和运用国际通行规则，对供应商和产业链实行全球管控，对飞机研制和运营实行全过程质量管控，提高全员的质量、适航、成本意识和管理能力。当前的关键就是要采用国际标准，加快项目研制，打造自主品牌。

一是 C919 大型客机项目完成立项论证、可行性论证和预发展三个阶段工作，全面转入工程发展阶段。C919 大型客机是我国首次按照国际民航规章自行研制、具有自主知识产权的大型喷气式民用客机，座级 156—168 座，航程 4075—5555 公里。立足国内市场，同时面向国际市场。目前，确定了飞机总体技术方案、制造总方案、工艺总方案和客户服务总方案，完成了三大样机和七大部段研制。对飞控控制律设计、复合材料结构设计等关键技术进行攻关并取得初步成果。材料国产化和标准件研制工作全面推进，完成数字样机设计，全面进入制造机体结构详细设计，完成机体结构生产数据发放。工程模拟机和部分试验平台研制成功并投入使用，正在开展航电、飞控等系统的地面试验。开展了试飞体系建设，初步确定了试飞总方案，加强了试飞队伍建设。中国民航局正式受理了型号合格证申请，适航取证工作全面展开。C919 市场营销成效显著，累计订单已达 380 架。

二是 ARJ21 新支线飞机试验、试飞工作取得重要进展，成功转入局方审定试飞、预投产和首架交付阶段。ARJ21 新支线飞机是我国首次按照国际民航规章自行研制、具有自主知识产权的中短程新型涡扇支线飞机，2002 年 4 月国务院批准立项。座级 78—90 座，航程 2225—3700 公里。2008 年 11 月 28 日，ARJ21-700 飞机 101 架机在上海首飞圆满成功，实现了我国民用飞机研制的重大突破。经过艰难的研制历程，2012 年 2 月取得了中国民航局（CAAC）和美国联邦航空局（FAA）颁发的型号检查核准书（TIA），全面开展验证试飞工作。在中国民航局的监督和支持下，4 架飞机累计安全试飞 1700 多个起落、3500 多个飞行小时。首次按照国际标准完成了失速试飞重大风险试飞科目。完成了颤振、部分性能操稳等局方试飞科目，开展了自然结冰、大侧风、溅水试飞。完成了 85% 的地面试验，包括地面应急撤离、短舱防冰、电磁兼容、闪电防护等重大地面试验，达到国际先进水平，进行了 13000 个起落的疲劳试验。编制了 2000 份符合性验证报告，其中 1400 多份获得 CAAC 和 FAA 批准，初步建立了与国际接轨的试飞体系和设计保证体系。CAAC 主管司长首次进行了登机体验飞行。成功参加了珠海国际航展飞行表演。预投产工作稳步推进，两架交付飞机进入系统安装，首架交付与客户服务工作全面推进。通过 ARJ21 新支线飞机十年的研制历程，我国在研发设计、总装制造、试验试飞、适航取证、客户支援、市场营销和供应商管理等方面积累了宝贵经验。目前，全线正在为 2014 年完成取证交付任务而顽强拼搏。

三是未来客机论证工作有序推进。按照国家战略性新兴产业发展规划，开展未来新型飞机的预先研究工作。

四、几点体会

公司过去的五年是创新的五年、创业的五年、创造的五年。经过五年多的探索实践，各项工作都取得了重要进展，为确保公司稳定发展、安全发展和快速发展创造了有利条件。公司面临的发展机遇主要体现在以下三个方面：一是党的十八大确定了全面建成小康社会的奋斗目标。纵观国际国内大势，我国仍处于大有作为的重要战略机遇期。党的十八大确定了全面建成小康社会的新目标：到 2020 年，实现国内生产总值和城乡居民人均收入比 2010 年翻一番，科技进步对经济增长的贡献率大幅上升，进入创新型国家行列。同时，十八大报告强调实施创新驱动发展战略，实施国家重大科技专项，突破重大技术瓶颈，牢牢把握发展实体经济这一坚实基础，推动战略性新兴产业、先进制造业健康发展，加快传统产业转型升级。国家经济实力持续增强，民机产业市场需求旺盛，这对我们抓住机遇、迎接挑战，加快发展我国民用飞机产业指明了方向，坚定了信心。二是自主发展我国民机产业成为国家意志、社会共识。中央下决心实施大型飞机重大专项。国家中长期规划、"十二五"规划、战略性新兴产业规划以及国家政策大力支持，国家着力建设民航强国。中央国家部委、地方政府、企业、高校、科研院所、银行等积极参与我国民机产业发展。社会各界大力支持，全国人民寄予厚望，自主发展民机成为社会共识。三是经过几年的创新实践，积累了研制经验，具备了加快民机产业发展的基本条件。中央决定组建中国商飞公司，着力打造主制造商能力。公司经过五年多的创新发展，确定了发展战略、发展模式、发展思路、发展原则、发展路径。在"体制机制、人才队伍、能力平台、型号研制"等方面大胆探索，取得了阶段性成果。初步形成了我国民机产业科学发展之路，为今后的发展打下了扎实的基础。

经过五年多的艰辛创业，我们深感研制一款国际标准的民用飞机，风险大、任务重、周期长、挑战多，不会一帆风顺，不可能一蹴而就，任重而道远。目前主要存在三个方面的挑战：一是民机研制经验和能力不足，前期技术储备不够，民机研制进展艰难。公司没有经历喷气式客机研制全过程，边规划、边建设、边研制、边引才、边探索，经验和能力不足，缺少技术储备，民机人才总量不够，项目管理能力有待提高。二是我国民机基础薄弱，适航审定能力不足，民机产业链需要加快完善。由于欧美发达国家的先发优势，技术门槛高、适航标准高。我国民机基础薄弱，国内配套能力不足。同时，适航取证能力不足，适航审定基础薄弱。三是国际竞争日趋激烈，国际合作存在风险。波音和空客先后推出 A320 和 B737 改进型，在飞机性能、交付时间、市场空间等方面对 C919 形成一定压力。同时，C919 大型客机和 ARJ21 新支线飞机项目选择了一批国际供应商，国际合作中存在着一定风险。

今后几年，是 C919 大型客机和 ARJ21 新支线飞机项目研制的关键时期，型号研制进入"深水区"，公司在未来的发展道路上，将面临更多的困难，更大的风险，更严峻的挑战。我们要以党的十八大精神为指引，认清形势，抓住机遇，准确把握民机产业规律和特点。在大型客机项目的创新和实践中，我们有几点体会：

一是必须坚持创新体制机制，继续完善"主制造商—供应商"发展模式，确保研制成功、市场成功、商业成功。大型客机项目必须按照国际通行的"主制造商—供应商"模式来组织和实施，着力提升主制造商设计集成、总装制造、市场销售、客户服务和适航取证等核心能力，广泛吸引国内外供应商的参与，建立风险共担、利益共享的合作机制，形成一批稳定的国际国内供应商。通过优化和整合各类科技资源和生产要素，形成强大的民用飞机供应链，确保项目研制成功、市场成功和商业成功。实现研制成功就是经过立项、预发展、工程发展等研制阶段，按照国际标准取得适航证。实现市场成功就是通过产品客户服务体系的建设，加强市场营销，订单总数达到盈亏平衡点。实现商业成功就是航线运行良好，打通批生产线，达到稳定的量产，后续产品不断满足市场需求，市场覆盖率、占有率不断扩大，主制造商实现盈利。

二是必须坚持自主创新不动摇，努力掌握具有自主知识产权的核心关键技术，确保航空工业的长期竞争力和持久创新活力。要坚持以我为主，自主创新，在创新思维激发、创新文化培育、创新机制形成、创新人才培养等方面强化主体意识，努力掌握核心技术，着力推进原始创新、集成创新和引进消化吸收再创新，努力掌握一批拥有自主知识产权的核心技术，形成强大的自主创新能力，从根本上扭转民用航空关键技术受制于人的局面，在激烈的竞争中把握先机、赢得主动。

三是必须坚持把推动民用飞机产业发展作为战略重点，充分发挥大型客机项目集成和带动作用，实现我国民机产业的科学发展。要着力发挥大型客机项目的集成和带动作用，向上下游延伸，形成民机设计集成、总装制造、客户服务、航空运营、金融租赁、维修改装、转包生产等较为完整的产业链，建立起以上海为龙头，辐射全国，延伸到国际的民用航空产业群。通过民机研制、批产和商业化，推动我国民用飞机发动机、机载设备、材料的产业化、专业化和国际化步伐，形成符合国际要求、适应客户需要、具有持续创新活力、高效集成能力，具有中国特色和时代特点的完整的民机产业体系，最终实现产业化的目标。

四是必须坚持人才强企战略，努力创建一流人才队伍、打造一流自主品牌、建设一流研发中心、铸就一流航空企业。当今世界的综合国力竞争，归根到底是人才特别是高素质创新型人才的竞争。一个国家的实力是有限的，但人的创造力是无限的。大飞机制造靠国家实力，靠科技的综合能力，但归根结底要靠人。公司要实现创建国际一流航空企业的目标，必须始终坚持人才强企战略，高度重视人才队伍建设，坚持在创新实践中集聚人才、用好人才、培养人才，通过实施 C919 大型客机和 ARJ21 飞机项目培养一批国际一流的航空领军人才，做到出机制、出成果、出人才，确保企业的可持续发展。

五是必须坚持把国家长期稳定的政策支持作为民用飞机产业可持续发展的根本保证。民用飞机产业投入大、风险高、周期长，美欧等民用飞机强国，始终把民用飞机产业作为战略性产业来支持和发展，在科研经费投入、财政税收、进出口关税、金融政策等方面都给予了长期的大力支持。我国民用飞机产业正处于起步阶段，国产民用飞机市场尚未真正形成，民用飞机项目发展和民用飞机市场培育离不开国家长期稳定的政策支持。

长风破浪会有时，直挂云帆济沧海。中国商飞公司肩负着振兴我国民机产业的历史重任，使命光荣，责任重大。我们将紧密团结在以习近平同志为总书记的党中央周围，坚持"长期奋斗、长期攻关、长期吃苦、长期奉献"，坚持勤俭研制大飞机，坚定信心、下定决心、坚持恒心，始终以"等不起"的紧迫感、"慢不得"的危机感、"坐不住"的责任感，打赢 ARJ21-700 飞机取证交付的攻坚战，力争 2014 年完成取证交付任务；打赢 C919 大型客机工程发展阶段的攻坚战，力争早日实现首飞；打赢能力平台建设的攻坚战，力争 2014 年全面完成核心能力建设。为实现我国"大飞机梦"，全面建成小康社会，实现中华民族伟大复兴的"中国梦"作出应有贡献。

创新 驱动 发展

——中国南车集团公司创新之路回望

王 军

授课时间：2013 年 6 月 1 日

作者简介：1963 年 11 月出生，教授级高级工程师，硕士。1985 年参加工作，历任四方机车车辆厂客车设计处副处长、处长、动车产品开发部主任兼城市轨道车设计处处长；2001 年 4 月，任四方机车车辆厂总工程师；2002 年 7 月，任南车四方机车车辆股份有限公司董事、副总经理、总工程师；2004 年 6 月，任公司副董事长、总经理、党委副书记；2012 年 7 月，任公司董事长、党委书记。2012 年 10 月至今，任中国南车集团公司党委常委，中国南车股份有限公司副总裁、党委常委。同时兼任中国南车中央研究院院长。

内容提要：本文以中国南车为例，回顾了中国高速铁路的发展道路。中国南车始终坚持"以我为主"和"先人一步"的指导思想，坚持一条腿走引进、消化、吸收之路，一条腿走再创新之路，实现了引进消化吸收、再创新、反超领先。中国南车将"战略引领、创新驱动"作为企业经营发展的核心，以全球化视野提升科技创新能力，大力实施"技术创新、管理创新"两轮驱动战略，努力成为"中国制造"走向"中国设计"、"中国创造"的典范。

今天我主要将中国南车实施创新的一些体会与大家交流和分享。

我的发言分五部分：一、中国南车情况简介；二、中国高速铁路的发展之路；三、实施创新驱动南车发展战略具体措施；四、实施创新驱动南车发展战略成效初显；五、南车创新驱动发展的几点体会。

一、中国南车基本情况

中国南车是国务院国资委管理的一家大型中央企业，是由原中国铁路机车车辆工业总公司在 2000 年 9 月分立重组而来。2007 年 11 月 23 日南车集团实现整体重组改制，2007 年 12 月 26 日成立中国南车股份有限公司。在金融风暴开始横扫全球的 2008 年 8 月 18 日和 21 日，分别在上海和香港上市。

公司主营业务集中在轨道交通装备，主要为铁路机车、客车、货车、动车组、城轨地铁车辆及重要零部件的研发、制造、销售、修理和租赁业务，以及轨道交通装备专有技术延伸产业等六个板块，属于机械制造业中的交通运输装备制造业。公司拥有全球最大的电力机车研发制造基地，全球技术领先的高速动车组、大功率内燃机车及柴油机研发制造基地，亚洲最大的铁路货车研发制造基地，中国最大的铁路高档客车研发制造基地和城轨地铁车辆制造基地。同时，我们利用轨道交通装备专有技术，积极开发并成功扩展延伸产品市场，包括电动汽车、风力发电设备、汽车配件、船用曲轴和柴油机、工业用电机、大功率半导体元件、工程机械等。

随着我国铁路现代化建设的加快，中国南车积极落实创新驱动发展战略，坚持自主创新与引进消化吸收相结合，推进设计、制造、产品三大技术平台建设，构筑开放式的科技创新体系，不断提升高端轨道交通装备产品的自主研制能力，走出了一条独具特色的轨道交通装备制造自主创新之路。在中国南车诞生了高速列车的众多"第一"：首列时速 200 至 250 公里高速动车组、首列时速 380 公里高速动车组、更高速度等级高速试验列车、城际动车组、中低速磁浮列车等。南车以独具特色的创新之路，领跑高铁时代的轨道交通装备制造企业。党的十八大报告中，高速铁路与载人航天、探月工程、载人深潜、超级计算机被并列为我国创新型国家建设的重大成果。而南车制造的高速动车组，正是中国高铁最为关键的、最重要的支撑部分。

二、中国高速铁路的发展之路

要讲南车的创新，必须讲中国高铁的发展。客观地讲，如果没有中国高铁快速发展的大环境，中国南车的创新是不能取得如此良好的成绩。这里主要作为中国南车创新情况的背景材料介绍下中国高铁的情况。

1. 中国高铁的漫长发展历程。中国高铁的发展，从 20 世纪 90 年代初论证到现在已有二十多年的时间了。期间京沪线轮轨和磁悬浮之争更是长达十年。在实施技术引进和国产化工作之前，中国轨道交通装备基本以自主品牌为主力军，立足于原始创新和集成创新，为技术引进和国产化工作打下了坚实基础：1992 年，铁道部根据高速列车的相关重要部件列出研究课题。1997 年，铁道部成立高速办及京沪铁路技术研究总体组。2000 年，研制"中华之星"高速列车立项成为国家项目。此后进行了大量试验，积累了大量高速铁路运营的数据和经验。

2004 年 1 月，国务院批准了《中国铁路中长期发展规划》，确定了我国铁路发展的宏伟蓝图。中国南车按照"引进先进技术，联合设计生产，打造中国品牌"的方针，组织下属企业从日本引进了时速 200 公里的动车组技术。

2007 年 4 月 18 日，全国铁路实施第六次大提速，南车生产的"和谐号"动车组 **CRH2** 驶入百姓的生活中。

2008 年 2 月 26 日，铁道部和科技部签署计划，共同研发运营时速 380 公里的新一代高速列车。

2008 年 8 月 1 日，京津城际铁路通车运营。

2009 年 12 月 26 日，武广高速铁路开通运营。

2010 年 2 月 6 日，郑西高速铁路开通运营。2010 年 7 月 1 日，沪宁城际高速铁路的开通运营。

2010 年的 12 月 3 日，南车的 CRH380A 在京沪高铁先导段创下时速 486.1 公里的世界铁路运营试验最高速度。

2010 年末第七届世界高速铁路大会在北京召开。这是世界高速铁路大会首次落户在欧洲以外，标志着国际铁路业界对中国高铁成就的认可。

2011 年 6 月 30 日，京沪线开通，中国投入运营的高速铁路接近 1 万公里。

2011 年 8 月 16 日全国铁路调图、CRH380B 被召回后，京沪高铁运行动车组全部采用南车的 CRH380A。CRH380A 用"零故障"向社会和用户交了一份满意的答卷。

2012 年 12 月 26 日，被称为世界运营里程最长高铁京广线（2298 公里）全线贯通。

应该说中国高铁不是"忽如一夜春风来"发展起来的，也经历了漫长的发展过程。

2. 中国为什么要发展高铁？

（1）铁路发展滞后使经济社会发展不可持续。中国铁路的发展速度近几年虽说步伐不慢，但与航空、高速公路相比，仍然有差距。中国铁路计划到 2015 年达到 12 万公里，其中高速铁路达到 1.6 万公里。但按中国单位国土面积和人均拥有铁路来计算，中国与发达国家比相差还很远，其发展空间还很大。考察我国 GDP 和各类交通运输方式的增长情况，我们更能清楚地看到，中国铁路多年来发展严重滞后，已经跟不上国民经济发展的客观需求；近几年高铁建设的快速发展，是弥补欠账。

1990—2010 年间，我国 GDP 从 1.9 万亿元上升至 40 万亿元，增长 20.49 倍，在此期间，铁路营运里程、旅客周转量、货物周转量等指标增幅不仅远远小于 GDP 增幅，与公路、民航、水运等另外三种交通运输方式相比，几乎在每项指标上增长幅度都是最小的：论营运里程，铁路从 5.8 万公里增长至 9.1 万公里，增长 57%；公路从 102.8 万公里增长至 400.8 万公里，增长 290%；民航航线从 50.7 万公里增长至 276.5 万公里，增长 445%。在 1997 年至 2002 年 5 年间，公路投资额达 1.4 万多亿元，铁路则不足 3000 亿元。2002 年，公路获得的投资额相当于铁路的 5 倍，铁路承担的旅客周转量只有公路交通的 60%。显然铁路在三大交通体系里面增长的速度是最慢的。

（2）中国高速铁路的重要战略意义。没有哪一项技术体系具有铁路技术对"国土"那样强的控制力。失去对铁路体系的控制，可以说很大程度上失去了对国土的控制。中国近代史的历程，是保路权的历程，也是保主权的历程。欧洲高速铁路的发展，促进了欧洲经济一体化。中国是一个陆权大国，铁路对中国来讲至关重要。有一句俗语说得好，铁路修到哪，国家的意志就延伸到哪，铁路是一个国家对领土控制的最廉价手段。美国以航母为支点，在世界上建立了庞大的基地群，美国控制了几乎所有的海上贸易通道。中国要转而回头望向深远的大陆。高铁就是升级版的丝绸之路，就是中国重回顶级强国，进而将自己的商品和思想传播出去的必由之路。我想，"高铁战略"将成为中国与周边国家经济、政治、安全、文化的多重粘合

概念释义

CRH2 型电力动车组：中国铁道部将所有引进国外技术、联合设计生产的中国铁路高速（CRH）车辆均命名为"和谐号"。CRH2 系列为动力分布式、交流传动的电力动车组，采用了铝合金空心型材车体。

剂，中国可借此提升其在东南亚国家的影响力，尽力削弱美国高调重返亚洲带给中国的亚洲外交压力。我们不仅在国内修建铁路，还应该往西、西南、西北修建跨境高铁。这些铁路建成后，将会提升中国的地缘经济、地缘政治地位，对中国的发展非常有利。高铁不烧石油，高铁不走海路，这是最大的竞争优势。

（3）高铁能解决中国城镇化发展中的两大问题。随着中国城镇化改革进程的加快，必将加速引发客运需求膨胀，一方面人口迅猛流入城市，促成了大都市的形成，中心城市交通拥堵现象只有通过轨道交通进行缓解；另一方面，"珠三角"、"长三角"、"环渤海湾"、"成都平原"、长株潭等地区已经形成或者正在形成的大都市圈，城市间的高速铁路和城际客运需求极大。铁路，正是中国城市化快速发展时期的首选客运方式。中国高速铁路网络建成后将解决两大问题：一是低能耗解决中国人口大流动问题。中国人口流动主要有以下五种：旅游流、探亲流、民工流、学生流、公务流。这五大人口的流动也是我国拉动内需促进消费的重头戏。相对于公路和航空，铁路运输在节能减排方面的优势十分明显，更是解决中国人口大流动首选的交通工具。交通运输业是能耗的大户，其产生的 CO_2 占全球温室气体排放的 30% 以上，所以发展低碳交通至关重要。根据日本通产省统计：1 个人公里能耗，如果铁路是 1，那么航空是 4，汽车是 6；1 个人公里 CO_2 排放，铁路是 1，航空是 6，汽车是 10。欧盟统计显示，欧盟 27 国交通运输产生的 CO_2 来源分布：公路 72%，其他 26.4%，铁路只有 1.6%（完成运量 7%—10%）。此外，轨道交通占城市公共交通的比例是衡量一个大城市公共交通水平的重要指数。巴黎是 70% 以上，日本东京大都市圈高达 86%。而中国北京为50%，上海仅仅为 35%。发展高速铁路和城市轨道交通，将极大地促进城市人口的高效流动，缓解城市堵车的压力。二是低成本解决大物流价格畸高问题。有关统计显示，中国物流成本居高不下，占国内生产总值比重约 18% 左右，比发达国家高出一倍。过高的物流成本导致我国很多商品价格畸高。成本高的主要原因就是铁路运输资源严重匮乏。中国铁路的运输方式在全世界是独一无二的，就是一条铁路要 50% 的能力来运客，50% 的能力来运货。双方都受到了制约，因为客运要求速度快，货运速度又上不去，只能够货运等客运。如果中国形成了客运专线网，既有铁路的货运量就会大幅度的提高，解决一车难求的问题，就指日可待了。曾有经济学家分析过，我们全社会的货物运量中，铁路的货运比重每提高一个百分点可以节约社会物流成本 212 亿元。一旦高速铁路网建成后，既有铁路的运能将极大释放，加上货运专线的作用，铁路运能将最大限度发挥和释放，西部的煤炭、矿产等资源的运输成本将大大降低，也必将带动中国物流成本的大大降低。根据统计，武广高铁开通后，既有京广铁路武广段货物列车增加 33 对，年货运能力增加 8760 万吨。郑西线开通后，既有线增加货物列车 5 对，年货物运输能力增加 1460 万吨。

（4）战略性新兴产业的中国高铁走在世界前列。高速动车组是现代科技成果之集大成。国务院大力发展的七大战略性新型产业，其中一个就是高端装备制造业。铁路的高铁就被列入高端装备制造业。可以说，高铁集成了现代科技的绝大多数的技术，我们能想到的，在高铁里面都能够体现出来。不管是计算机技术、IT 技术、云技术、互联网，还有机电一体化技术、航空技术、生物仿真技术等等，以及新材料的应用，都在高铁里面能够体现出来。目前，高速动车组已成为"中国速度"一颗耀眼的明星。我们可以自豪地告诉世人，这颗明星就诞生在中国本土上。它是当今世界高新技术的集成，采用了机械、材料、电子、计算机、网络通信、工程仿真等领域的最新技术，应用了高速轮轨系统动力学、大功率牵引、制动控制、列车运行控制、可靠性与安全性技术等专业领域的最新成果，涉及了机械、冶金、建筑、高分子材料、合成材料、电力、信息、计算机、精密仪器等一系列相关产业。

建设高铁一举四得，一是缓解了一票难求的问题；二是解决了一车难求的问题；三是拉动了经济，为结构调整稳增长作出了巨大的贡献；四是促进了中国高端装备制造业的发展。

三、实施创新驱动南车发展战略具体措施

正是受益于中国高铁的发展，南车的创新才有依托，才会取得一定成绩。我们始终认为，技术可以买，但创新能力不能买，它需要培育。掌握核心技术是其中一个方面，但培育持续创新能力乃至无法为对手所复制的竞争力才是根本。按照国务院"引进先进技术，联合设计生产，打造中国品牌"的总体要求，公司大力实施"技术创新、管理创新"两轮驱动战略，突出强调两个轮子的核心位置和战略作用。两个轮子同时转，相辅相成、互为支撑，培育了企业的核心竞争力尤其是创新能力。

（一）中国南车的技术创新之路

世界上只有夕阳产品，没有夕阳产业。只有不图革新、技术陈旧的产品才是夕阳产品。南车创新的核心就是坚持不断创新，提高产品的技术含量和附加值，以达到世界领先水平。在国家政策支持下，我们的技术创新就是未雨绸缪，超前谋划，先人一步。

1. 以三大技术平台建设为主线，持续提升企业软实力。

技术平台是专业技术与管理技术结合的产物，体现企业在文化、管理、技术方面的继承性和发展性，并具有世界先进水平的技术和管理的硬件和软件。2007年，中国南车以大功率交流传动电力机车、大功率交流传动内燃机车、时速200公里动车组、城轨车辆、货车等产品所代表的技术平台为标杆，高标准、高起点、高要求建设具有国际先进水平的三大技术平台。

一是构建具有国际先进水平的设计技术平台。紧密围绕设计技术能力的建设和提升，在设计控制程序优化、设计手段提升、试验验证体系

国际铁路工业标准(International-al Railway Industry Standard)，简称IRIS，IRIS 是基于ISO9001 的针对铁路行业的质量体系标准。IRIS 旨在于建立并发展一套被全世界铁路行业广泛接受的系统，其包含了事实评价系统以及现场审核。

建设等方面开展了卓有成效的工作。在设计控制程序优化方面，建立了一套基于 IRIS **国际铁路工业标准**，包括明确对可靠性、可用性、可维护性、安全性（RAMS）/全寿命周期成本（LCC）、首件检查（FAI）等要求的设计控制程序。在设计手段提升方面，制定了南车三维设计标准并建立了通用件、标准件、外购件等三维模型库约 5 万个。构建了数字化的产品数据管理平台，实现了主型产品在 PDM 系统管理下的全三维设计。集中建设了动车组、机车等 4 个协同仿真设计平台，开展了动力学、静强度、流体力学等多学科仿真设计研究，并实现了 PDM 系统与仿真平台的有机结合，对缩短设计周期、提升设计质量起到明显作用。在试验验证体系建设方面，在分析产品相关行业标准、国家标准、国际标准的基础上，编制了《中国南车试验验证体系建设纲要》，全面推进试验验证体系的建设工作，整合了内外部资源，提高了整车试验验证、关键零部件试验验证能力，建成了具有国际先进水平的设计技术平台。

二是构建具有国际先进水平的制造技术平台。围绕制造能力和水平的提升，通过制造控制流程优化，完善工艺管理体系，接轨国际先进制造技术标准，提升物流管理水平，推行精益生产，提升制造、检测装备水平和能力等，建设制造技术平台。制订先进标准。归纳总结了行业的工艺技术经验，制定了 17 项工艺管理标准，并全面推进标准的贯彻实施；在引进消化吸收国际先进技术和管理方法的同时，不断总结积累经验，构建了完善的工艺技术标准体系；建立了较为完善的工艺设计过程管理、过程变更、关键工序特殊过程管控等工作流程；广泛开展工艺与设计并行工程，进行工艺仿真设计研究，通过工艺试验验证和覆盖全工序的工艺文件，确保产品的制造质量。加大投资力度。先后投资 138 亿元用于技术改造和制造基地建设，全面提升制造装备水平和能力，建设了动车组、大功率机车等国际一流水平的制造产业化基地，其中动车组、电力机车、城轨车辆的生产能力位居世界前列。建立供应商管理体系。充分借鉴和消化吸收国外先进企业供应商管理理念和方法，建立了较为完整的具有南车自身特色的供应商管理体系，对供应商的开发、评价、信息处理等方面进行了规范；实施了供应商延伸管理，提升供应链管理水平，把好的经验和做法向核心和关键供应商延伸；编制了系统的供应商 FAI 流程和产品入库检验文件，系统开展供应商评估与现场审核。推进精益生产和 5S 管理。强化现场管理和物流管理水平，推行精细化制造工艺，不断提高生产效率、降低成本、提高产品质量。制造技术平台的建设，为南车整体制造技术水平和能力的提升奠定了坚实基础。

三是建设具有国际先进水平的产品技术平台。以满足全球市场需求为目标，以产品技术特征为主线，以产品先进性、经济性、可靠性、成熟性和发展性为基础，通过自主创新和引进消化吸收相结合，系统开展产品标准化、系列化、模块化研究，完善主机产品和关键部件产品家族，打造国际先进水平的产品技术平台。从产品的典型技术分析入手，认真梳理既有产品和市场需求趋势，充分借鉴国外先进公司的产品设计理念，合理规划产品技术发展路线。经过几年建设，南车基本形成了高速动车组、大功率交流传动电力和内燃机车、城轨车辆、货车等主型产品和关键部件系统的标准化、模块化、系列化和产品家族框架，满足了国内外客户的需求，有效提升了企业核心竞争力。公司实现了产品标准化、模块化、系列化，性能、质量、可靠性达到国际先进水平。

四是完善技术标准体系和质量管理体系。我们成立了技术标准化委员会和质量管理委员会。建立了完备的标准化组织机构，制定了标准化管理办法，不断加强技术标准体系建设。结合技术引进项目采用的标准进行对标分析，针对不同类型的产品开展了设计技术标准、制造技术标准和产品技术标准体系的构建，按质量环模式编制了技术标准体系表和明细表，积极采用国际和国外先进标准，制订具有国际先进水平的企业技术标准，为提升中国轨道交通装备国际化水平提供了保障。积极参与IEC、UIC 等国际标准的制定工作，"十一五"期间获得了 4 项 IEC 国际标准的制、修订主导权，提升了企业的国际形象。在业内率先全面贯彻实施 IRIS 国际铁路行业标准，南车株洲电力机车有限公司是国内首个通过 IRIS 认证的整机企业，目前南车已有 9 家子公司通过 IRIS 认证。加快推进中国南车质量管理体系建设，完善体系管理流程和文件，建立了项目质量管理机制和质量控制过程 KPI 评价标准，提高质量控制活动的有效性和可执行性；建立了质量信息系统，为更好地改进设计和质量提供有力支撑。

2. 以引进消化吸收为契机，全面提升自主创新能力。

2004 年至 2005 年，中国南车从日本引进技术，联合设计生产高速动车组。我们清醒地看到，引进技术不应该简单地全盘照搬国外先进技术或者以"市场和品牌换技术"，而是要确保先进技术为我所用，推进企业技术的跨越发展。我们始终坚持两个指导思想，一是"以我为主"，二是"先人一步"。按照这个理念，中国南车学习和移植国外一流技术和先进管理，高速动车组的研制，南车坚持两条腿走路：一条腿走引进、消化、吸收之路；一条腿走再创新之路。一套人马两边跨，比较辛苦。引进消化吸收再创新的进程中，公司通过"先僵化、后固化、再优化"的方式，不仅将核心技术学到手，用到位，而且还不断超越自我，根据我国国情、路情，不断填补技术空白，将理论与技术发展到新的高度，以技术升级带动产业升级，变追赶为引领，最终形成企业自身的核心竞争能力。从时速 200 公里、380 公里到更高速度等级的高速试验车，我们主要经历了四个阶段漫长的创新研发之路，实现了引进消化吸收、再创新、反超领先。

第一阶段是引进消化吸收再创新阶段。南车在一次性引进时速 200—250 公里动车组技术基础上，分阶段实施了国产化，国产化率达到了 70%。对引进时速 200—250 公里动车组进行了 110 项优化设计，成功解决了引进技术与中国铁路环境水土不服的问题。掌握了时速 200—250 公里动车组的设计、制造、试验及检测技术，构建了动车组产品研制平台。以此为基础，成功研制出 CRH2 型时速 250 公里长编组动车组和世界首创的卧铺动车组。第二阶段是自主提升创新阶段。在掌握时速 200—250 公里动车组技术的基础上，研制出时速 300—350 公里动车组。重点对牵引性能、车体强度与模态、转向架等方面进行了系统的提升与优化，突破了制约速度提升的关键技术，成功研制出 CRH2 型时速 350 公里高速动车组。通过对大量的科学试验和运营维护数据的分析，建立了高速列车仿真精确模型，丰富和完善了高速列车仿真和试验验证体系，形成了高速列车自主研发平台。这为 380A 新一代动车组和更高速度等级的动车组的研制奠定了坚实的基础。第三阶段是全面创新阶段。早在技术引进之初，我们就将目光锁定在自主创新体系建设、掌握核心研发技术上，并超前策划、全面布局，着手 380 公里等级动车组的研发。我们制定了"领先一步"的创新策略，以时速 350 公里高速动车组技术平台为基础，以安全可靠性为核心，以速度为目标，以系统提升动力学、气动力学、减振降噪、牵引制动能力、节能环保等性能为关键，经过理论与实践的循环往复，历经仿真计算、台架试验、线路试验的反复分析、试验、论证，成功研制出世界领先、具有完全自主知识产权的 CRH380A 新一代高速动车组，2010 年 12 月 3 日，创造了 486.1 公里的世界铁路运营试验最高时速，动车组的速度、安全、舒适、节能等技术指标达到了世界领先水平，标志着公司已搭建起高速动车组可持续自主研发平台。CRH380A 仅头型设计，就完成了 20 种头型概念设计，10 种头型三维流场数值分析，5 种头型风洞试验，共进行了 17 项 75 次的仿真计算，760 个不同运行环境的气动力学试验和 60 个工况的噪声风洞试验，最终面世的新头型的各项技术性能达到了国际领先水平。2011 年 7 月 1 日，CRH380A(L) 新一代高速动车组成功投入京沪高铁运营，质量性能始终保持安全稳定状态。当号称"陆上飞机"的

CRH380A 成功面世时，人们震撼于它充满着力度和速度感的高速列车外形，更震撼于它诞生的艰苦历程。第四阶段是持续创新阶段。以运营安全性、装备自主化、发展可持续、运营高效率为目标，以 CRH380A 动车组形成的创新成果为基础，通过技术外推与拓展，进行系列产品的持续创新。2011 年 12 月 25 日，公司自主研制的时速 500 公里更高速度试验列车成功落成，并于近期在滚动试验台上跑出 605 公里的最高时速。

目前，仅仅公司下属的四方股份公司就拥有高速列车系统集成国家工程实验室、国家高速动车组总成工程技术研究中心、国家级技术中心和博士后工作站等四个国家级创新机构和创新平台，建立了 12 个仿真平台和 17 个研究试验平台，拥有技术人员 1500 多人，拥有专利 515 项，其中发明专利 28 项。参与、主持了 175 项国家、行业标准的制定。中国南车研制的时速 250 公里高速动车组转向架获国家科技进步一等奖，参与的"青藏铁路工程"项目获国家科技进步特等奖，CRH380A 新一代高速动车组获中国创新设计"红星奖"至尊金奖。

公司充分发挥主机厂产业协作、带动效应，逐步形成了由 300 多家供应商共同参与的完整的高速列车产业链，带动了轨道交通产业的全面升级。目前，公司研制的高速动车组已形成家族化、系列化，产品覆盖 200 至 380 公里不同速度等级、短编和长编不同编组形式、座车和卧车不同类型，是世界上唯一涵盖所有速度级、编组和车种的动车组。

下面我说两个广为关注的话题：

A．动车组安全吗?

目前，南车研制的 CRH380A 已先后在沪杭、武广、海南东环、京沪、京广高铁等投入运营。列车的安全性、可靠性等得到了充分验证。京沪高铁运行以来，CRH380A 是所有动车组里面故障率最低的，每百万公里只有 0.5 次，就是走一百万公里只发生 0.5 次的故障。铁道部规定动车组的故障率标准是每百万公里小于 2 次。而且这个故障的类型这个级别要求也很高的，晚点 3 分钟就算一次故障。在全世界的高铁里面，这个数据是非常优秀的。

抗脱轨稳定性（脱轨系数）。我们的技术里面有一个专有名词，叫作抗脱轨稳定性。抗脱轨稳定性这里有一个非常简单的公式——Q/P。Q 代表是轮轨间的横向作用力，P 代表轮轨间的垂向作用力。那么 Q 比上 P，就是脱轨系数，或者叫脱轨稳定性系数。大家想，如果 P 小，Q 大，这个火车脱轨的可能性就增加，反之就减小。国际铁路联盟有一个标准，它规定要小于 0.8，这个数字在做试验的时候，可以适时地测出来，就是说你最大不能超过 0.8。中国的铁路标准是小于等于 1。而实际值见下表：

技术指标	CRH2A	CRH2C	CRH380A	备注
脱轨系数 Q/P	最大值 0.72 250km/h	最大值 0.34 386.3km/h	最大值 0.1 380km/h	UIC518：小于 0.8

车体气密性强度比欧洲设计高 50%。高速列车在高速通过隧道的时候，还有列车交汇的时候，都会产生强大的压力波。这个压力波对车体造成了极大的一个挤压。如果强度设计不够，很可能随着应用时间长，车体会产生疲劳裂纹，会影响它的寿命。所以，我们的强度设计都比欧洲增大 50%。新一代试验车表明：在车体结构重量仅增加约 4% 的情况下，车体气密承载能力增加 50%（由 ±4000Pa 提高到 ±6000Pa）；车内压力从 4000Pa 降到 1000Pa 超过 180s（标准 50s）；车内最大压力变化低于 800Pa（标准 1000Pa）；线路试验实测车体气动载荷为 ±4638Pa，车体安全、可靠，乘坐舒适。

技术指标	CRH2A	CRH2C	CRH380A	备注
车体气密强度	按 ±4000Pa 气密载荷设计	按 ±6000Pa 气密载荷设计	按 ±6000Pa 气密载荷设计	ICE3： 按 ±4000Pa

气动安全性。和"脱轨"相比，高速列车更需要克服向上的升力。一般而言，飞机时速达到 270 至 280 公里就可以起飞。与这种气流绕飞机机翼产生升力的原理类似，列车在高速行驶时，也会导致尾车周围产

生气动升力。不同的是，对飞机而言，向上的"升力"是需要利用的，而对于"贴地飞行"的高速列车来说，却是必须予以克服的，因为它会加大列车高速行驶时的抖动，降低运行的稳定性和安全性。CRH380 列车采用了一种叫作"导流槽"的设计，通过在车头两侧设置导流槽，引导气流产生向下的压力，以抵消气动升力的影响。它就像一双强有力的手，牢牢地抓住铁轨，不让火车飞起来。试验表明，CRH380A 的尾车气动升力接近于零。

如何逃生？动车组各车厢都设置了紧急逃生窗。紧急逃生窗玻璃采用双层物理钢化的安全中空玻璃，用破窗锤敲击规定窗口的标识点后，玻璃裂纹会瞬间扩散，实现快速脱落。紧急逃生窗处设有"紧急出口"标识和紧急破窗锤。

B. 动车组舒适吗？

这个问题也是广大旅客比较关注的，速度这么快，坐在上面舒不舒服啊？坐过高铁的同志肯定是有这种感受，毫无疑问还是很舒适的。欧洲的高铁，当它运行到 270 公里的时候，在车上行走如果不扶着两边的座椅，是容易被摔倒的，横向的冲力比较大。

振动。怎么解决这个舒适度的问题？我们在测量的时候，国际铁路联盟有一个标准，舒适度有一个指标小于 2 是优秀，2—2.5 是良好，2.5—3 是及格，3 以上是不及格。它的测量有三个维度，纵向、垂向、横向，这三个维度的震动和加速度，把这些指标综合起来以后得出了这样一个数据。我们 380A 这个指标达到了 1.6，比它的优秀值 2 小了很多，这是数据实际测得的。

技术指标	CRH2A	CRH2C	CRH380A	备注
舒适性	< 2.3	< 1.8	< 1.6	ICE3：2.0； UIC518：< 2 优； 2—2.5 良； 2.5—3 合格

噪音。在座的各位都坐过飞机，只要坐了超过四个小时，人就有强

烈的疲劳感。更不用说出国了，要坐十个小时了，为什么坐飞机会那么疲劳，就是它的噪声导致。波音飞机的噪声可以达到 80 分贝，豪华一点的小汽车在高速公路以 120 公里的速度奔跑的时候，它的噪声是 76 分贝。我们的车都低于 70 分贝。动车组的综合舒适性大为提升，采用最新隔音减振降噪技术，还对车体进行了一系列系统创新，客室内振动小、噪声低，使旅客乘坐更为舒适。

技术指标	CRH2A	CRH2C	CRH380A	备注
噪声	250km/h 时客室中部 66dB ~ 69dB	350km/h 时客室中部 67dB ~ 69Db	380km/h 时客室中部 67dB ~ 69dB	波音飞机 80dB 奥迪 76dB

耳压问题。舒适因素还有一个耳压的问题，动车过隧道的时候，强大的压力波会改变客室内的压力，如果这个客室的密封性不好的话，人的耳朵会像坐飞机起降一样，感到压力，而且感到压痛。我们采用高静压能力的换气装置，抑制隧道运行或会车时车外压力波动传入车内，避免给旅客耳膜带来不舒适感，车内压力变化率小于 200Pa/s，高于欧洲车内压力变化的标准要求。即便是通过隧道时，压差变化也不大，人的耳膜会稍稍有些像飞机起降时的耳鸣感，几乎不会出现像飞机降落时由于压力变化而导致耳朵刺痛的感觉。

3. 有效整合利用内外部资源，实施协同创新。在自主创新的实践中，必须推进产学研用结合，构建开放式技术创新体系。在坚持核心技术打造的同时，也要善于借助外脑，以市场为纽带，整合各方资源，推动产学研用结合。这是快速实现自主研制高性能产品的有效途径。目前，中国南车已经形成了以变流技术国家工程中心、高速列车系统集成国家工程实验室、动车组和机车牵引与控制国家重点实验室、高速动车组总成国家工程技术研究中心等 4 个国家级研发与实验机构、6 个国家认定企业技术中心、7 个经国家实验室认可委员会认可的检测实验中心、6 个博士后工作站等为主体的比较完整的产品设计、研发、检测体系。

我们积极落实国家"走出去"战略，整合利用国际创新资源，促进产业发展。在美国成立了我国轨道交通装备行业第一个海外工业电力电子研发中心，在英国成立了功率半导体研发中心。通过海外并购方式，成功收购了研制大功率半导体的英国 Dynex 公司，这是中国轨道交通装备制造行业首次跨国并购，使我们获得了战略性资源，拥有了核心技术。成功收购澳大利亚代尔克公司，为实现轨道减震器产业技术和国际市场的快速突破奠定了基础。

在加快构建科技创新平台的同时，加强开放式合作，先后与清华大学、西南交通大学、北京交通大学、中南大学、中国科学院等外部高等院校和科研单位，在高速动车组、大功率机车等高端技术领域签署了一系列的战略合作协议，与有关高校建立技术创新战略联盟，与国家"211"工程知名院校、国内外知名研究机构等进行联合开发、技术合作，逐步搭建"产、学、研"一体化的技术创新体系和技术资源共享平台，形成了以中国南车为主体，产、学、研、用相结合的开放式技术创新体系和创新管理的团队。"十一五"期间，仅南车株洲所就承担了国家重大专项 2 项、国家 863 计划项目 15 项、国家科技支撑计划 19 项、国家重点新产品 5 项、火炬计划 4 项、国际科技合作项目 1 项。

据统计，在 380A 新一代动车组的研制中，有包括中国南车在内的国内 50 余家企业、30 余家科研院所与高校参与研发制造。有近 60 名院士、500 多名教授，近万名企业研发人员参加到项目中。通过 3—4 年奋战，攻克了成百上千个难关，终于获得成功。现在我们可以自豪地讲，向国外输出时速 300 公里以上高铁技术，中国的技术是最成熟的。

4. 坚持以科技投入为保障，确保创新成果快速产业化。投入是创新的保障。南车坚持以市场为引导，持续加大科技投入，确保科技创新多出成果、快出成果、出大成果，科技经费投入比例保持持续快速增长，并提前将科技经费纳入预算管理和统筹。企业科技投入由 2007 年的 13.4 亿元增长到 2012 年的 47 亿元，六年累计投入科技创新资金 190 亿元，年增长率达到 35% 以上，为企业科技创新提供了重要保障。其中，在国内率先开展交流电传动系统集成技术研究，先后投资 20 多亿元，经过艰苦努力，终于攻克了这一世界性的技术难题，使我国成为世界上少数掌握机车"机芯"技术的国家，突破了制约我国轨道交通装备进步的最大技术瓶颈，实现了科技创新成果的商品化、产业化。

5. 加快人才队伍培养步伐，全力打造核心技术团队。创新战略的推进和实施，关键在人才。中国南车紧紧围绕建设国际一流企业的战略目标和三大技术平台建设的需要，在引进高层次科技人才的同时，立足自我培养，积极推进本土人才国际化。公司以项目为载体，坚持在项目推进中充分用好人才、实践培养人才、客观评价人才和有效激励人才，加快培养领军人物和精英团队。通过"人才+项目"管理模式，创新人才发展机制，激发人才创造活力。结合企业的发展和科技创新的需要，完善核心技术人才的培养、开发、选拔、评价、激励和流动等机制，实行"责、权、利"相结合原则，积极探索生产要素按贡献参与分配的实现形式，实现一流人才、一流业绩、一流报酬。

6. 研制更高速度等级列车，为确保高速动车组运行更安全。研制生产更高速度等级的高速动车组，意味着中国南车在追求更先进技术的方向上并没有停下脚步。研制这个车的目的，并不是为了未来高铁跑500公里，而是为了探索高速列车系统在极限速度条件下的临界值，针对时速500公里条件下高速列车系统、结构、材料的安全性、可靠性等开展前瞻性、基础性、理论性研究，主要围绕以下三个科学目标：

一是持续深入研究高速列车安全性。希望通过探索更高速度条件下高速列车的运行稳定性、结构强度、车—线—网匹配关系等安全保障系统，进一步提高安全冗余；在更宽的速度范围内进行高速列车前瞻性基础问题的研究，揭示高速列车动力学行为、特征和规律，研究关键结构部件在更高速度条件下的强耦合作用响应特征，以更好地指导现行商业运营列车的工程实践和运用。二是为基础性科学问题研究提供试验平台。更高速度试验列车将为我国进行高速列车应用基础理论研究提供试验基础，为国家重点基础研究发展计划(973计划)项目"时速500公里条件下的高速列车基础力学问题研究"提供试验载体，以进一步实现研究高铁理论的新突破（弓网关系、轮轨关系、气动关系等）。三是为新材料、新技术的应用提供验证平台。通过各种新材料、新技术的应用研究和测试，进一步丰富和完善高速列车技术体系，为保持我国高速列车技术可持续发展、加快人才队伍培养、完善标准体系奠定基础。

（二）中国南车管理创新之路

没有管理创新，企业的技术创新将失去动力，不可能持续。当然光有管理创新而没有技术创新，企业的管理将失去根基，不能长久。在实施技术创新的同时，南车同步实施管理创新，共同推动企业的发展。

一是实施战略引领明确方向，努力实现国内知名向国际知名的转变。从重组成立的那天开始，南车就开始用全新的战略思维和眼光审视企业的内外部环境，制订了切实可行的奋斗目标，坚定不移地推进，并根据形势适时调整。十年规划"三步走"的发展战略，不仅科学地规划了企业的奋斗目标，而且正确地指引了企业的各项改革，为企业步入快速的发展轨道乃至近几年的跨越式发展奠定了坚实的基础。立志高远定战略。2001 年，南车以第一号文件下发了发展战略，明确了中国南车的目标是建成"国内一流，国际知名，具有国际竞争力的轨道交通装备企业"。2010 年成为全球轨道交通装备制造业的优秀企业并进入前五强；2020 年成为全球轨道装备制造业三强之一，"中国南车"成为国际业内知名品牌。坚定不移推战略。我们制订了以市场战略、科技战略、业务战略、财务战略、人力资源战略、企业文化战略为支撑的六大战略措施体系，为战略目标的实现提供了重要保证。与时俱进变战略。根据企业发展环境的变化，我们及时对发展战略进行了修订。南车"十五"发展战略，在 2020 年规划构想写的是"成为全球轨道装备制造业三强之一"。而到"十一五"发展战略规划，同样的表述却放到了 2010 年战略目标中，目标实现的预期整整提前了 10 年。这是因势而变，发展战略要随大势不断转型。提前提出实现进入世界同业三强的目标，凭的不仅是敢于竞争的勇气，更是基于战略定位的科学分析和理性思考。"十二五"战略中，我们确立了"2015年向世界500强企业迈进、'中国南车'成为全球知名品牌"的发展战略目标。

二是坚持"四化方针"开展业务整合，做优做强轨道交通装备主业。按照"专业化生产、规模化经营"的目标，提出了"主机产品集约化、重要零部件专业化、一般零部件市场化、后勤辅助社会化"的方针，形成南车"专业化生产、规模化经营"的经营格局。通过坚决彻底地实施主辅分离、改制重组，一级子企业总数由组建时的21家减少到19家（含新设4家），二级以下子企业从400多家减至目前的90多家；222户企业基本完成改制分流工作，安置富余人员1.5万余人；共组织移交中、小学校30所，公安机构基本完成移交；18家企业医院中的14家实现了与主体企业的分离。员工人数由近12万人减至9万人。通过实施改造升级。先后投入184亿元（包括上市募集的102亿元）用于技术改造升级和制造基地建设，全面提升制造装备水平和能力，建设了动车组、大功率机车、城轨地铁车辆等一批国际领先的研发制造和产业化基地。通过推进业务结构调整，实施电机、电力机车、内燃机车、货车、齿轮传动等业务的整合，提高了资源整体效能。我们一直努力将核心业务集中到资源和能力具有竞争优势的轨道交通装备领域，让企业形成一个"握紧的拳头"。南车子企业间业务重合、同质化、同一水平重复研发的局面有很大改观，科技研发资源的使用效率和效益得到充分发挥。目前南车产品的总体毛利率保持在18%左右，在行业里居于前列。

三是成功实施整体改制和上市，助推南车科技进步和产业升级。2007年，中国南车启动了成立以来最彻底、最大规模的一次改革。整合集团最优质的经营资产整体重组改制并在境内外上市，借助现代企业制度和顺畅的融资渠道，寻求更大发展。2007年12月，中国南车股份有限公司创立，所有子公司完成重组改制，中国南车实现产权制度的彻底改造。2008年8月中国南车在香港联交所和上海证券交易所成功上市，成为中国大型轨道交通装备制造企业 A+H 模式 IPO 的第一家。南车目前已经彻底转变了传统的管理体制和运行机制，依法建立了包括股东会、董事会、监事会和经营管理层等的法人治理结构，从根本上形成了协调运转、相互制衡、有效制约的运行机制。独立董事的引入，对涉及公司决策的重大事项独立发表意见，既防范了公司的经营风险，又有效地保护了中小股东的切身利益。在公司外部层面上，A+H 股的上市，使中国南车成为了一个公众性的现代上市企业，来自境内外监管机构的要求更加严格，促进公司在决策机制上、信息披露上以及管理层素质上都有了很大的提升。在公司内部层面上，各项管理制度和工作流程都将按照现代公司制的要求进行重新规划和设计，进而带来公司员工观念和行为的彻底变革，使公司在制度上、机制上、效率上和效益上都得到了综合提升，中国南车的综合素质和竞争能力得到了明显提升。

中国南车 IPO 上市以后，通过募集资金累计完成技术改造投资 118 亿元，新开工建设 500 万元以上重点投资项目 200 余项。上市后，资本市场为企业的技术创新提供了大量经费，通过持续加大科技投入，确保科技创新多出成果、快出成果、出大成果；而来自资本市场的压力，也促使企业每一次技术革新都要更加适应市场需求。

四是利用自身专有技术优势，向相关产业延伸培育"种子"业务。南车在专注研究轨道交通装备制造技术研发的同时，充分发挥拥有核心技术、具有深厚产品技术底蕴的优势，积极适应低碳经济和绿色环保要求，注重将轨道交通装备专有技术延伸至电动汽车、风电设备、汽车配件、船用曲轴和柴油机、大功率半导体元件、工程机械等强相关领域，形成了一整套核心技术体系，发展了电动汽车、风电设备、复合材料、大功率半导体元件、工程机械等一批具有较大规模的新产业集群，多数都属于国家战略性新兴产业领域。目前，这些具有布局合理、拥有核心技术和国际竞争力的产品集群，销售收入占南车收入的 15% 以上，逐步发展成为公司的支柱型业务。

其中，南车在电动汽车产业化方面走在全国前列。作为中央企业电动车产业联盟 16 家成员之一，和联盟整车及电驱动专业委员会的重要成员，南车在电驱动方面拥有核心技术和产业化能力，拥有电动汽车专利 46 项，是目前国内最大的电动客车制造商；全国两个电动汽车国家"863 计划"成果产业化基地，其中之一就在南车的子公司株洲所。结合"长株潭"电动汽车示范推广工程，批量推广了近千台电动客车，位居国内第一，探索总结出适合电动汽车大规模示范运营模式，为电动汽车推广运用奠定了基础。电动汽车驱动系统、充电机等成功服务于北京奥运会和上海世博会。南车自主掌握了风电机组整机控制系统、远程监控系统、变流系统等核心技术，具备国内领先的低电压穿越能力，取代了国外同类产品，成为国内风电电气、变流设备最强的供应商，风电整机国产化率高达 95%。拥有大功率 IGBT 核心技术，并成功实现国内封装，建成了中国最大的大功率半导体产业基地。自主研制的系列船用柴油机成功进入工程船领域。此外，南车在工业变流装置、高分子材料、施工机械、石油机械、汽车增压器等方面的经营规模也不断扩大，较好地实现了轨道交通专有技术的前延后伸。

五是立足夯实管理基础，在公司上下强力推行实施精益管理。南车提升管理水平，走的就是一条"南车式精益体系"的道路。南车式精益体系的核心，就是瞄准市场需求，提供持久稳定的高品质产品，从过去"低品质低成本"的路子，走向"高品质低成本"的路子，站在制造业的高端。它体现一个完整、系统、永无止境的管理理念，尽管始于精益生产，但不仅局限于精益生产，而是精益设计、精益制造、精益财务、精益营销、精益服务，企业中每个人都以精益的理念参与到管理活动中，迅速缩小与国际大公司在管理上的差距，使南车的软实力尽快匹配硬实力，把硬件建设的投入早日转化为经济效益。比如，2002 年，南车集团推行当今国际机车制造领域特别是发达国家普遍采用的"先喷面漆后组装"的工艺。这一要求不仅仅是喷漆和组装工序的简单颠倒，而是一次涉及产品制造全过程的工艺变革，其牵扯面之广、难度之大，对制造工艺中员工的规范化操作、工艺技术及零部件的质量、员工的思想观念各个方面都提出了极高的要求。经过几年来艰苦细致的工作，到2004年底，整体实现了先喷漆后组装这一工艺要求，产品质量跃上了新的台阶。

目前，公司在17个生产制造型子公司强力推动并实施了精益管理活动。沿着"精益现场—精益管理—精益企业"这条主线，推动整体管理能力向"品质、效率、效益"三个一流迈进。实施精益管理后，南车的生产效率明显提高，产品整体成本下降明显。比如，南车四方公司动车组生产由原来的一天1辆提高到一天3辆。南车浦镇公司过去每天只能生产3—4辆客车，现在每天能生产12辆，最多时达到14辆，配件库存、原材料供应时间大大缩减，资源占用率大大下降。不仅如此，还带动了产业链其他企业包括供应商在内的制造管理的提高，对整个产业都产生了深远的影响。

四、实施创新驱动南车发展战略成效显现

通过坚持不懈地努力，中国南车掌握了世界先进成熟的轨道交通装备制造技术，研制了一大批具有国际先进水平的创新产品，实现了从"国内一流"向"国际领先"的转变。

1. 实现了科技创新体系的九大转变。一是规范信息化的产品设计控制流程，实现了从依靠经验管理到通过产品数据流程管理的转变。二是采用先进的产品设计手段，实现了由两维设计为主到广泛运用三维设计的转变。三是建设协同仿真平台，实现了由主要依赖现场实物试验向仿真计算与现场实物试验相结合的转变。四是加强供应商管理，实现了从内部设计制造环节管理延伸到供应链管理的转变，有的子公司已开始实施管理向客户端的延伸。五是建立大量的产品设计和工艺标准、规范

和模板，实现了知识管理由零星向集中、由隐性向显性、由独有到共享管理的转变。六是导入先进质量管理理念，实现了产品可靠性管理（RAMS/LCC）工作从无到有的转变。七是优化和配置资源，实现了试验验证体系向由布局分散、能力不足、各自为政到系统规划、全面提升、资源共享的转变。八是丰富产品系列，满足市场个性化需求，实现从注重单一产品研发到注重建立产品技术平台的转变。九是抓好整体推进，实现由传统管理向项目管理的转变。

2. 满足了我国铁路现代化建设需要。通过自主创新，南车拥有多个国家级研发与实验机构，建成了国际一流的动车组、电力机车、内燃机车、铁路货车、铁路客车、城轨车辆等创新平台和产业化基地，取得了一大批具有国际先进水平的创新成果。高速动车组、大功率电力机车跨入世界领先行列，自主研发了时速 300—350 公里动车组、CRH380A 新一代高速动车组、更高速度试验列车（时速 500 公里，创造了每小时 605 公里的国内实验室最高速度）、时速 160 公里和 200 公里 CRH6 型城际动车组；掌握了大功率交流传动机车的系统集成技术，实现了电力机车由交直传动向交流传动的转换，自主研制了 9600 千瓦、7200 千瓦系列大功率电力机车。城轨车辆从技术依赖到实现自主研制，构建了城轨车辆自主研发平台，研制了一大批适应市场和满足用户个性化需求的城轨车辆产品，新型绿色交通中低速磁浮列车、采用超级电容作为主动力能源的世界首台储能式轻轨车都成功下线。目前，南车为国内铁路提供了总份额超过 50% 的各类产品，城轨地铁投入 17 个城市运营。其中，投入高铁运营的高速动车组折合标准列 588 列，累计运行里程 6 亿公里，运输旅客数亿人次。动车组价格比国外同类产品低 30%—40% 左右，高性价比的产品，为我国铁路现代化建设提供了装备、技术和经济支撑。2012 年年底京广高铁的开通，在人类历史上第一次把 2298 公里的地面交通缩短至 8 小时，而在美国坐火车走这段路需要 30 小时。京广高铁是世界运营里程最长的高速铁路，地势复杂，桥隧涵多，温差大，距离长，对动车组运行要求非常高。中国南车为京广高铁提供了折合标准列共计 163 列的 CRH380A 动车组，占上线运营同类动车组的 90%。铁路的发展可以带动国家的发展，高铁修到哪里，新面貌就带到哪里。中国高铁不仅仅是促成了中国人出行的一场革命，而且很可能是一系列社会革命的前奏。

3. 推动了企业持续健康发展。经过多年的发展，南车的营业收入从 2000 年的 106 亿增加到了 2012 年的 920 亿元，复合增长率 20%。与世界轨道交通装备主要企业庞巴迪、阿尔斯通、西门子、GE、川崎等公司比较，南车已跻身世界业内三强。技术的进步带动了南车产业化水平和员工队伍素质的提升。公司拥有 9 名国家级中青年专家，151 名享受政府津贴的专家，345 名教授级高级工程师，2603 名高级工程师等，先后产生了轨道交通装备行业仅有的 2 名中国工程院院士。健全了知识产权保护体系，目前拥有有效专利 5086 件。先后获得国家科学技术进步奖特等奖 1 项、一等奖 2 项、二等奖 6 项；承担国家 863 项目 5 项、国家科技支撑计划项目 3 项；被评为"全国十大创新型企业"。CRH380A 动车组获得 2011 年度中国创新设计红星奖至尊金奖。

4. 增强了企业走出去的实力。科技创新能力的提升，特别是高速动车组、大功率机车等的自主研发，提高了南车的行业地位和国际影响力。高速动车组等技术平移到城轨地铁和其他项目，有力提升了产品的竞争实力。同时，为消化公司的生产能力，弥补因为经济疲软国内市场订单的不足，借助公司技术能力的提升，我们加快了走出去的步伐。2011 年南车海外营业收入同比增长 162%，2012 年海外签单额同比增长 150%，产品已出口到全球 70 多个国家和地区。通过国际竞标，2012 年先后中标广深港高铁香港段高速列车、南非电力机车、巴基斯坦内燃机车、土耳其地铁、马来西亚轻轨、新加坡地铁等项目。南车从过去卖产品，到现在输出技术，在英国、澳大利亚、南非、土耳其、马来西亚等拥有合资企业生产相关产品，提供服务。目前，南车正在跟踪多个国家的高铁发展项目，并联合建设单位向海外推广中国的高铁标准，争取更快更好地走出去。

5. 提升了世界高铁行业整体水平。《国家高端装备制造业"十二五"发展规划》中把轨道交通装备列为重点发展的五大重点方向之一。按照规划精神要求，在科技部的主导下，南车作为主发起单位（理事长单位），联合 16 家科研院所和企业，成立了中国高速列车产业技术创新联盟，努力实现高速列车"谱系化、智能化、绿色化"目标，共同推进轨道交通装备业的技术进步和规模化、集约化发展。在引进消化吸收和自主创新过程中，南车进行了相关的基础性研究，涉及材料学、动力学、流体力学、信息技术、电子电力等多个基础性学科门类，有效提高了产业链整体的技术实力和管理水平。目前，中国轨道交通装备制造业可谓成果累累。青藏铁路高原客车、40 吨轴重矿石车等产品通过原始创新迈向了技术高端，创造了全球同行公认的成果。就动车组领域而言，关键技术为系统总成技术、车体技术、高速转向架技术、牵引变流器技术、牵引控制技术、牵引电机技术、牵引变压器技术、制动系统技术、网络控制技术，通过消化吸收再创新和完全自主研发，除了在制动系统技术方面还有差距之外，在其他方面均已取得长足进步，站到了世界前列、乃至最前列。CRH380A 高速动车组系我国自主设计、自主通过风洞试验造出，在别国没有先例。中国高铁不仅赢得了国内亿万旅客的心，而且令千千万万亲眼目睹、亲身体验的海外人士惊羡折服。仅近两年有 100 多个国家元首、政要和代表团考察中国高铁，无不高度评价中国高铁成就，更在全世界激起了高铁建设的热潮。美国、英国、土耳其、老挝、泰国、马来西亚等国家都宣布了高铁发展计划。

五、创新驱动南车发展的几点体会

创新是企业发展的不竭动力，在创新驱动发展的过程中，我们深刻体会到：

一是必须实施管理和技术创新的"双轮驱动"。管理创新和技术创新是企业发展不可或缺、相辅相成的重要组成部分。在企业纷繁复杂的各项工作中，管理创新和技术创新这两个轮子都必须圆，企业这列车才会开得更快、更稳。

二是必须志存高远坚持"战略引领"。南车成立后的第一号文件就是实施战略管理的意见。2003 年制定完成第一个完整的发展战略，明确、响亮地提出，中国南车的目标是建成"国内一流，国际知名，具有国际竞争力的轨道交通装备企业"。之后经过不断调整和修订，最终确定了"十二五"战略目标。正是因为战略目标清晰，为企业发展指明了方向，南车的发展才扎扎实实，一步一个脚印，取得成功。

三是必须在国家政策主导下坚持"自主创新"。在建设创新国家和我国铁路快速发展的背景下，我们以"先人一步"为指导思想，及时制订科技战略，确定自主创新发展方向，进一步明确自主化的技术创新是企业发展的主线和灵魂，提出了"超前谋划、自主创新、系统集成、突破关键"的发展思路。经过不断探索和实践，以我为主，自主创新，全面实现了自主化；掌握系统集成能力，搭建自主发展平台；掌握关键技术，形成系列产品。

四是必须在引进消化吸收中坚持"以我为主"。我国铁路无论是在轨道制式、线路条件还是自然环境上，都有自身独特的国情路情，这就决定了原封不动地照搬国外现成技术根本行不通。先进和关键的技术也引不来、换不来，引进技术必须坚持"以我为主"，为自主创新打下了坚实基础。

五是必须加强基础平台建设培育"创新能力"。技术可以引进，自主创新能力却要靠自己培育。要夯实内功，建立基础的研发平台、制造平台和产学研用联合开发平台，给自主创新预留舞台。只有具备了这种自生的创新能力，先进技术才能真正为我所有、为我所用。

六是必须推进产学研用结合实现"开放式创新"。企业自主创新，在坚持打造核心技术的同时，也要善于借助外脑，整合各方资源，促进开放式合作，这是快速实现自主研制高性能产品的有效途径。为攻克高速动车组的高端技术，我们建立了产学研用相结合的创新机制。先后与高等院校、科研单位、中央企业等签署了合作协议，集中优势、联合攻关，开展相关领域的广泛合作，在短时间内掌握了相关技术，成功突破了国外技术的垄断。

创新无止境。2013年4月16日，中国南车中央研究院在北京正式成立，目的就是为了聚合科技与管理资源，做强"中国智造"，为公司实现引领行业发展提供智力支持。我们未来仍然将"战略引领、创新驱动"作为企业经营发展的核心，以全球化视野提升科技创新能力，为做强做优中国南车、打造具有国际竞争力的世界一流企业提供强大支撑，努力成为"中国制造"走向"中国设计"、"中国创造"的典范，为建设创新型国家作出新的更大的贡献。

关于城市创新驱动发展的几个问题

李志军

授课时间：2013 年 5 月 7 日

个人简介：李志军，1965 年 4 月出生，山东省日照市人。国务院发展研究中心技术经济研究部副部长、研究员，经济学博士，享受国务院政府特殊津贴专家。

内容提要：本文围绕什么是城市创新驱动发展，为什么要实施创新驱动发展战略，我国城市创新发展的现状与问题，影响城市创新能力的主要因素，政府在推动城市创新发展中的作用等五个方面展开论述。本文认为，城市创新驱动发展就是要依靠创新，推动城市经济社会发展，把创新作为发展的重要动力，着力提高发展质量和效益，包括创新意识、创新精神、经济活力、竞争力和创造力。

党的十八大报告提出：实施创新驱动发展战略。科技创新是提高社会生产力和综合国力的战略支撑，必须摆在国家发展全局的核心位置。要坚持走中国特色自主创新道路，以全球视野谋划和推动创新，提高原始创新、集成创新和引进消化吸收再创新能力，更加注重协同创新。深化科技体制改革，推动科技和经济紧密结合，加快建设国家创新体系，着力构建以企业为主体、市场为导向、产学研相结合的技术创新体系。完善知识创新体系，强化基础研究、前沿技术研究、社会公益技术研究，提高科学研究水平和成果转化能力，抢占科技发展战略制高点。实施国家科技重大专项，突破重大技术瓶颈。加快新技术新产品新工艺研发应用，加强技术集成和商业模式创新。完善科技创新评价标准、激励机制、转化机制。实施知识产权战略，加强知识产权保护。促进创新资源高效配置和综合集成，把全社会智慧和力量凝聚到创新发展上来。

这段重要论述，第一次把"实施创新驱动发展战略"写入党的代表大会报告，包含了这个研讨班的主题、核心内容和一些重要概念，要认真学习领会。

一、什么是城市创新驱动发展

"创新"（Innovation）起源于美籍奥地利经济学家熊彼特于1912年提出的"创新理论"。他指出，创新是一个经济学概念，其基本含义是指与新技术（包括新产品、新工艺）的研究开发、生产及商业化有关的技术经济活动。

创新有三个特点：一是强调从新技术的研究开发到首次商业化应用是一个整体过程，是一个系统工程，强调企业各个要素围绕着从研究开发到首次商业化应用的完整过程的协同配合，从根据市场需求产生的某一构想，到新产品样品样机的试制试产、生产工艺的改变及其质量控制、开拓市场等全过程，缺少任何一个环节，技术创新就不能成功实现；二是强调市场实现程度和获得商业利益是检验技术创新成功与否的最终标准，也就是说，技术创新不仅仅关注技术的创造性和技术水平，更关注技术在经济活动中的作用，在市场成功获取商业利润，要求企业技术创新的一切活动都是紧紧围绕市场目标并努力实现这一目标；三是强调企业是技术创新的主体，要求企业是技术创新的决策、开发、投入、受益以及承担风险的主体。

现在，在中国，**创新**成为一种时尚，主要有观念创新、理论创新、知识创新、技术创新、科技创新、体制创新、制度创新、管理创新、组织创新、商业模式创新、协同创新、原始创新、集成创新、引进消化吸收再创新，等等。

2006 年 1 月 9 日，召开了全国科技大会，通过了《关于实施科技规划纲要增强自主创新能力的决定》，发布实施了《国家中长期科学和技术发展规划纲要（2006—2020)》。提出了两个新词：自主创新、创新型国家。这两个新词都是中国特色的概念，国外没有。

概念释义

"创新"（Innovation）起源于美籍奥地利经济学家熊彼特于 1912 年提出的"创新理论"。

（一）自主创新

目前，学术界对自主创新的定义较多、理解也不同。例如，傅家骥从企业角度对自主创新的内涵进行了定义，认为自主创新主要指企业的自主创新，是"企业通过自身努力和探索产生技术突破，攻破技术难关，并在此基础上依靠自身的能力推动创新的后续环节，完成技术的商品化，获取商业利益，达到预期目标的活动"[①]；宋河发、穆荣平认为"自主创新是指创新主体通过主动努力获得主导性创新产权，并获得主要创新收益而进行的能形成长期竞争优势的创新活动"[②]。有些学者认为自主创新应从国家层面来审视，郭昌欣认为自主创新是指"以获取自主知识产权、掌握核心技术为宗旨，以我为主发展与整合创新资源，进行创新活动，提高创新能力的科技战略方针"[③]；万君康认为是指"通过本国自身的学习与 R&D 活动，探索技术前沿，突破技术难关，研究开发具有自主知识产权的技术，形成自主开发的能力"[④]；洪蔚认为"是寻求本土化发展路径"[⑤]。有些学者从与技术引进对比角度定义自主创新，丁湘城、罗勤辉认为自主创新是与技术引进相对立的概念[⑥]，路风认为自主创新与技术引进并不对立[⑦]，江小涓认为自主创新与利用外部技术资源之间是一种良性互动关系[⑧]，张景安认为自主创新是技术创新的高级阶段[⑨]。还有人认为自主创新是指"独立创新"（Independent innovation）、"内生创新"（Endogenous Innovation）、"本土创新"（Indigenous Innovation）或"依靠自己的创新"（Innovation Self-Reliance）。

---

① 傅家骥：《技术创新学》，清华大学出版社 1998 年版，第 96 页。

② 宋河发、穆荣平：《自主创新及创新自主性测度研究》，《中国软科学》2006 年第 6 期。

③ 郭昌欣：《新形势下提升自主创新能力的若干思考》，《科技日报》2005 年 6 月 8 日。

④ 万君康：《论技术引进与自主创新的关联与差异》，《武汉汽车工业大学学报》2000 年第 4 期。

⑤ 洪蔚：《自主创新是寻求本土化发展路径》，《科学时报》2005 年 4 月 28 日。

⑥ 丁湘城、罗勤辉：《试论我国的技术引进与自主创新的关系》，《科技与经济》2006 年第 1 期。

⑦ 路风、封凯栋：《为什么自主开发是学习外国技术的最佳途径？——以日韩两国汽车工业发展经验为例》，《中国软科学》2004 年第 4 期。

⑧ 江小涓：《全球化中的科技资源重组与产业技术竞争力提升》，中国社会科学出版社 2005 年版，第 170 页。

⑨ 张景安：《实现由技术引进为主向自主创新为主转变战略思考》，《中国软科学》2003 年第 11 期。

我们认为，自主创新是我国 20 世纪 60—70 年代"独立自主、自力更生"战略的延伸，强调以我为主、主要依靠我国自己的力量进行创新。从企业角度来讲，自主创新就是以内资为主、中方能掌控的创新。从这个意义上来讲，自主创新也可以称作"本土创新"。自主创新不等于自己创新，更不等于关起门来创新，是开放条件下的创新。自主创新不是过去在外国封锁背景下"独立自主、自力更生"。坚持自主创新并不意味着排斥外来技术，也不意味着什么都要自己从头研究，而是把在技术引进基础上的学习和再创新作为增强自主创新能力的重要路径。坚持自主创新是强调以我为主，充分利用国内、国外两种资源进行创新，最终目的是为我所用，自主开发自己的产品。特别是当大批跨国公司进入中国，对跨国公司的创新资源和技术资源应加以吸收和利用。

观点要览

自主创新也可以称作"本土创新"。自主创新不等于自己创新，更不等于关起门来创新，是开放条件下的创新。

（二）创新型国家

根据世界经济论坛《全球竞争力报告》、瑞士国际管理学院《世界竞争力年鉴》对国家创新能力，对增长竞争力、技术竞争力排名，美国、日本、芬兰、韩国等 20 多个国家属于第一梯队，中国排名 30—40 位，属于第二梯队。

我国在《国家中长期科学和技术发展规划纲要（2006—2020）》中提出了到 2020 年进入创新型国家行列的目标。

创新型国家的四项指标是：R&D/GDP 比例 2.5% 以上；科技进步贡献率达到 60% 以上；对外技术依存度降低到 30% 以下；本国人发明专利年度授权量和国际科学论文被

引用数均进入世界前 5 位。

在全国科技大会召开和发布实施《国家中长期科学和技术发展规划纲要（2006—2020)》后，全社会高度关注和重视自主创新，已初步形成推动自主创新的热潮，有利于自主创新的大环境与良好氛围在中国逐步形成。企业技术开发的投入明显增加，自主创新积极性提高，多数企业把自主创新作为关系兴衰成败的大事摆上日程。一些省提出要建设"创新型省"，一些城市提出要建设"创新型市"。

我国正处在加快工业化进程和转变发展方式的关键时期，创新成为转型发展的重要支撑和动力。城市创新驱动发展的含义是：主要依靠创新，推动城市经济社会发展，把创新作为发展的重要动力，着力提高发展质量和效益，包括创新意识、创新精神、经济活力、竞争力和创造力。

二、为什么要实施创新驱动发展战略

纵观世界经济发展的历史，无论是历史上蒸汽机、电力的发明及其应用，还是当今信息技术革命对工业经济增长的作用，都远远超过了资本和劳动投入的影响，其所产生的巨大作用远远超乎人们想象。世界工业文明的发展史，就是一部由大小无数连绵起伏的技术创新构成的技术创新史。技术创新是人类文明进步与发展的永恒主题。各国都对创新重视和推崇，作为国家发展战略的一个重要组成部分。

党的十八大提出实施创新驱动发展战略，是建立在科学分析国情基础上，基于国际竞争态势以及我国经济社会发展要求作出的战略判断，是推动经济社会发展转入科学发展轨道的正确选择。

（一）应对世界新科技革命和提高竞争力的需要

当今世界，新科技革命迅猛发展，不断引发新的创新浪潮，科技成果转化和产业更新换代的周期越来越短，科技作为第一生产力的地位和作用越来越突出。新的科技革命既给我国带来了难得的发展机遇，也使我国面临着更加严峻的挑战。

随着经济全球化和贸易自由化进程的加快，关税逐渐降低，非关税措施日益受到约束和限制，发达国家更多地依靠知识产权、技术壁垒和反倾销等新的手段控制市场。目前，全世界 86% 的研发投入、90% 以上的发明专利都掌握在发达国家手里[①]。发达国家及其跨国公司凭借科技优势和建立在科技优势基础上的国际规则，形成了对世界市场特别是高技术市场的高度垄断，从中获取超额利润。

当今世界，创新能力已成为国家核心竞争力的决定性因素。国际竞争从根本上说是科技的竞争，是创新能力的竞争。没有创新，就难以在国际上争取平等地位，就难以获得应有的国家尊严，甚至难以自立于世界民族之林。在激烈的国际竞争中，真正的核心技术是买不来的，是花钱买不到的，引进技术设备并不等于引进创新能力。

改革开放三十多年来，我国主要通过大规模的技术引进以及引进外国直接投资"以市场换技术"等方式，促进传统产业的技术改造和结构调整，取得了很大成绩。但是，随着国民经济的不断发展，一些新的问题和矛盾开始凸显：随着劳动力成本的逐步提高，传统的比较优势也将逐步丧失，我国越来越难以从单纯的劳动力比较优势中获得应有的利益。一些产业领域正在表现出一定程度的对外技术依赖，大到飞机、汽

---

① 徐冠华：《增强自主创新能力，加强知识产权保护》，《科技日报》2006 年 4 月 28 日。

车、制造装备，小到服装、日化用品，国外品牌和技术主导的格局日益显现。

目前，我国虽然是一个经济大国，但还不是一个经济强国，一个根本原因就在于创新能力薄弱。创新和技术能力不足已经成了中国经济的软肋。没有自主技术、专利、品牌、标准支持的所谓"世界工厂"，就不能更多分享高附加值的利益，就不能改变"国际打工族"的地位；没有源源不断的自生技术来源，中国也很难立足于世界经济强国之林。

国情和需求决定了不能奢求他人来解决我国所面临的所有科学技术问题，依靠跟踪模仿和国际产业转移所带来的技术溢出，不可能从根本上带来国家技术创新能力的提升。要在激烈的国际竞争中掌握主动权，就必须把提高创新能力作为国家战略，把实现经济的持续、快速发展建立在不断提高的创新能力的基础上，把自主创新作为技术进步的基点，作为经济结构调整的中心环节，把资源禀赋决定的比较优势转化为国际贸易的竞争优势，尽快摆脱在产业发展上受制于人的不利局面。

（二）经济发展新阶段和转变增长方式对创新的紧迫要求

20 世纪 90 年代以来，转变经济增长方式、推进结构调整一直是我国经济工作的一个重点。从制定"九五"计划时提出"两个根本性转变"以来，在转变经济增长方式方面取得了很大进步，但粗放型增长方式还没有根本转变，一个很重要的原因就在于缺乏创新能力。

改革开放以来，我国经济高速增长。支撑经济增长的主要因素除了改革解放生产力之外，主要是物质投入的增加，包括资源消耗的持续增长。从总体上说，这种高速增长在某种程度上仍然是靠粗放型增长方式驱动的，粗放型增长方式加剧了资源的瓶颈制约，使生态环境不堪重负，已经到了难以为继的地步。

近年来，随着要素成本上升，低成本竞争优势正在减弱，以中低技术占领市场的空间日趋缩小。传统生产要素对经济增长的贡献出现递减趋势，技术创新的重要性明显上升。中国经济需要进入一个以创新为动力的新的发展阶段，需要通过推动创新和技术进步形成新的竞争优势，保持经济持续稳定增长。可以说，推动经济增长由资源驱动、资本驱动向创新驱动的战略性转变，是现阶段经济发展的重中之重。

（三）走创新之路是推进产业结构调整的基本动力和重要途径，也是现阶段我国经济社会发展的必然要求

从产业发展阶段看，从模仿到创新是后发国家实施追赶的一条捷径，在模仿的基础上必须依靠创新才能够提升产业技术能力和水平。我国经济规模和制造业规模已经积蓄了一定的发展实力，同时也面临日益严峻的挑战。一方面我国产业技术水平的提升滞后于产业发展要求的矛盾日益突出，单纯靠引进技术已无法支撑我国产业的持续高速发展，必须转入引进技术与创新相结合的发展阶段。另一方面，争取我国在国际产业分工中的有利地位，进一步提升产业技术水平的发展要求，迫使我国必须加强培育自己的产业技术能力，围绕产业发展战略和市场需求，系统整合国内外技术创新资源，加快提升产业技术水平。

从基本国情看，我国这样一个发展中大国，在实现工业化进程中，无法照搬发达国家的经验，必须依靠创新解决产业发展中的诸多难题。随着我国产业规模的迅速扩大，资源、能源制约已成为产业持续发展的突出矛盾，要走出一条新型工业化的发展道路，必须面对发达国家在工业化发展中未曾遇到和未曾解决的一系列难题，这就决定了我国今后的产业发展必须依靠创新，探索适合中国国情、整合国内外创新资源的产

业技术进步的新途径。只要把握好机遇，选择好方向和重点，就有可能在部分产业技术领域率先实现突破，使我国产业技术进步真正建立在自主创新基础之上，促进我国产业技术水平实现跨越式发展。

（四）全面建设小康社会的需要

当前，我国经济社会发展面临许多突出问题，经济结构不合理，质量和效益不高，特别是能源资源和环境的制约日益严重。我国人均能源、水资源等重要资源占有量严重不足，生态环境脆弱，面临着日益严峻的发展瓶颈约束。我国人均石油资源只有世界人均水平的 1/17，天然气资源只有 1/13，淡水资源只有 1/4，耕地资源只有 1/3；与此同时，由于技术落后和长期粗放经营，进一步加剧了资源消耗和环境污染。实践表明，传统的"高投入、高消耗、高污染、低效率"的路子已难以为继。

与许多国家相比，我国具有极其特殊的国情和需求。比如：人口众多，要在较短时间内满足庞大劳动力就业、城市人口迅速膨胀、社会老龄化、公共卫生与健康等方面需求；缩小社会阶层之间、区域之间、城乡之间的知识鸿沟。所有这些是世界发展史上前所未有的。

面对发展的新形势、新问题，强调增强创新能力就是要依靠创新解决发展面临的诸多矛盾和问题，推动经济增长从资源依赖型向创新驱动型转变，坚持以人为本，全面、协调、可持续的发展观，使经济社会发展真正走上科学发展的轨道。

（五）维护国家安全和经济安全的需要

我国面临着维护国家主权和领土完整、维护边疆地区和国内其他地区的稳定、实现祖国统一等基本的维护国家安全利益的神圣使命。维护国家安全不仅是国家利益的基本方面，也是国家生存和发展的必要条件。实践表明，在涉及国防安全和经济安全的关键领域，真正的核心技术是买不来的。如果我国不掌握更多的核心技术，不具备强大的创新能力，就很难在世界竞争格局中把握机遇，甚至有可能丧失维护国家安全的战略主动权。

在当今国际格局中，技术与国家利益、国家安全之间的密切关系，远远超过了一般生产要素。国家间的经济、军事竞争，很大程度上就是技术的控制与反控制，技术的主导权往往是攸关生死的决定性因素。因此，在关键性技术问题上，任何一个主权国家都不可能放弃自主开发的义务和权利。

近年来，中国的迅速崛起引起了西方国家的高度重视，一种由天然担忧、意识形态偏见及"中国威胁论"交织而成的在技术上压制中国的做法，已经成为中国国力再上台阶的严重障碍。近年来，西方对华出口限制的目的正在发生变化。早先主要是为了遏制中国军力发展，限制主要针对的是军事技术和产品，富有冷战色彩。随着中国国力的不断增强，西方对华出口限制出现了军事与高技术并重的变化，西方国家更多地从国家竞争的战略高度来看待对华出口，通过种种管制手段来确保国家实力的领先。美国等西方国家对我技术出口的控制从来就没有削弱。近年来，针对我国连续发生的美国劳拉公司和休斯公司火箭发射事件、以色列预警机事件、捷克维拉（VERA-E）无源监视系统事件、美国SMIC公司投资建设芯片生产厂受阻事件、欧盟对华军售解禁问题等，都反映出一些西方国家已经把对华技术控制作为扼制中国发展的重要手段。实践表明，真正的核心技术是很难通过正常贸易得到的，强调发展关键技术的国家意志，任何时候都不会过时。

三、我国城市创新发展的现状与问题

（一）我国经济发展新阶段

我国已经具备创新的基础和条件，到了可以更多地依靠创新推动经济发展的新阶段。

第一，新中国成立六十多年来，特别是改革开放以来，我国社会主义市场经济体制初步建立，经济社会持续快速发展，经济实力大为增强。

第二，我国已经形成了比较完整的科学研究与技术开发体系，生物、纳米、航天等重要领域的研究开发能力已跻身世界先进水平，科学技术发展水平和实力处于发展中国家前列。

第三，经过多年的自主研究开发和引进国外技术装备，我国产业技术水平有了较大提高，国内企业集成国内外技术资源的能力在提高，为以我为主组合技术资源进行技术创新和开发新产品打下了一定的基础，为消化吸收创新提供了必要条件。

第四，巨大的国内市场资源为自主创新成果提供了宽广的应用舞台。对一个技术水平落后的发展中大国来说，自主创新成果必须找到自己的应用者才能生存和发展，而其主要应用者不是国外市场，只能是本国市场。13亿人口大国的市场既具规模性，幅员辽阔、发展水平不平衡的市场又颇具差异性，这为我国的各类型、各层次自主创新活动提供了最宝贵的市场需求动力。

第五，我国已经具备大规模制造能力和产业配套条件①。大规模制

---

① 刘世锦：《我国经济增长模式面临的转型压力与有利条件》，《国务院发展研究中心调研报告》2005年第178期。

造能力意味着巨额研发费用可以被有效分摊，从而使自主创新具有成本上的可行性，研发投资的回收更有保障。这是在技术成熟产业中从事核心技术研发的重要条件。目前中国已有 100 多项重要的制造业产品的产量居全球第一，还有更多的产品生产已经达到了承受巨额研发费用的规模。这就为我国诸多产业从制造环节向核心技术研发环节拓展创造了重要条件。近年来，我国一些重要产业和产品的配套能力得到显著增强，有些已经达到或接近国际先进水平。一旦国内企业在核心技术上有突破，就有现成的产业链支撑其产业化和市场化过程。

（二）创新型城市试点工作情况

2010 年 1 月 6 日，国家发改委发出《关于推进国家创新型城市试点工作的通知》（发改高技 [2010]30 号），开展创新型城市试点工作，确定在大连、青岛、厦门、沈阳、西安、广州、成都、南京、杭州、济南、合肥、郑州、长沙、苏州、无锡、烟台等 16 个城市进行创新型城市试点。

2010 年 4 月 6 日，科技部发布《关于进一步推进创新型城市试点工作的指导意见》（国科发体 [2010]155 号，2010 年 4 月 6 日）和《创新型城市建设监测评价指标（试行)》，首批确定海淀区、滨海新区、唐山、包头、哈尔滨、杨浦区、南京、宁波、嘉兴、合肥、厦门、济南、洛阳、武汉、长沙、广州、沙坪坝区、成都、西安、兰州等 20 个国家创新型试点城市（区）。目前，已扩大到 45 个城市。

（三）存在的主要问题与障碍

影响我国城市创新驱动发展的因素是多方面的，有历史的背景，也有政策导向的问题；既有客观条件的限制，也有认识和理念上误区，但主要是缺乏创新的动力、机制和政策环境。

1. 政府作用没有发挥好，有时甚至成为自主创新的障碍

虽然全国上下普遍重视和强调发挥"科学技术第一生产力"的作用，但有些地方和部门并没有把技术进步和创新放在经济社会发展的优先地位。口头上重视，实际不重视。创新需要长期投入，包括人财物，见效慢，有风险。中央企业和地方领导不愿意把人财物投入到创新上，更愿意建大楼广场修马路。

（1）科技与经济结合问题尚未根本解决

科学技术与经济社会发展脱节一直是我国发展中的一个重要症结。虽然经济体制和科技体制改革已经进行了三十多年，科研力量的主体已经进入国民经济主战场，但是高层次的科技与经济结合的体制问题，深层次的科技与经济结合的机制问题尚未从根本上得到解决，适应社会主义市场经济体制、经济与科技相互促进的新型的科技体制和运行机制还有待于建立和完善。改革开放以来，为了加强技术进步，科技系统和经济系统都做了重大努力。在科技系统内部，进行了一系列面向市场的改革。在经济系统内部，通过大量引进技术，提高了产业技术水平。这样就造成在经济、科技两个相对封闭的系统内各自推动技术进步。科技改革和发展主要在科技系统内部完成，没有完全走出自身的小循环，没有全面进入经济社会发展大循环体系之中。因此，经济与科技形成了两条平行线，没有形成一个交汇点，导致经济与科技在根子上的相互脱节。

（2）政府在产业发展中职能越位和缺位的现象并存

目前，各级政府仍然管了许多不应该管又管不好的事，而不少应该由政府管理的事却没有管好。政府在产业发展中职能越位和缺位的现象并存，制约了产业和企业的创新能力。职能越位表现在政府（主要是地方政府）部门过多地运用行政权力，干预企业经营活动，使市场机制发生扭曲，破坏公平竞争的市场环境和创新环境；职能缺位则表现在政府对事关国民经济和社会发展的基础性和战略性产业缺乏统一规划，对支

持产业创新的政策缺乏系统研究，对产业创新提供服务的功能弱化等。近年来，外国跨国公司利用各种方式和途径并购我国装备工业龙头企业的趋势不断加剧，导致一大批竞争能力强、正在高速成长的行业重点企业被跨国公司所控制，自主品牌和创新能力逐步消失，巨大的装备制造市场正在被跨国公司所垄断。如何在大规模招商引资过程中保障国家产业安全和长远利益，把产业自主创新的"根"留住，这是政府必须高度关注的重大问题。

（3）相关部门之间和部门内部缺乏协调机制

在宏观管理体制上尚未形成与之相适应的新的决策体制和组织机制，体制分割已严重地影响到国家统一意志的达成和重大技术创新活动的有效组织，明显地削弱了国家科技的组织动员能力和协同集成能力，特别是长期以来条块分立、相互封闭的行政管理格局始终未能得到根本解决。在决策体制上，部门之间缺乏协调配合，难以在国家整体目标上形成一致和分工合作的机制，存在着以部门利益代替国家利益的倾向。决策权与责任不对等，没有形成与事权相一致的责任追究制度。在资源配置上，竞相争取财政资金，按各自的条条块块分配，造成在很多领域国家资金的重复配置和浪费。在重大科技项目的组织上，科技政策与产业政策、投资政策、贸易政策、消费政策之间没有形成有机的衔接，甚至存在着相互矛盾和抵触的现象。由于目前相关部门之间和部门内部缺乏有效的协调机制，影响了产业创新能力的提升和产业的发展。

（4）现行政策体系与支持自主创新的导向不协调

现行的政策体系，基本上以支持 GDP 增长为主，缺乏支持创新的明晰导向。特别是，政府把有限资源用来规模扩张、提高速度，实际操作中对创新是抑制性的，对技术引进却是鼓励性的。多年来，我国经济发展的阶段性特征决定了提高规模和产值是发展的重要任务，各地政府的政策导向以 GDP 增长为主，尚未形成鼓励企业创新的良好环境。当前，我国工业化进程尚未完成，GDP 的快速增长主要依靠资金、资源、能源大量投入以及短期内带来经济效益的重化工业发展。相反，创新投入大、风险高、具有滞后效应，这导致地方政府不重视创新能力的培育。

(5) 政府资金投入使用效率不高，重复浪费严重

目前，管理科研经费的部门主要有发改委、科技部、科学院、教育部、基金委以及一些相关部委，但这些部门各自为政，导致科研经费不能合理、有效地使用。各方面科技力量自成体系、分散重复，宏观统筹协调能力薄弱，科技资源配置分散重复，整体运行效率不高，造成资源浪费和低水平重复。一方面是资源不足，另一方面又是资源的重复，浪费非常严重①。例如，某种卫星接收站，美国只建设了16座就足够使用，而中国两年前就已有30座，仅北京就有8座，更严重的是，今后中国还可能再建50座。在发达国家，由于能够合理规划科技资源，大型科学实验设备利用率比中国高5倍到6倍。由于多头管理，部门分割、行业分割、条块分割都非常严重，科技资源配置方式、评价制度等不能适应科技发展新形势和政府职能转变的要求。

2. 市场经济体制不完善，没有形成有效推进创新的制度环境

(1) 市场环境差，创新服务体系不完善

社会主义市场经济体制不完善，没有形成平等竞争讲究诚信的市场环境。知识产权保护制度尚不完善，尚未建立起有利于自主知识产权产生和转移的法制环境。整个社会缺乏创新的文化氛围，培育创新人才和创新精神，尊重个性、恪守诚信、公平竞争、激励探索、提倡冒尖、宽容失败的良好的创新文化和创新环境还没有形成。

一首歌曾唱到："我深深地热爱着这片土地"。如今，这句唱词里加上"我深深地热爱着这片土地和土地上的房子"后，最能反映出许多中国人的追求：企业主想方设法拿地盖房，百姓自住之外再贷款购房以保值增值。从21世纪初至今，房价成倍上涨，楼市已成为人们获取暴利的聚宝盆，全民炒房之风渐盛。专家指出，楼市暴利害莫大焉，其中之

---

① 徐冠华：《科技资源重复浪费严重》，《京华时报》2006年6月13日。

一就是企业热衷投资房地产业，而忽视发展实体经济和进行创新。

（2）教育制度不利于创新人才的培养和成长

现行教育制度在培养学生的能力素质、人格素质和道德素质方面存在制度性缺陷，教育思想和教学体系是以教师为中心用灌输方式教学生，强调知识的连贯性、系统性和完整性。过去人类的知识还不太多，这种教育思想和教学体系的优点很突出，因为它很快就能使学生具备宽厚的基础知识。然而在最近一二百年中，人类的知识"大爆炸"，再用这种灌输方式教学生，学生的负担就过重了，他们的其他素质就得不到发展，甚至扼杀了学生对知识的兴趣和好奇心。社会浮躁导致教育浮躁。现在的教育功利性太强，这样的环境不仅无法培养大师级人才，也不利于创新人才的成长。创新人才的培养需要一个宽松、自由、和谐的科研环境和自由探讨的学术氛围。但今天的大学早已不是象牙之塔，各种诱惑和名利无孔不入。

3. 企业缺乏创新的能力和动力机制

发达国家 80% 的科研工作在大企业中完成，美国 75% 左右的科研人员在企业，像贝尔实验室出了一大批诺贝尔奖获得者，但它属于朗讯公司；日本也有 68%—70% 左右的科研人员在企业。我国正好倒了过来，企业研发机构数量较少，研发能力不足，70% 的科研力量在院所大学等公立机构，三分之二的大中型国有企业没有研发机构。在"产学研"结合中，企业基本处于从属地位。企业普遍重生产、轻研究开发，重引进轻消化吸收，重模仿轻创新，创新层次低，高端发明少。很多企业处在有"制造"无"创造"、有"产权"无"知识"的状态，一些企业甚至靠仿造和假冒生存①。企业科技人员不足，不仅缺乏尖端技术人才，而且熟练技术工人也严重不足。国有企业科技人才流失现象十分严重。企业 R&D 投入过低而无力自主研发。其实，企业能否提高 R&D 投入的强度主要取决于财税制度和金融制度，不是在科技范围内能够解决得了的。

---

① 国家知识产权局：《我国 99% 企业没有申请专利》，新华网，2006 年 6 月 19 日。

也就是说，企业能否成为实验开发的中坚，关键在经济体制①。

企业技术创新能力不足的根源在于创新动力的缺失。企业缺乏完全市场竞争氛围的现状，让企业感受不到压力。无序的竞争环境，不规范的竞争行为，国企负责人走"仕途"的心态，以及自主创新企业的权益得不到有效保障的社会氛围，让企业缺乏动力。企业家进行创新的目的在于获取丰厚的利润。而目前我国还没有形成真正能保护企业家利润动机的机制和规则。以往多年，企业（特别是一些改革不到位的国有企业）投入了大量的技术开发经费，但效果并不理想，一个重要的原因是缺乏对创新成果负责的激励和约束机制，企业的领导人缺少自主创新所要求的长远眼光。具体地说，企业领导人缺少足够的动力去考虑 5 年、10 年或更长一个时期的事情。

4. 大学和科研院所没有形成有效激励的制度安排

大学和科研机构是创新的源泉。科学家的创新活动在很大程度上取决于其事业动机，渴望通过事业的成功而得到社会的尊重。但在中国，这个动力机制在不同程度上被削弱和扭曲了。

目前，大学的科研力量还比较分散，科研工作缺少长期、持续发展的综合目标；科研规划与重点项目的整合程度不高，难以实现科技资源和成果共享，低水平重复的现象还时有所见；大学现有技术创新平台的综合性、交叉性、集成性以及国际化程度普遍较低，交叉学科、新兴学科得不到强有力的投入和支持，科学研究、学科发展缺乏核心竞争能力；科研成果转化的资金匮乏，只有不到 10% 的科研成果或专利转化为现实生产力②。近年来，高校热衷于办企业。高校办企业的初衷，一是为了加快高校科研成果的转化；二是可以创造利润为大学提供科研经费。但从实践看，却有些事与愿违。大学的任务就是踏踏实实搞教学和科研，高校办企业弊大于利。

---

① 郭励弘：《从质子交换膜产业化看企业的自主创新》，《国务院发展研究中心调研报告》2005 年第 181 号。

② 周济：《中国大学技术创新亟待解决四大问题》，新华网，2006 年 7 月 13 日。

多年来，科研机构的研究开发活动，存在着单纯的技术导向倾向，注重技术参数、指标的先进性，但对市场需求和规律缺乏把握，其成果往往不具有市场能力。如有的成果技术水平高，但成本也很高，缺乏市场竞争能力；有的成果技术水平高，但达不到产业化生产的要求。1999年开始的科研院所转制总体情况是好的，但也还存在一些问题。由于生存压力，有些科研院所转制后科技活动的规模和水平出现较大下滑，短期行为严重，主要精力放在搞一些"短平快"的项目，忽视对基础性、共性技术的研究，影响发展后劲。

5. 学风浮躁、学术不端行为比较突出，学术腐败严重

社会的功利和浮躁，急于求成和急功近利，也对科学界造成冲击。现在，很多科研人员关心的不是研究方向和成果的真正含金量，而是有多少量化了的成果，是否能得奖，能获得哪些奖项；发表了多少论文，发在哪一级刊物上，是否第一作者；等等。近年来，还有不少单位热衷于 SCI 文章的攀比和奖励，甚至演变为单位之间的奖励竞赛。所有这些，似乎都和科学探索求真渐行渐远。人们忽略了"梅花香自苦寒来"的道理，也无暇顾及学术研究是需要长期积累的。科研管理上，采用工程项目的简单管理办法；科学评价上，存在"重物轻人"、急功近利思想。特别是把科研人员相对短时间的学术成果与其物质待遇、社会地位挂钩，甚至把科研人员的成果、论文和收入奖金福利等个人切身利益紧密捆绑在一起。缺乏鼓励研究人员长期积累、潜心研究的长效机制。在生存压力下，科技人员不得不四处奔波找课题、找项目、找钱，主要精力都花在这上面了。

近年来，腐败和造假之风已经蔓延到教育界和学术界。一些人追求名利、把从事科学技术研究看作是个人捞取好处的手段，急功近利，科研成果粗制滥造；不顾科研工作的职业操守，弄虚作假，欺骗社会大众。"汉芯"事件就是典型代表。陈进在负责研制"汉芯"系列芯片过程中存在严重的造假和欺骗行为，以虚假科研成果欺骗了鉴定专家、上海交大、研究团队、地方政府和中央有关部委，欺骗了媒体和

公众①。

当前，学术腐败问题涉及项目申请和职称评定、研究实施、论文署名、成果发表、荣誉获取和分配等各个方面。突出表现为：虚报成就，甚至不惜"谎报军情"，骗取经费；以自主创"假"，取代自主创新；领导包庇或纵容本单位、本部门的学术不端行为等等。学术腐败不仅是学者个人道德问题，更是一个社会转型时期结构性问题或体制性问题。正如成思危所言，"学术腐败问题确实是中国当前非常严重的问题"②。

四、影响城市创新能力的主要因素

创新是全社会的责任，不仅仅是科技部门的责任。创新要素包括：政府（科技、教育、财政、产业、税收等），企业，教育（创新精神、能力），科研机构，中介服务，体制、政策、环境及文化等方面。

任何一种产业发展，都是土地、劳动、资本、技术、管理等多种生产要素综合作用的结果。在生产诸要素中，人才对产业发展起决定作用。

创新环境包括：硬环境（土地和交通等基础设施、自然条件、气候等）和软环境（法制、人才、政策、产业配套、市场环境、文化、创业投资、孵化器、治安、诚信、政府效率等）。

人才不是首要问题，人才制度才是首要问题。如果没有好的环境，人才、技术和资金也会流走。技术在人脑子里，人才可以流动，会把技术带走。反过来，有了好的环境条件，没有人才和技术，也可以吸引来。人才是可以流动的，资金是可以流动的，唯有环境是固定的，只能

① 《上海交大证实汉芯造假，解除陈进院长职务》，新华网，2006年5月12日。
② 《成思危坦承国内学术腐败严重正调查汉芯案件》，新浪科技，2006年4月24日。

改善、优化不能替代。

一个国家、一个地区产业发展得好坏快慢的关键，在于是否建立了有利于人才发挥作用的制度，是否具备有利于创新的市场环境和文化氛围；决定一个地区产业发展状况的最主要的因素，不是物质资本的数量和质量，而是与人力资本潜力发挥相关的经济组织结构和文化传统等社会因素。

美国硅谷与 128 公路地区是美国两个主要的高新技术产业基地，尽管两者开发相近的技术，在同一市场上从事经营活动，但结果却是前者蒸蒸日上，后者逐渐走向衰落。造成两者发展差异的社会经济文化原因是制度环境、文化背景完全不同。硅谷位于美国西部，有斯坦福和加州大学伯克利学院两所大学，远离政治中心，具有西部牛仔的创业精神。128 公路地区位于东部，有 MIT 和哈佛大学，大都是英格兰移民，属于上流社会，保守、严谨，保持绅士风度。

市场环境和文化氛围对高新技术产业的影响要比对传统产业重要得多。世界许多国家及地区，日本和欧洲的传统产业与美国相当，但在以硅谷模式发展高新技术产业中，成功者不多。欧洲 300 个科学园区中，没有一个像硅谷那样得到普遍认可的成功。日本筑波科学园，不成功。前苏联曾经具备最强有力的技术生成机制，科学技术人员占世界 1/4，新技术发明占世界 1/3。由于体制原因，技术成果除大量用于军事装备工业外，并未形成高技术产业。技术的生成与技术产业化完全是两回事情。前者主要取决于投入强度，后者则主要取决于经济制度。

就全国而言，深圳、上海的环境比较好。深圳没有人才、技术的优势，但有国内最好的环境（特区），大量吸引国内、国外的人才、技术和资金，所以深圳不仅一般产业发展迅速，高新技术产业发展速度在全国也首屈一指。上海是全国经济中心、金融中心，环境好，人才、技术、资金聚集。近年，苏州、昆山、青岛、南昌等环境条件也不错。

北京是全国政治、文化和国际交往中心，有技术、人才和信息的优势，但环境不如深圳，过去一些名牌：白兰洗衣机、雪花电冰箱、长城照相机、牡丹电视机等逐渐消失了。北京适合年轻人求学、工作，不适合居住；适合技术研究开发，不适合做企业（产业）。造成大量科技成果"孔雀东南飞"，在北京只开花、不结果。以上事例充分说明，创造良好的环境，才有绝对的优势。

五、政府在推动城市创新发展中的作用

实现初级的市场经济向现代市场经济过渡，关键在于转变各级政府的职能。在计划经济下，政府是全能的政府，从宏观到微观，什么事都管。在现代市场经济下，要建设服务型政府，即有限政府、有效政府、法治政府、责任政府。

政府在推动城市创新发展中的作用，主要表现在以下五个方面。

（一）直接投资

财政投入重点支持基础研究、行业共性技术研究开发、公共平台建设（如上海同步辐射光源）。目前，政府资金直接补贴企业，包括建设工程中心、技术中心，造成了企业不平等竞争。

（二）完善制度

创新发展中遇到的主要问题是市场环境和制度障碍。科技成果转化难是经济体制、科技体制问题，不是科技本身问题。技术可以超越，体制和环境无法超越。

市场经济条件下，政府的角色：裁判员、服务员。政府在制定规则和执行规则、保持宏观经济稳定、对特殊行业进行监管、维护社会公平正义方面起着重要作用。目前，各级政府一方面对不该管的事管得太多，又有许多该管的事没有管，普遍存在着"越位、缺位、错位"现象。

要建立游戏规则，确立能够保证公平竞争和优胜劣汰的市场环境、市场经济制度。在市场经济中，政府是公正的第三方，保证公平交易，平等竞争。有了公平竞争的环境，企业就有创新的压力和动力。目前，产权，特别是知识产权得不到有效保护，假冒伪劣等现象仍然相当广泛地存在。这种状况必须尽快加以改变。不然，没有人愿意去创新。

（三）优化环境

近年来，不少省市都把发展高新技术产业、战略性新兴产业作为新经济增长点，推出许多优惠政策，核心是税费减免，包括财政返还。这些政策对当地经济发展起了重要推动作用。现在，以税收减免为核心的优惠政策已经走到了尽头，有的地方已经没有税可以减免了，政策潜力已经基本上发挥出来，仅仅依靠优惠政策已经不能有效地推动当地产业发展。欧美大公司有全球战略，不在乎优惠政策；而韩日和中国港台小企业在乎优惠政策。

现在，各地招商引资竞争激烈。加入世贸组织后，内外资、各类企业实行国民待遇。我国产业正处在新的发展阶段，迫切需要创造新的竞争优势，更上一层楼，需要进行二次创业，不能单靠优惠政策。关键是完善基本制度，创造良好市场环境。

政府是营造环境的主体，企业是创造财富的主体。近年来，各地在道路、大楼、广场、绿地等城市"硬件"建设上下了很大的力气，但对文化、教育、信息等"软环境"建设却有所忽视。为了留住本地的企业、吸引外地企业，软环境的改善较之硬环境的建设更加重要，各级政府应当对它付出更大的努力。要改善软环境，营造亲商、安商、富商的氛围；完善城市功能，改善对外形象，美化城市环境，提升城市品位。

（四）提供服务（管理）

政府的本质是服务，为老百姓提供更多更好的公共产品，为市场主体提供公平的竞争环境，维护老百姓合法权益。寓管理于服务之中：工商、税务、海关、卫生、检验检疫、土地、环保等，要树立服务意识，提高服务水平和效率，打击假冒伪劣，维护社会公平正义、平等竞争。过去一些地方办事效率低，"吃卡拿要"现象猖獗，中西部、贫穷地区尤其严重，东部沿海、富裕地区好些。现在已经有很大改观，实行的一站式服务等效率很高。

（五）发展社会化服务

发挥市场中介组织的作用，通过组织信息交流和提供专业化服务，降低交易费用，提高市场运行效率。发展、完善各类中介服务体系，如会计、法律、公证、咨询等，维护社会公正，为企业创造平等竞争的市场环境。

浦东推进创新驱动、转型发展的实践和思考

徐　麟

授课时间：2013 年 4 月 24 日

作者简介：1963 年 6 月生，上海市人，1982 年 10 月参加工作，在职研究生，工商管理硕士。现任上海市委常委、市委宣传部部长。曾任上海市南汇县委常委、政策研究室主任、副县长，上海市嘉定区委副书记，西藏自治区日喀则地委副书记、上海市第一批援藏干部联络组组长，上海市农工商（集团）总公司党委副书记、副董事长、总经理、党委书记、董事长，上海市民政局党委书记、局长，上海市社团局党组书记，上海市农委主任、党组书记，上海市委常委、市农委主任、党组书记，上海市委常委、浦东新区区委书记等职。

内容提要：本文从七个方面讨论了浦东在推进创新驱动、转型发展方面的探索和思考。作者认为，浦东开发开放是中国特色社会主义的生动实践，新时期浦东开发开放重心正从创造速度、打造形象向塑造功能转变，以提升跨境资源配置能力为关键推进建设"四个中心"核心功能区，以科技自主创新引领产业结构优化升级，体现基层首创、实现局部突破，深入推进浦东综合配套改革试点，聚焦重点区域开发，进一步完善生产力布局，在改善民生和创新管理中加强社会建设。

我重点谈谈浦东这些年在推进创新驱动、转型发展方面的探索和思考，主要从七个方面向大家作一个汇报。

一、浦东开发开放是中国特色社会主义的生动实践

上世纪 90 年代，上海城市发展面临诸多瓶颈问题。由于自然的、历史的、经济的、社会的原因，黄浦江一江之隔，浦东和浦西存在极大的落差。1990 年 4 月 18 日，党中央、国务院向世界宣布开发开放浦东，从此，浦东大地发生了深刻的变化，被誉为"中国改革开放的象征"和"上海现代化建设的缩影"。在过去市民中流传的"宁要浦西一张床，不要浦东一间房"已经成为历史，浦东从过去仅仅是一个地理名词，成为今天在全球具有一定知名度和影响力的上海城市名片。

浦东开发开放作为一项国家战略，得到了中央领导同志的亲切关怀、高度重视和有力推动。邓小平同志嘱托我们抓紧浦东开发不动摇，一直到建成。江泽民同志告诫我们，一定要集中力量把这件大事办好。胡锦涛同志指示，浦东要在更高起点上实现快速发展。习近平总书记强调，继续深化浦东综合配套改革试点，着力在完善市场体系、吸引人才、创造最佳创业环境、改变城乡二元结构等方面先行先试。市委市政府也非常重视浦东开发开放，指出，改革是上海发展最大的红利，开放是上海发展最大的优势，创新是上海发展最重要的动力，人才是上海发展最重要的资源，强调在整个上海的发展中，浦东更应该冲在前面。

23 年来，浦东发生了历史性变化。浦东地区生产总值从 1990 年 60 亿元跃升到 2012 年 5930 亿元，财政总收入从 1990 年不到 10 亿元上升到 2012 年 2360 亿元，地方财政收入从 5 亿元上升到 2012 年 550 亿元，

城乡居民可支配收入 2012 年分别为 40901 元和 17641 元。

浦东的面貌发生了历史性的变化，可以概述为"六个初步形成"。

一是初步形成了较为完备的要素市场体系，证券、期货、外汇、金融期货、石油、钻石等一批重要市场平台先后落户浦东，为建设"四个中心"提供了有力支撑；

二是初步形成了高端高新的产业体系，基本形成了以现代服务业和高新技术产业为主导的新型产业体系，第三产业比重从 1990 年的 20.1% 提高到 2012 年的 60.3%，高新技术产业占工业产值的比重达60%；

三是初步形成了对内对外开放的新格局，浦东 23 年合同利用外资703 亿美元，308 家世界 500 强企业在浦东投资了 1023 个项目，跨国公司地区总部达到 195 家、国内大企业总部 111 家；

四是初步形成了良好的宜居宜业环境，在一片阡陌农田之上建起一座外向型、多功能、现代化的新城区；

五是初步形成了与快速城市化相适应的公共服务和社会保障体系，已建成 360 平方公里的城市化地区，城市化率按人口计算从开发之初的61% 提高到 94%，社会事业实现跨越式发展；

六是初步形成了高效扁平的行政管理体制，探索了"小政府、大社会"的管理模式，实行了大系统、综合性的部门设置。

回顾 23 年来的开发开放历程，我感到：

浦东开发开放是深化改革的产物。改革开放总设计师小平同志亲自倡导推动，以江泽民同志为核心的党的第三代中央领导集体作出开发开放浦东的战略决策。回顾上个世纪 80 年代末、90 年代初，国际局势风云突变，国内形势错综复杂，全世界都在关注着中国改革开放的大门是否还会向世界继续敞开。1989 年 6 月 16 日，小平同志在中南海一次会议上强调："现在国际上担心我们回收，我们就要做几件事情，表明我们改革开放的政策不变，而且要进一步地改革开放"。1990 年 1 月，小平同志在上海提出，"请上海的同志思考一下，能采取什么大的动作，在国际上树立我们更加改革开放的旗帜"。同年 4 月 18 日，李鹏同志代表党中央、国务院宣布开发开放上海浦东，由此向国际社会表明了我国继续推进改革的信心和决心。浦东开发开放作为改革开放的旗帜，承载着国家战略的重要使命。从国际看，上海是我国金融、贸易、工业的发祥地和特大型城市，在全球化背景下，浦东开发开放就是依托上海的整体优势，代表国家参与全球竞争与合作，体现国家的竞争力。从国内看，浦东开发开放承担着带动区域发展的使命。小平同志指出，"开发浦东，这个影响就大了，不只是浦东的问题，是关系上海发展的问题，是利用上海这个基地发展长江三角洲和长江流域的问题"。从上海自身的发展看，浦东开发开放就是要通过"东西联动"，带动浦西改造，调整全市产业布局，增强城市综合服务功能，实现整个上海的振兴。

浦东开发开放是不断开放的过程。上海历史上是一个开放城市，是中外经济文化的交汇融合点。以开放带动开发，以开放促进改革，在扩大开放中拓展发展空间，是浦东开发开放 23 年来的重要经验。从上世纪 90 年代起，浦东开发伊始就致力于推进开放，实现了开放上的一系列全国第一，比如第一个保税区——外高桥保税区；第一家外资保险公司——美国友邦；第一家外资银行——日本富士银行；第一家中外合资百货公司——第一八佰伴；第一个外资银行经营人民币业务试点地区；第一批中外合资外贸公司——兰生大宇等。2012 年浦东进出口完成2400 亿美元，约占全市的 50%。进入新世纪新阶段以来，浦东不断扩大对外开放的深度和广度，开放的领域从外贸外资外企外技向外医外教等领域纵深拓展，我们与亚洲最大的高端私立医疗机构新加坡百汇医疗集团合作建设上海国际医学中心；2012 年 10 月第一所中美合作举办的国际化大学——上海纽约大学在浦东宣告成立。党的十八大报告强调：全面提高开放型经济水平，加快转变对外经济发展方式，推动开放朝着优化结构、拓展深度、提高效益方向转变。李克强总理最近在外高桥调研时提出要深耕亚太，根据这一指示精神，我们将着力推动开放型经济实现"六大转变"：一是从货物贸易为主向货物贸易和服务贸易并重发展转变，二是从在岸业务为主向在岸和离岸业务同步运作转变，三是从传统仓储加工、航运贸易模式为主向传统业务和金融功能创新融合转变，四是从吸引一般生产贸易型企业向集聚跨国公司地区总部转变，五是从引进外资为主向引进外资和促进境外投资并重转变，六是从传统卡口查验监管为主向各类专业监管手段和企业诚信管理协调服务转变。

　　浦东开发开放是持续创新的成果。创新不仅是科技的创新、管理的创新、体制的创新，更重要的是思路的创新。在一片阡陌农田的基础之上推进浦东开发开放，实现高起点、跨越式发展，不仅需要韧劲和毅力，还需要智慧和创造，浦东今天取得的成就正是来自"老开发"持续不断的创新，特别是在开发的理念和思路方面的创新。比如金融方面，浦东开发起点要高，很重要的一条就是坚持金融先行，下决心要建设金融中心。但是浦东包括上海，在发展金融方面有着先天的劣势，主要是四大商业银行总部都在北京，不可能迁移到浦东来。这种情况倒逼我们以市场为切入口，着力引进和新建要素市场，用 5 年的时间形成了包括证券市场、期货市场、外汇市场、同业拆借市场等在内的比较完善的市场体系。同时着力引进外资银行，先把注册在香港的交通银行引进来，又陆续引进了泰国盘谷银行、日本富士银行和樱花银行。2012 年，浦东金融机构已经达 737 家，其中外资金融机构 264 家。如果当时主要商业银行在浦东，就不一定会开动脑筋想出这些创新举措。比如航运贸易方面，最典型的就是保税区。上世纪 80 年代我国引进了很多外资投资项目，但基本上都是亏损的，原因在于高进低出，进口的零部件价格定得很高，出口的产成品价格压低，利润全部流在海外。针对这种情况，浦东提出要建立保税区，特别是设立保税生产资料市场，通过市场发现价格，提高出口加工产业的透明度。1990 年外高桥保税区成立，当时是全国第一家保税区，组建了四个综合市场和五个专业市场，提高了生产资料和相关设备报价的透明度，增强了便利性，对于发现价格、做大外贸、引进外资都起到了积极作用。到 1993 年年底吸引了 1380 家外资企业落户，投资总额 25 亿美元。现在已经发展成集进出口贸易、仓储物流、保税展示等多种功能的保税区。2012 年上海综合保税区完成商品销售 11000 亿元，工商税收 429 亿元，在全国 111 个海关特殊监管区中的比重都超过 50%。

二、新时期浦东开发开放重心正从创造 速度、打造形象向塑造功能转变

23 年来，浦东的发展速度从开发初期的高速逐级回落，这是符合发展规律的。当前，浦东正处在全面推进二次创业、实现二次跨越的关键时期。"十二五"时期，上海市委、市政府贯彻落实科学发展观，提出要努力实现"创新驱动、转型发展"。科学发展观和"创新驱动、转型发展"落在浦东，就是要努力做到"四个更要注重"：不仅是数量的增长，更要注重结构的优化和质量效益的提高；不仅是总量规模的扩大，更要注重功能的凸显；不仅是以经济建设为中心，更要注重政治、社会、文化和生态文明等各个方面的统筹兼顾；不仅是发展自己，更要注重发挥好服务和辐射作用。比如关于生态文明建设，这次李克强总理来浦东视察，对浦东的节能环保尤其关注，特意问到了外高桥电厂的情况。外高桥电厂共有三期，总装机容量 500 万千瓦，目前发电总量 250 万千瓦时。其中，二期是超临界机组，三期是超超临界机组，发电效率处于世界先进水平。外高桥电厂发电的煤耗水平 2010 年已经达到 280 克 / 千瓦时，现在已经进一步降低到 276 克 / 千瓦时。在随后举行的长三角经济形势座谈会上，李克强总理强调："各级政府要增强紧迫感，更加主动地采取措施，解决突出问题，力推绿色发展，把让人民群众呼吸洁净空气、喝干净水、吃安全食品作为发展的重要内容。"

根据"四个更要注重"方针，新的历史时期，浦东开发开放的重心是"塑造浦东功能"。根据浦东开发开放阶段特点，需要突出不同的工

作重点。开发开放初期，我们以形态开发为主，一方面编制修订规划、制定政策法规，改善软件环境；另一方面积极推进市政基础设施建设和重点小区开发，加强硬件建设。在这一阶段，浦东以"两桥一路"带"三区"为抓手，实施了第一轮十大重点基础设施工程，包括南浦、杨浦大桥、杨高路拓宽改建工程等，使浦东开发开放出现了阶段性高潮。90年代中后期，浦东开发开放进入形态开发和功能开发并举的时期。浦东一方面继续推进基础开发，全面展开以"三港二线"为标志的新一轮十大基础设施工程；另一方面，加快陆家嘴金融贸易区、外高桥保税区、金桥出口加工区和张江高科技园区等四个重点小区的功能开发，强化上海和浦东在资金、人才、技术、信息等要素配置等方面的服务功能。23年来，我们创造了举世瞩目的"浦东速度"，经济总量增长98倍，财政总收入增长235倍，外贸进出口增长92倍；打造了令人惊叹的"浦东形象"，建立起一座生机勃勃的现代化新城区。新的时期，在党的十八大精神的指引下，我们就是要进一步塑造"浦东功能"，以功能的强化和凸显开创开发开放新局面，而且不仅是浦东自身发展的功能，更要注重发挥好服务和辐射的作用。正如2010年9月习近平同志视察浦东时强调的："对于浦东开发开放来说，增加一些经济总量固然是好事，但是浦东开发开放的意义不仅限于此，而在于发挥浦东的窗口作用和示范意义，在于敢闯敢试、先行先试，在于排头兵、试验田的作用。"

塑造"浦东功能"，核心是打造"五个功能"：一是全球资源配置的新节点，重点是强化市场配置资源的作用，依托总部经济和平台经济，提升"四个中心"核心枢纽功能。二是创新活动的策源地，重点是加大研发投入，支持鼓励企业承接国家和市级重大专项，加快核心技术突破，鼓励新领域、新业态和新模式创新。三是产业链价值链的高端环节，重点是坚持高端高效，引进功能性机构，加快先进制造业和现代服务业发展。有些高端的产业由于所处产业链的环节不同，不一定是价值链的高端，我们转型发展、打造功能，不仅要成为产业链的高端，也要成为价值链的高端。四是全国改革开放的试验田，坚持先行先试，深化重点领域改革，当好全国全市改革试验的"侦察兵"、"先遣队"。五是宜居宜业的新城区，重点是按照人口、资源、环境、基础设施、产业五大要素相协调和共建共享原则，推进产城融合，促进基本公共服务的均等化、优质化。

三、以提升跨境资源配置能力为关键推进建设"四个中心"核心功能区

市委市政府要求浦东加快建设"四个中心"的核心功能区。我们要建设国际中心城市，最重要的功能，是跨境配置市场资源的能力。目前，与成熟的国际金融、航运、贸易中心相比，上海的跨境资源配置能力还有较大差距。比如，金融方面，伦敦金融城有287家外国银行，管理资产总额超过3.7万亿英镑，共同基金管理资产4.1万亿英镑，管理欧洲近80%的对冲基金资产，进行全球42%的外国股票交易，从事超过70%的国际债券交易，跨境银行借贷业务占全球市场的20%，是全球最大的外汇市场、保险市场。而上海外资法人行只有22家，资产总额1.6万亿元；境内银行既不能开展跨省信贷，更不能进行跨境信贷；上海证券交易所上市公司总市值全球第七，但至今没有一家海外上市公司，境外投资人也很少。航运方面，伦敦占据全球航运保险市场的20%、船舶融资市场的18%，签订了世界50%的油轮运输和40%干散货运输的合同，完成全球一半的船只交易，在伦敦发布波罗的海干散货运价指数（BDI），是全球航运市场景气程度的风向标，决定着全球航运市场价格。而上海的航运金融仅占全球市场的1%—2%，上海航运交易所运价指数才刚刚起步，还不能开展指数衍生产品交易，还不具备价格发现和资源配置功能。贸易方面，伦敦是世界上跨国公司最集中的城市，贡献了全球40%的贸易结算量。成熟国际贸易中心不仅服务业

占据经济的绝对主导地位，贸易的重点也已从传统的货物贸易转向服务贸易，实现在全球更大范围、更广空间内调动资源。如纽约的金融保险业、专业科技服务业、信息服务业、与管理相关服务业等四大业态占到全部贸易业务的近50%。而上海2012年服务贸易占全部贸易量的比重仅为1/4，浦东的比例还要更低一点。作为国际中心城市，它的交通枢纽的功能、资源配置的功能、战略产业的集聚功能、城市的创新功能、配套的服务功能以及大集团、重要国际机构集聚的功能，都是其重要的构成要素。对照所有这些，要看到我们还有很大的差距。

上海建设"四个中心"，就是要从拓展资源运作空间、参与全球定价体系、维护国家经济安全等全局性、战略性的高度出发，增强经济中心的集聚辐射功能，提升跨境资源配置能力，这是国家赋予上海的战略使命，浦东就是要在这方面先行探路、有所作为、不断突破。作为上海"四个中心"建设的核心功能区，对标国际先进城市，我们着重抓六个方面。

一是多层次金融市场功能。金融市场体系建设是上海国际金融中心建设的核心任务。伦敦金融城拥有九个场内金融市场，涵盖了股票、债券、外汇、货币、金融衍生品、大宗商品、能源、保险再保险、碳排放权交易等各个领域。上海场内金融市场只有五个，包括证券、期货、金融期货、外汇、银行间债券。从规模上看发展还是很快的，截至2012年，上海证券交易所股票交易额16.5万亿元，全球第四；上市公司总市值15.9万亿元，全球第七；IPO融资额334亿元，全球第九。上海期货交易所商品期货成交量7.3亿手，全球第四，其中铜、螺纹钢、线材、天然胶成交量全球第一。中国金融期货交易所成交额75.8万亿元，全球第五。全国银行间债券市场托管债余额23.76万亿元，全球第五。上海黄金交易所成交额3.53万亿元，全球第五；交易所场内黄金现货交易量6350吨，全球第一。但总体看金融市场的广度和深度还不够，市场体系的完备性和丰富性还需要加强。目前正重点围绕保险市场、信贷转让市场、票据市场、信托受益权转让市场，加快形成比较发达的、多功能、多层次的金融市场体系。争取到 2015 年，上海金融市场交易额将从目前的 520 万亿元增长到 1000 万亿元。

二是人民币交易的全球清算功能。人民币作为国际货币有三个功能，一个是结算货币，一个是投资货币，一个是储备货币，三者是递进关系。近年来，人民币国际化的进程在三个功能上都有所进展。作为结算货币，2012 年我国跨境贸易人民币结算规模 2.94 万亿元；作为投资货币，2012 年我国对外直接投资和外商直接投资人民币结算规模分别为 292 亿元和 2510 亿元；作为储备货币，我国央行已经与 19 个国家和地区的央行或货币当局签订了总额超过 2 万亿元的货币互换协议，人民币走向国际货币的进程越来越快。我们希望把握这一机遇，探索建立人民币全球清算体系，为跨境贸易结算、境外人民币回流投资提供高效的支付、结算、清算等服务，同时加强金融创新，力争到 2015 年基本成为全球人民币产品创新、交易、定价和清算中心，助推人民币走向全球。

三是国际航运中转功能。国际的航运枢纽港有一些共性的特征，包括优越的地理位置、良好的港口设施、优质的管理服务和高效的海关监管。论集装箱吞吐量，2012 年上海港集装箱吞吐量 3253 万标箱、连续多年全球第一，浦东为 2951 万标箱，其中外高桥港 1536 万标箱、洋山港 1415 万标箱。上海港国际中转 120 万标箱，全部在洋山港。洋山港国际中转比例只有 8.5%，从整个上海来看，国际中转比例还不到 4%，而新加坡高达 85%，香港、釜山、高雄等东亚大港也都在 50% 左右。深层次原因在于我们口岸管理的便利化程度无法与香港、新加坡等自由港相比。为此，我们除了加快完善航运集疏运体系外，更重要的是参照国际通行做法，积极突破各种制度瓶颈、政策制约，不断拓展国际中转模式，扩大国际中转规模，建设国际航运枢纽港。

四是高端航运服务功能。境外成熟国际航运中心，最突出、最重要的功能，是海事服务和航运金融。比如，伦敦集装箱吞吐量仅有 200 万箱左右，排名在全球 100 名之外，却是世界公认的最重要的国际航运中心，靠的是高端航运服务。1750 家海事服务公司，覆盖船舶买卖、租赁、保险、法律、仲裁等全部产业链，国际海事组织总部、国际海运联合会、国际货物装卸协调协会、波罗的海航运交易所、国际海事公会等 15 个国际航运组织总部设在伦敦，是国际航运规则的制定者。目前，我们正以船舶租赁、船舶登记、航运保险、航运经纪为突破口，推动功能拓展，促进本土航运服务业加快发展。

五是贸易综合服务功能。现代贸易中心的发展有两个明显趋势，一是从商品的集散流通中心向商品的交易结算中心转变，二是从以货物贸易为主向以服务贸易为主转变。从这两个角度看，上海的国际贸易中心建设还处于初级阶段，以在岸贸易、货物贸易为主，服务贸易的占比还不高，离岸贸易还处于起步阶段。浦东作为核心功能区，就是要率先从货物贸易、在岸贸易向服务贸易、离岸贸易拓展，成为贸易形态丰富、贸易主体活跃、市场开放度和贸易便利化程度较高的区域。

六是高端机构集聚功能。企业、机构是繁荣市场、实现功能的主体，建设国际金融、航运、贸易中心，必须要有一批国际性的机构和企业作为支撑。打造全球资源配置新节点，除了加强中观层面的市场体系建设，还要重视微观层面的高端机构集聚，我们重点关注两类机构。一类是总部机构。总部尤其是跨国公司总部，是战略决策和管理、调度、配置集团内部资源的重要机构。目前浦东已经拥有跨国公司地区总部 195 家，国内大企业总部 111 家，正在按照"在上海、为世界"的战略定位，推动总部经济能级提升。一方面支持跨国公司地区总部拓展功能，支持企业进行功能整合，推动投资性、管理性总部向实体性总部拓展，从中国区总部、大中华区总部向真正意义上的洲际总部、亚太总部升级，不断扩大服务、辐射的半径，形成真正意义上的洲际总部。比如，IBM 全球新兴市场总部设在浦东金茂大厦，管理全球 147 个新兴市场国家和地区，贡献了 260 亿美元销售，占 IBM 公司全球业绩的 25%，是真正意义上的洲际总部。2012 年我们在综保区启动了亚太营运商计划，希望培育一批具有跨境销售、物流分拨、资金结算等多功能，统一负责集团在亚太区范围内业务的实体运作型营运总部，首批参与企业 20 家。另一方面吸引央企、民企总部落户，引进和服务好研发销售"两头在沪"的企业。比如，我们支持美特斯邦威建立上海总部，开展研发设计和市场营销，2012 年实现销售收入 75 亿元，缴纳税收 3.8 亿元。一类是功能性机构。对金融、航运、贸易来说，这类机构可以支持主体产业运转、放大产业规模、优化产业生态环境。金融除了传统的银保证，大力发展融资租赁、股权投资、财富管理等新型业态，至 2012 年底浦东已集聚融资租赁机构 90 家，占全国的 16.1%，合同余额 2600 亿元，占全国 16.8%；股权投资机构 1128 家，管理资产 1875 亿元。航运引进了中海集运、韩进海运、长荣海运等 3 家全球运力排名前 20 强的船舶公司，以及马士基航运经纪、平安航运保险中心，促进相关业务扩大规模。同时，着力发展包括会计审计、评估评级、管理咨询、信息资讯、法律人事等各类专业服务机构，完善产业生态环境。

四、以科技自主创新引领产业结构优化升级

党的十八大强调，实施创新驱动发展战略，走中国特色自主创新道路，以全球视野谋划和推动创新，提高原始创新、集成创新和引进消化吸收再创新能力，更加注重协同创新。今年全国"两会"期间，习近平同志参加上海代表团审议时强调指出，"上海要突破自身发展的瓶颈，解决深层次矛盾和问题，根本出路就在于创新"，"上海要带头坚持科学发展，更加自觉地把工作着力点放在加大创新驱动力度上"。对于浦东来说，就是要站在全球科技革命、产业革命、管理革命的最前沿，引领技术、管理、制度、模式创新的潮流，发挥好服务辐射功能作用。

浦东推进自主创新，有困难，也有优势。困难就是浦东是在一片阡

陌农田上发展起来，基本没有高等院校和大院大所，也没有国家重点布局的大中型国有企业；优势就是浦东处在对外开放前沿，可以接触到全球最新的创新成果，同时依托上海特大城市的综合优势，可以吸引国际上优秀的人才机构。这些年来，浦东扬长避短，坚持外源性引入与内生性创造相结合，探索走出了一条开放条件下的自主创新引领产业升级之路。其特征是"1+3"，"1"就是集聚一支全球化的创新队伍，"3"就是加快培育战略性新兴产业发展，以高新技术推动传统产业改造升级，加快促进前沿交叉边缘产业成长。

　　第一，聚焦国际国内两种资源，集聚创新队伍。不久前，我们开展了首届浦东年度经济人物的评选，吴敬琏先生作为评委，发表评论指出，创新的主体是企业，创新的力量要靠有创新意识的企业家。我们在推进自主创新的过程中，注重集聚各类创新的资源和创新的要素，着力瞄准国际顶尖高度，吸引国内外一流水平的创新机构落户浦东，重点是以企业为主体抓"国家队"、"国际队"、"本土队"三支创新队伍。"国家队"方面，已建成的国家重大科学工程包括上海光源、上海超级计算中心、国家化合物样品库等，已落户的国家级研究机构有中科院上海药物所、中国商用飞机研发中心、国家人类基因组南方研究中心、中国极地研究中心、军事医学科学院研发中心等。"国际队"方面，引进外资研发中心185家，在重点产业领域，一大批全球知名跨国公司在浦东设立了研发中心。全球10大制药企业中的7家在张江设立了研发中心，其中诺华的研发中心总投资10亿美元，是其全球三大研发中心之一。全球上市软件20强中有6家企业在张江设立了研发中心，全球芯片设计企业10强中也有6家落户浦东。"本土队"方面，主要是归国留学人员创办的中小创新企业，利用其积累的全球网络资源，密切跟踪国际技术前沿和市场动态，形成了独特的"研发全球化"优势，展讯、中微等已经成长为浦东创新的中坚力量。同时针对浦东高等院校少、自身人才培养能力弱的状况，我们面向全球吸引人才，已集聚各类专业技术人才63万人，海外留学人才1.55万人，有110人入选中央"千人计划"，94

人入选上海"千人计划",实施浦东"百人计划",先后两批共 23 人入选。针对浦东生活成本和创新创业成本高,我们建设了 118 万平方米人才公寓、41 个公共科技服务平台、28 家科技孵化器,健全支持自主创新的科技金融支撑体系和知识产权保护系统,完善各种便利化服务,优化有利于人才创新创业生活的环境。

这三支创新队伍之间,并不是单打独斗、单兵作战,我们积极推动他们互相对接、良性互动、有效互补。一方面,鼓励行业骨干企业与科研院所、高等院校联合组建技术研发平台、产业技术创新战略联盟,共同开展关键技术研发,促进基础研究和技术开发的相互支持。比如,上海医药集团携手复旦张江投入 1.8 亿元共同在药品研发上开展合作,就是产学研紧密结合的例子。另一方面,鼓励跨国公司与央企民企开展合作,推动技术溢出,实现反向创新。比如 GE 中国研发中心与中航工业组建合资公司,开发 C919 客机的航电核心处理、显示、机载维护和记录系统,就是一种典型的"技术溢出"。它把在中国根据中国消费者需求研制的医学仪器返销美国,就是一种典型的"反向创新"。

第二,突破核心关键技术,大力发展战略性新兴产业。习近平总书记在今年全国"两会"参加上海代表团审议时指出:我们在弱小的时候,拿到个把核心技术还容易,人家不把你当回事,甚至给你新东西你还不会用。给了你也没什么了不起,你也不可能对他们怎么样。而我们现在对他们来讲,感觉到是庞然大物。有的认为卧榻之侧不容他人酣睡,不希望你强,有的把我们视为一种威胁,因为有不同的制度和意识形态,视为异类。这种情况下,从西方国家拿到先进技术的核心技术,无异于与虎谋皮。所以核心技术问题上,我们还要立足于自己。

浦东围绕国家需求,承担了 5 大类 191 项国家科技重大专项,成功实现了一批优势领域、关键技术的重大突破,特别是在五大领域,已经有一批企业开发出具有技术优势的拳头产品,打破国际垄断,占领市场份额,形成新的经济增长点。

——半导体设备,处于半导体行业技术链和价值链的高端。在海外留学归国人员的带动下，浦东集成电路设备制造业发展迅速。据有关方面的研究表明，在从光刻机到清洗抛光共 11 个产业子门类中，除了物理溅射膜、光阻冲洗、生产自动化等 3 项国内还是空白之外，我国在 8 大领域实现了突破。其中，化学薄膜是由沈阳自动化所突破的，其他 7 项都和浦东有关，或是独立突破的，或是与北京等其他地区的单位共同突破的。这当中，中微半导体的刻蚀机技术已经达到 22 纳米的工艺精度，介质等离子刻蚀设备和硅通孔刻蚀设备分别占据大陆 35%、70% 的市场份额，产品进入日本东芝、台积电、韩国海力士等世界主流芯片生产企业。盛美半导体抛光设备在速度、散热和提高产品优良率等方面超过美国、日本同行，获得海力士的订单。在半导体照明芯片生产设备领域，中晟光电、理想能源、中微半导体相继研制出金属有机化学气相沉淀设备（MOCVD），填补了国内空白，已经有能力同美国维易科（Veeco）和德国爱思强（Aixtron）等国际最先进的企业进行竞争。

——芯片设计，浦东依托 IC 制造的基础优势大力发展高附加值的 IC 设计，规模占到全国总量的 23%，一批龙头企业保持国内领先，不少产品已经达到国际先进水平。其中，展讯的设计能力已深入到 40 纳米，成功研发出全球首款 40 纳米多功能商用 TD 多模通信芯片，目前正在开发 28 纳米 LTE 芯片，2012 年基带芯片出货量位居全球第四；锐迪科是国内最大的射频芯片研制商，生产出 Wi-Fi、蓝牙、调频收音三功能集成芯片，是世界上少数有能力将此项创新技术应用于移动通信的设计企业。还有格科微电子在图像传感器领域的市场覆盖已经占到了全球的四分之一，产品的科技含量也比较高。

——新能源，瞄准产业链上游，主要技术突破体现在薄膜太阳能电池和生产设备上，包括：理想能源的低压化学气相沉淀设备（LPCVD）和等离子增强型化学气相沉淀设备（PECVD），曙海的磁控溅射系统（PVD），纽升的铜铟镓硒（CIGS）薄膜太阳能制造设备。这些设备在转换效率、发电成本方面都接近了国际领先水平。

——抗体药物，是未来生物制药领域市场最大、爆发性最强的子行业，张江已成为国内抗体药物企业集聚的高地，集聚了全国三个抗体药物领域国家级专业科研机构中的两个：抗体药物与靶向治疗国家重点实验室、抗体药物国家工程研究中心。中信国健和百迈博等企业正在进行临床试验的抗体药物占全国的 70% 以上，一批抗体新药已经获准上市，取得了良好的经济社会效益。比如，中信国健的"益赛普"是"十一五"期间国家重大科技专项中首个获批上市的抗体新药，2012 年销量达到 6.3 亿元。

——海洋工程装备，外高桥船厂研制的 3000 米深水半潜式钻井平台是当今世界最先进的第六代海洋工程装备，钻井深度达 10000 米，成为我国开发海洋能源、维护海洋权益的利器，目前正在建造我国首批 400 英尺自升式钻井平台；沪东中华船厂突破零下 163 摄氏度下运输液化天然气技术，生产出我国第一艘 LNG 运输船"大鹏昊"；振华重工研制的海洋石油 202 号，是我国第一艘自主设计建造的 1200 吨浅水铺管船，达到了国际先进水平。

第三，推动传统产业转型升级。现在大家都很关注第三次工业革命。英国《经济学人》杂志编辑麦基里指出，互联网技术和数字制造技术相结合，信息技术的应用将使大规模个性化定制成为可能，使就近化生产成为趋势，从而支撑发达国家再工业化。美国未来学家里夫金提出，未来互联网技术和可再生能源相结合，涉及五大支柱，包括向可再生能源转型，能源的分散式生产，能源的储存，能源的分配和传输，交通方式的零排放等。把他们关于第三次工业革命的观点综合起来，主要涉及互联网技术、数字制造和再生能源三个动力因素，把第一和第二个因素结合起来是麦基里的观点，把第一和第三个因素结合起来是里夫金的观点。目前看来，以数字制造、新能源、互联网技术为核心的第三次工业革命正在初露端倪，将深刻地改变既有的生产方式和生活方式。

我们推动传统产业转型升级时，要重视这些新的观点。思路主要有两条：一条是用高新技术改造传统产业。支持企业采用数控机床、智能仪表等智能设备改造升级生产线，发展个性化定制、柔性制造、敏捷制造；支持企业采用数控编程、模拟仿真等数字制造技术，改进制造工艺、提升制造水平；推广应用工业机器人，提升电子产品代工企业生产效率，同时减少低端劳动力的用工量。比如，全球前五大工业机器人巨头：瑞士 ABB、日本发那科、日本安川电机、德国库卡、美国机器人，前四大在浦东设有机构，其中 ABB 还将其全球机器人总部放在浦东。昌硕是浦东最大的电子代工企业，雇用 6.5 万人。我们就是努力促成昌硕和 ABB 合作，在装配流水线提高机器人的使用率，减少活劳动力的使用量。一条是促进制造与服务的融合。服务化是制造业发展的一个重要趋势，也是未来利润的主要来源，包括 IBM、GE 在内，全球 1/5 的跨国制造企业的服务收入已超过制造收入。制造与服务的融合，目前看主要通过三种方法来实现。提供增值服务，在核心产品的基础上，向客户提供集成化的产品服务和系统解决方案，通过增值服务实现利润。比如，ABB 工程出售工业机器人的毛利率不到 10%，但同步出售的维修延展包毛利率高达 50%。推进专业化分工，鼓励制造企业进行专业化分工，把智力密集型的研发设计、销售结算、客户维护等服务活动从制造业当中拆分出来在浦东集聚，把劳动密集型的单纯制造环节转移出去。金桥出口加工区在这方面走在前列：比如金桥的 LG 从生产 DVD、安保检测设备转向新材料、多媒体及移动通信等领域的研发，成为了 LG 全球三大研发中心之一；比如惠而浦把家电生产基地迁出，之后又在浦东投资 4500 万美元，专门进行销售结算，2011 年实现销售收入 12 亿元。延伸产业链，对于产品直接面向最终消费者的传统制造企业，进一步延伸产业链，发展体验式消费。

　　第四，聚焦领域、业态、模式创新，发展前沿交叉边缘产业。随着移动通信、互联网等现代信息技术的广泛应用，技术创新的速度前所未有，领域、业态、模式创新层出不穷、迅速崛起，往往一个创意、一款产品、一个网站就能迅速成长为世界瞩目的创新型公司，引领经济和社会发展，改变人类生活。这类产业往往有三个特征。一个是"人脑＋电脑"，一个是"前沿、交叉、边缘"，一个是"技术集成创新＋商业模式创新"。它们的发展空间很大，受到的地域限制、政策限制小，占用的土地、空间少，对资源、环境的耗费少，产生的经济效益、社会效益好。聚焦交叉边缘领域、促进产业融合发展正体现了浦东产业转型升级的特点和水平，特别是在三个领域，浦东已经形成比较优势。

一是平台经济。平台经济是近年来快速兴起的一种新型经营模式，目前还没有一个统一的定义。我们理解，平台经济就是通过信息技术搭建平台、发现价格、管理信用、保障支付，把原本互不关联的供需双方联系起来，撮合原本难以达成的交易。浦东已经成长起一批典型的平台经济企业，成长性好、爆发力强，具备了跨区域配置资源与整合产业链的能力。比如，春宇供应链，通过搭建平台为全球超过 10 万家化工买家、超过 3 万家国内外供应商提供报价、物流、融资等一系列服务，在短时间内就能按客户要求提供最优化的服务方案。普兰公司，从事票据经纪业务，为 2.3 万家企业和 1145 家银行提供咨询、报价、撮合服务，实现资金跨区域、跨系统、跨行业配置，2012 年完成票据经纪 6.1 万亿元。1 号店，正在打造网上沃尔玛，营业收入从 2008 年的 417 万元快速增长到 2012 年的 68 亿元。快钱是国内领先的独立第三方支付企业，2009 年资金交易量突破 1000 亿元，2012 年达到 2.5 万亿元。拍拍贷，国内首个网上 P2P 小额信贷平台，为民间借贷提供发布、结算服务，解决小微企业借款难，2012 年帮助实现融资 4 亿元，预计 2013 年达到 20 亿元。从某种意义上说，平台经济是"四个中心"建设的后备力量，如果做大做强，从跨区域配置资源升级为跨境配置资源，将会有力推动"四个中心"建设。

二是文化创意，包括网络游戏、数字出版、视频内容、动漫设计等文化创意产业，以创造力为核心，对物质资源的依赖度低，对传统产业具有极强的带动效应，经济效益好，也是软实力的重要体现。比如迪士尼，不仅发行动画片，还将卡通形象做成玩具、服装，建造主题乐园，2012 年授权产品零售额高达 310 亿美元，占到集团总营收的 73%。浦东的文化创意产业已经成为新区的支柱产业，2012 年实现增加值 609 亿元，占新区 GDP 的 10.3%，一批实力雄厚的领先企业从浦东走向全球。比如，河马动画致力于 3D 动画制作，坚持走原创和自主市场化的道路，技术达到国际顶尖水平，拍摄的 3D 动画《超蛙战士》登陆北美，成为中国首部在海外上映的动画片。比如，盛大网络已经从一个网络游戏提供商成长为互动媒体企业集团，提供多元化的互动娱乐内容和游戏，融合了游戏、文学、影视、动漫等诸多核心业务，成为国内仅次于央视和湖南卫视的第三大文化企业，累计注册用户数超过 8 亿。

三是服务外包，这是我国承接国际服务业转移、提升服务业发展水平、发展服务贸易的重要途径。浦东依托丰富的人才资源，在那些智力密集型外包领域，特别是**知识流程外包（KPO）**领域，占据领先地位。2012 年完成服务外包合同执行金额 21.3 亿美元，占全国总量的 6.3%。**在生物医药研发合同外包（CRO）**领域，浦东占据全国一大半市场。龙头企业药明康德，拥有 400 名海归科学家和 7000 名员工，其中 75% 是硕士博士，为辉瑞、默克等全球 3000 多家客户服务，在国际上排名第 8，2012 年完成营收 5 亿美元，净利润 1 亿美元。预计到今年年底，新区注册服务外包企业将超过 500 家，从业人员达到 13 万人，服务外包合同执行金额超过 25 亿美元，产业总体规模达到上海的 60% 以上。

五、体现基层首创、实现局部突破，深入推进浦东综合配套改革试点

党的十八大后，新一届中央领导集体发出了深化改革

概念释义

知识流程外包（Knowledge Process Outsourcing，简称为KPO）。知识流程外包（KPO）是业务流程外包（BPO）的高智能延续，是 BPO 最高端的一个类别，一般来说，它是指将公司内部具体的业务承包给外部专门的服务提供商。KPO 的中心任务是以业务专长而非流程专长为客户创造价值。

生物医药研发合同外包服务机构（Contract Research Organization, also called a Clinical Research Organization，简称CRO）。出现于 20 世纪 80 年代，一种学术性或商业性的科学机构。

开放的进军号和动员令。习近平同志担任总书记后视察的第一站就来到改革开放发源地深圳，要求改革不停顿、开放不止步，强调要加强顶层设计，同时又要尊重群众和基层的首创精神；要整体渐进，同时又要有局部的突破。浦东的改革就应该根据国家整体布局，在发挥基层的首创精神上，在体现重点环节和重点领域的局面突破上发挥应有的作用，体现浦东先行先试的"先遣队"、"先行者"作用，深入推进浦东综合配套改革。2005 年 6 月 21 日，国务院批准浦东成为全国首个综合配套改革试验区，要求我们"着力转变政府职能、着力转变经济运行方式、着力改变经济与社会二元结构"。市委、市政府要求做到"浦东能突破、上海能推广、全国能借鉴"。浦东围绕"三个着力"，推进三个重点领域改革。

第一，经济体制改革，总的是完善社会主义市场运行机制，发挥上海的开放优势，营造主体更有活力、管制更为宽松、法制更加完备的综合环境。重点是以提升跨境资源配置能力为核心，抓好服务经济、创新经济、开放经济等三个经济和总部经济、平台经济两类形态。

服务经济，聚焦金融、航运、贸易中心功能建设，完善多层次要素市场体系，推动产品、服务和业务、业态创新，努力突破制约现代服务业发展的税制、法制、管制等深层次瓶颈障碍，促进服务业分工细化和能级提升。金融，开展了消费金融公司、汽车金融公司、商业保理等试点，推动股权投资、票据中介、第三方支付等新型机构加快集聚，金融业态从传统的银行、证券、保险向资产管理、金融信息与服务、投资银行、私募股权、融资租赁等领域拓展和提升。比如融资租赁是浦东金融的一大亮点，这几年发展迅猛，在全国处于领先地位，特别是在发展单船单机融资租赁上分三步取得了一些突破。首先以 SPV 形式对融资租赁进行了个案突破。由于飞机船舶单体价值高，出于风险隔离和融资便利的需要，国际上通常采用单船单机的 SPV（特殊目的公司）模式，但这种模式在我国还存在不少制度约束，仅工商注册而言，没有独立管理人员和经营场所的一人公司就无法登记。2010 年，综保区依托交银租赁和招银租赁两家公司，以具体项目为载体，突破了工商登记、外汇管理、口岸监管等瓶颈环节，完成全国第一批真正意义上的单船单机融资租赁业务。第二步是初步形成了一定的规模效应，陆续引进融资租赁项目 100 个，租赁资产规模超过 43 亿美元，打破了爱尔兰等境外地区对飞机船舶租赁的垄断。目前我们正在争取配套政策的更大突破，推动融资租赁向多机多船、大型设备、非银行系融资租赁、经营性租赁等多元化业务功能拓展，建立全国性融资租赁资产交易平台，推动综保区成为我国租赁产业特别功能区。航运，围绕增强国际国内中转能力，先后推出水水中转集拼、国际中转集拼、启运港退税、船舶报税登记等一系列改革试点，有力增强了洋山港的枢纽港地位。国际中转集拼，2012 年 12 月完成了第一单，从韩国进境的一个集装箱内货物经过开箱分拆，分别与其他货物整合拼箱，形成两个新的集装箱，分别运往波兰和斯洛文尼亚，实现了三大突破：一是实现包括境外进境货、一般口岸清关货、水水转关货、特殊监管区域保税货在内的多种不同性质货物的拆拼；二是实现了沿海沿江内支线、近洋航线和远洋航线货物的拆拼；三是口岸监管试行以实际到港货物舱单信息申报取代详细的商品账册备案。该项试点将大大提升洋山港对国际中转货物的吸引力。下一步，我们将重点推动商务、咨询、金融保险、文化等服务贸易发展，促进各种类型的服务外包加快发展，提升服务贸易质量，改善贸易结构。

开放经济，就是以开放的最大优势谋求发展的更大空间，在更大范围、更高水平上参与国际经济合作和竞争，用倒逼机制推动转型升级。重点从外汇管理和口岸管理两方面加以突破。外汇管理，2005 年国家外汇管理局批准

概念释义

Special Purpose Vehicle，简称 **SPV**。在证券行业，SPV 指特殊目的的载体也称为特殊目的机构/公司，其职能是在离岸资产证券化过程中，购买、包装证券化资产和以此为基础发行资产化证券。向国外投资者融资，是指接受发起人的资产组合，并发行以此为支持的证券的特殊实体。

浦东"外汇九条"，集中推出了跨境放款、境内外汇集中管理、母公司集中收付汇等一系列跨国公司外汇管理改革试点，推动浦东跨国公司地区总部集聚发展，2012 年我们在此基础上进一步试点境内外资金池双向互通，上海首批 6 家试点企业中有宝钢、上海贝尔两家浦东企业，使浦东的机构能够真正覆盖全球。口岸管理，目标是逐步实现口岸管理模式从货物监管转为企业监管、从卡口监管转为过程监管、从海关监管转为企业自管。我们率先开展海关分送集报、分类通关和社会化预归类，缩短货物通关时间。目前外高桥保税区海关社会化预归类已占全国的 64%。积极推动海关诚信管理体系建设，综保区海关 AA 类企业超过100 家，总数占上海的三分之一。试点检验检疫预检验、药品柔性通关管理等监管模式，不断提升企业的运作效率。

创新经济，我们突破束缚人才创新创业、制约创新成果产业化的制度瓶颈，以"张江创新十条"为重点，采取了一系列鼓励创新的措施，提升浦东的创新活力。针对创新企业从初创期到成长期、从技术突破到产业化的"死亡之谷"，我们发挥浦东金融中心优势，促进金融与科技的融合。一方面，将各种天使投资、风险投资、股权投资、产业基金、并购基金等都尽可能充分地集聚到浦东，目前在浦东的这些机构可投资资本总量已达 1500 多亿元；另一方面，设立风险投资引导基金，通过国资创投、银政合作、国资担保、知识产权质押、投贷联动等方式和手段，以有限的财政资金撬动社会资本投入科技创新。2012 年开业的上海股权托管交易中心又为创新企业融资提供了新的渠道，到今年 3 月底已有 54 家企业挂牌，帮助 40 家企业融资 7.23 亿元。针对产业面临的制度束缚，我们积极争取国家主管部门支持，先行先试，为相关产业扩大规模创造条件。比如，集成电路设计企业委托代工厂生产、封装、测试芯片并出口，每个环节都要缴纳增值税，虽然是"先征后退"，但依旧给企业带来很大的资金压力。2011 年张江获得海关、税务部门支持，率先开展集成电路保税监管，允许集成电路企业"自行设计、具有自主品牌、委托加工后出口的产品视同自产产品享受免抵退"，实现了从芯片设计到出口的全程保税，为企业减轻负担，首家试点企业展讯通信 2012 年实现营业收入 44 亿元，成为全球第四大基带芯片供应商，目前这项试点正向全国推广。下一步，我们还将重点探索试点生物医药合同生产（**CMO**）。我国现行法律法规中药品上市许可与生产许可是捆绑的，不允许没有生产能力的研发型企业委托代工厂生产药品后上市销售，这不利于生物医药创新成果的转化，我们正在积极争取国家药监局的支持，希望在抗体药物领域先行开展 CMO 试点，促进浦东生物医药产业做大做强。

第二，转变政府职能，处理好政府、市场、社会的关系，就是要更加尊重市场规律，更好发挥政府作用，营造国际化、法制化的营商环境。开放并不会自动带来环境的国际化，如果规则体系不与国际通行惯例接轨，就很难做到主体更有活力、管制更为宽松、法制更加完备。根据中央精神，浦东狠抓两方面。一是减少审批，按照市场主体能够自主决定、市场机制能够有效调节、行业组织能够自律管理、事后监督能够解决的事项不设立审批的原则，自 2001 年以来，新区开展了六轮审改，最大限度地减少对生产经营活动和各类机构及其活动的审批管制，把企业和个人的经营自主权落到实处，审批事项从最初的 724 项压缩到 242 项，减少了三分之二，成为上海市行政审批事项最少的地区。比如，通过改革产生了上海第一家"票据中介"金融创新企业、全市首家个体工商户转企试点企业和新区第一家外资养老机构。同时，加快探索取消审批后有效行政监管的方法，开展以安全生产、专业资质认定、权益保护、公平竞争等为目标的管理创新。二是提高效率，最大限度地整合分散在不同审批部门的关联性资源，理顺部门职责关系，加强部门协作互补。先后进行了工商、质

概念释义

CMO（Contract Manufacture Organization）：即生物制药合同生产，是合同加工外包的一种，主要是接受制药公司的委托，提供产品生产时所需要的工艺开发、配方开发、临床试验用药、化学或生物合成的原料药生产、中间体制造、制剂生产（如粉剂、针剂）以及包装等服务。

监、税务"三联动"登记改革，外商投资企业设立并联审批改革，报关企业设立登记并联审批改革，建设项目设计方案并联审批改革等。经过改革，新区的平均承诺审批时限压缩到 8.4 个工作日，比平均法定审批时限 22 个工作日减少了 60%，成为上海市整体审批效率最高的地区。下一步，我们将聚焦企业准入、投资领域和制度建设，开展注册资本认缴制试点，探索试行"管办分离"审批机制，推进投资项目"预审制"和建设项目专项评估评审改革等工作，进一步提高政府管理服务效能。

第三，社会管理体制改革，根据中央精神，重点抓好着力改变城乡二元结构和构建新型政社合作模式。改变城乡二元结构，主要是从推进基本公共服务均等化入手，教育卫生方面率先实行管理体制并轨，基础教育实现了拨款标准、硬件配备、信息平台、教师培训发展"四统一"，郊区社区卫生中心与二、三级医院组建了医疗联合体，建立了"双向转诊"机制；就业保障方面实行城乡一体化的就业服务和就业政策，把征地农民全部纳入城保和镇保，对新农保、新农合实行全区统筹，建立合理增长机制，特别是两区合并后实现了南北地区的标准统一、稳步提高，现在农保最低月养老金提高到 625 元，新农合人均筹资标准提高到 1500 元。下一步，我们将按照党的十八大的要求，从完善规划、基础设施、公共服务等方面加快推进城乡一体化，促进城乡要素平等交换和公共资源均衡配置，重点是要深化农村产权制度改革和土地管理制度改革。产权制度改革主要是推进集体资产的股份化和管理的规范化，通过组建社区股份合作社，做到股权量化到人，促进农民长效增收（目前已在 4 个村开展了试点，"十二五"期间未来所有符合条件的村都要全面推进）。土地制度改革上，对农民承包地主要是推进有序规范流转、发展多种形式规模经营、培育新型经营主体（目前新区的各类农民专业合作社已达到 3185 个）；对农村集体建设用地，目前的政策规定是自有自用，下一步改革的方向和各地的经验是探索自有他用，像农民宅基地的置换、城乡土地的增减挂钩等，我们将在国家主管部门的指导支持下积极探索试点。构建新型政社合作模式，主要是坚持小政府、大社会的方向，专门出台《关于着力转变政府职能、建立新型政社合作关系的指导意见》，大力推进政府与社会组织"六个分开"（主体、机构、职能、资产、住所、人员），促进社会组织、社工与社区"三社联动"，推动社会组织培育发展。比如登记管理上，率先突破行业协会登记的政策瓶颈，累计引入市级行业协会 26 家、登记成立 23 家，发挥了对行业经济发展的服务、规范和促进作用；培育方式上，率先探索"基地化孵化"模式，创建了内地首家扶持公益性社会组织发展的公益服务园，获得第六届"中国地方政府创新奖"；政策扶持上，初步建立了"政府承担、定向委托、合同管理、评估兑现"的购买服务机制，通过浦东市民中心、公益服务园等建立部门与街镇、与社会组织供需对接的大平台，形成了项目委托和长期合作的关系；人才培养上，内地的专业社工发展浦东起步较早，国家首个社工职业标准诞生于浦东，目前新区共有社工人才近万人、具有专业资质的 2000 多人。近年来，社会组织数量以每年 10% 的速度增长，达到 1587 家。下一步，我们将着眼于更好发挥社会力量在管理社会事务中的作用，结合深化政府职能转变，进一步向社会放权。一方面按照中央精神推行社会组织直接登记，大力培育多元社会主体；另一方面要在加强政府购买服务的系统设计、探索枢纽型管理、发展支持性功能性机构等方面进一步加大力度，扩大社会组织参与管理服务的深度和广度，形成更为良好的社会组织发展环境和协同共治的新型社会治理格局。

浦东综合配套改革试点八年来，我们先后实施三轮"三年行动计划"，开展了六十多项部市合作专项改革试点，取得了十大方面的改革突破，包括金融、开放经济、枢纽港功能、口岸监管、科技创新、人才、土地、行政管理体制、社会领域、城乡二元结构。当然我们的显示度还不够，这和我们聚焦的重点和突破的强度有一定的关系。总结八年的改革经验，我们感到：推进浦东综合配套改革试点，前提是解放思想，真正做到敢闯敢试、敢为人先。改革需要更大的政治智慧和勇气，没用勇气干不了，没有智慧干不成，思想层面要解决激情、勇气的问题，实践层面要解决思路、力度的问题。改革就是要突破现有的一些制约发展的规定。目的是解放发展生产力，不是为改革而改革，而要从有利于促进转型、有利于凸显功能、有利于提升竞争力的角度出发，推动科学发展、率先发展。方向是从政策点突破走向制度性创新，改革不是"闯红灯"，而是要创设新的"信号系统"，从制度上重新设计一套更合理的系统，浦东就是先行先试，试得好全市推广、全国借鉴，试得不好到此结束。路径是以更大开放促进改革的深化，以系统设计统筹主导改革推进，加快形成符合国际惯例的经济运行环境。如果我们先行先试成功了，就蹚开了发展的新路子，在全国推广开来；如果先行先试失败了，那就提供了经验教训，其他地方也可以少走一些弯路。方法是需求导向、问题导向、项目导向。需求导向，本质在于立，就是创设新的路径来规范。问题导向，本质在于破，破除现有的束缚。项目导向，体现的是操作性，把需求和问题项目化，实现滚动推进。比如春宇供应链，它做化工产品的第三方供应链管理，为供需双方提供从报价、撮合到运输、报关等一揽子服务，它的发展遇到一系列问题。工商准入，按现有行业无法将其分类，无法发放营业执照，最后协调认定为现代物流。税收，物流企业必须拥有车辆，无车物流不能发放运输牌照，只能开营业税而不能开具增值税发票，下游企业无法抵扣，最后经过协调比照无车承运人开具增值税发票。贷款，它是典型轻资产企业，无法申请抵押贷款，最后协调发放信用贷款，所有这些就是需求导向。又比如，2010年率先开展国际贸易结算中心试点，允许企业设立专用账户，以合同或商业单据作为外汇支付凭证，不再审查海关报告单，这就解决了国际贸易转型升级中越来越多的货物流、资金流、订单流三流不统一的情况与传统外汇管理制度的矛盾，有力促进了离岸转口贸易的发展。这就是问题导向。重点是放大改革效应，不仅注重从零到一、从无到有的改革突破，也要注重从一到十、从十到百的跨越提升。比如国际贸易结算中心试点从最初的8家企业、4000万美元结算额，后来扩展到20家，2012年扩展到50家，结算额达到100亿美元。

六、聚焦重点区域开发，进一步完善生产力布局

以开发区的建设带动浦东全面发展，是浦东开发开放的重要经验。浦东开发开放初期先后建立了外高桥保税区、金桥出口加工区、陆家嘴金融贸易区和张江高科技园区，以点带面拉动经济发展，推动城市化进程。目前这四个国家级开发区以占全区 7.8% 的土地面积，贡献了 34.7% 的工业总产值、51.9% 的地方财政收入。2009 年，南汇划入浦东后我们整合资源，在 1210 平方公里内谋划新的功能布局，按照国家战略的要求，体现空间布局的合理化与资源要素的优化配置。我们在原来四个国家级开发区的基础上，形成三个新拓展区域。其中，国际旅游度假区承担迪士尼项目，建设世界级的休闲旅游区，世博地区拓展了浦东中央商务区的空间，临港则是未来战略性新兴产业的发展基地，形成了"4 + 3"的功能布局。此外，祝桥地区拥有大飞机项目，是浦东未来的重点培育地区。

陆家嘴、外高桥、金桥、张江，在形态和功能开发上都有了比较坚实的基础，这四个先发效应地区下一步的重点是促转型、强功能。

——陆家嘴金融城，目标是成为上海国际金融、航运中心建设的核心载体和世界级中央商务区，重点抓好三件事。一是机构集聚。已集聚跨国公司地区总部 81 家，监管类金融机构 662 家，其中外资法人行、基金管理公司、保险资产管理公司数量都占全国 40% 以上，发展新兴金融机构 454 家，股权投资企业管理的资产规模超过 700 亿元，融资租赁企业租赁资产余额 2300 亿元，拥有各类金融专业服务机构 335 家，各类航运机构 889 家。下一步重点关注总部型、功能性和新金融机构。二是空间拓展。目前，陆家嘴地区已建成商办楼宇建筑面积 1039 万平方米。"十二五"期间，我们将以世纪大道两侧、巴士地块、船厂地块

等区域为重点，实施并基本完成 350 万平方米扩容计划，规模相当于再造一个"陆家嘴中心区"，特别是上海中心等十大重点工程，总投资超过 550 亿元，建筑面积近 250 万平方米。三是环境营造。重点是满足金融城白领的商业、餐饮、交通、休闲、文化等方面的需求。

——外高桥，包括整个综保区，目标是建成我国最具效率的现代化物流网络核心节点、大宗商品交易定价中心和具有自由贸易园区功能的国际贸易城。当前除了做好与航运和贸易有关的改革工作外，重点抓两件事。一是做大做强进口贸易。外高桥的进口额占全国保税区的 45%，手表、酒类、化妆品、医疗器械等高端商品进口额占到全国进口总量的 43%、37%、29%、21%。今年我们将启动运营生物医药、国际机床、高端汽车销售服务三大主题产业园区，打造洋山高档食品进口基地和有色金属进口基地，使浦东成为高附加值产品进口的重要集散地。二是推进产城融合。重点是总投资 577 亿元的"森兰·外高桥"项目，占地 6.01 平方公里，包括商办、酒店、高端住宅、园林、体育公园，建成后将有效缓解目前外高桥区域高端商务楼宇缺乏，住宅、文化等功能薄弱的问题，为吸引集聚贸易企业总部，发展"前店后库"提供空间载体，实现外高桥保税区内外的联动发展。

——金桥，目标是建设成为高科技、复合型、生态化的国际一流水平新型经济技术开发区。重点是推进"优二进三"，坚持先进制造业和生产性服务业"两轮驱动、二元融合"，2012 年生产性服务业规模已经超过制造业产值。"优二"就是促进制造业转型升级，重点扶持一批研发能力强、国际市场占有率高的企业加快发展。我们引入通用的高档汽车项目，这是通用集团首次在美国本土外布局生产凯迪拉克轿车，总投资 80 亿元，达产后保守估计整个"十三五"期间将新增工业产值超过 3000 亿元，今年 6 月将开工建设。"进三"就是大力发展生产性服务业，推动工业园区向研发商务园区转型，重点发展 ICT、视频视讯、文化创意、研发设计等新兴产业，加大企业的引进培育力度。特别是着力解决产业发展空间不足的矛盾，加快建设总建筑面积 360 万平方米的生产性服务园区（Office Park），为重点项目的落地发展提供充足的载体。

　　——张江，作为国家自主创新示范区的核心园，目标就是打造世界一流的高科技产业园区，成为新技术、新产业的策源地，成为更多创新创业企业成长壮大、走向世界的大平台，成为吸引集聚更多创业人才、领军人才、国际化人才的高地和热土。已集聚高新技术企业 387 家，研发机构 270 多家，科技从业人员 27 万多人，2012 年发明专利授权数 1455 件。目前张江正在谋求新的发展空间。一是加快中区、南区的开发。建设体现高端科研、总部经济的城市副中心，规划总建筑量 726 万平方米，开发建设总投资近千亿，全部建成后工业总产值、经营总收入和税收将分别超过 500 亿元、1800 亿元、150 亿元。二是推进土地二次开发。一共有三种模式：二产转二产、二产转 2.5 产、二产转三产，预计可释放存量土地约 767 公顷，增加建筑量约 700 万平方米，为产业升级提供空间载体。

　　临港、世博和迪士尼三个新拓展区域是浦东和上海今后发展的重点、亮点和希望所在，重点是出形象、出功能。

　　——临港地区，总面积 309 平方公里。2012 年上海出台了《关于临港地区建立特别机制和特殊政策的意见》，从简政放权、财政扶持、政策突破、鼓励创新等几个方面加大对临港的支持力度，临港地区进入到联动发展的新阶段。未来临港将围绕"两聚一强化"，突出高端制造、研发创新、综合服务、生态宜居等四大功能，建设产业功能和城市功能有机组合、百万人口规模、体现城市未来发展趋势的现代化滨海新城。计划三年完成投资 1000 亿元，五年内新增建筑面积 800 万平方米，工业总产值达到 1500 亿元。目前基础设施项目、功能性项目和产业项目正在同步推进，今年将完成 300 亿元投资和 300 亿元招商。

　　——迪士尼地区，位于国际旅游度假区核心区，主题乐园"神奇王国"将于 2015 年底开园，预计每年吸引游客超过 1000 万人次，成为人人向往的世界级旅游目的地。乐园一期规划约 3.9 平方公里，预计带动区域开发超过 500 万平方米。迪士尼项目一期建设周期为 72 个月，包括 10 大关键里程碑，目前各项工程正在按照既定工期顺利推进，实现第六个里程碑，即完成水系建设和园区内地铁站建设。

——世博地区，由世博园区、耀华地块、前滩地区组成，总面积 8.56 平方公里。世博园区和耀华地块由市里统一开发，浦东主要是做好服务保障。前滩开发体量为 350 万平方米，由陆家嘴集团负责开发，重点集聚非金融类跨国公司总部和"跳变型"企业总部，建设现代化国际社区，构筑集总部商务、文化传媒、运动休闲三大核心功能于一体的 24 小时立体城市副中心。现在，规划已经获得市政府批准；基础设施方面，市政道路、管线工程、河道改建年内基本竣工；功能性项目包括惠灵顿国际学校、国际医院、能源中心等已签约、部分已开工；核心区综合体项目年内全部落地，明年全面开工。

此外，祝桥地区将依托浦东国际机场和大飞机总装制造中心，建设集航空服务与航空制造于一身的东方航空城，是浦东未来发展的另一大亮点。发展大飞机，是国家交给上海的又一项战略使命，中国商飞总部、研发中心和总装中心分别落户世博园区、张江和祝桥。2014 年 C919 将实现首飞，逐渐形成年产一定数量 C919 和 ARJ21 的生产能力，建立国际航空制造界 ABC 三家鼎立的新格局。浦东重点做好服务、吸引配套，一手抓市政道路、河道等配套设施建设；一手抓中航商发、霍尼韦尔等企业项目落地。

七、在改善民生和创新管理中加强社会建设

党的十八大对社会建设作出了全面部署，强调要把保障和改善民生放在更加突出的位置，使发展成果更多更公平惠及全体人民。习近平总书记强调，民生问题是一个永恒的问题，具有阶段性，必须抓住"三

最"问题，一件事情接着一件事情办、一年接着一年干，锲而不舍向前走，努力使改善民生既成为党和政府工作的方向，也成为人民群众自身奋斗的目标。从浦东来看，开发之初就提出一个理念，就是"浦东开发不仅是土地开发、项目开发、经济开发，也是社会开发，是社会的全面进步"。23 年来，应当说浦东的人民生活水平、社会建设管理取得了长足进步，但在快速城市化和人口大规模导入的情况下，各类人群多层次多方面多样化的需求日益增长，需要在统筹兼顾中实现有效满足，这对我们的城市综合功能和服务能力都提出了更高的要求。我们感到，浦东客观上还存在"三个相对滞后"的问题：一个是社会功能相对滞后于经济功能。一个是城市功能相对滞后于产业功能，国际上对城市功能有一个不断发展的认识过程，1933 年的《雅典宪章》，把城市功能界定为居住、工作、交通、游憩四大基本功能，而到了 1977 年《马丘比丘宪章》又作了细分，进一步提出城市功能就是要创造综合性、多功能的环境。对浦东来说，特别是几个先行开发区域，产业功能、研发功能比较凸显，而城市功能则显得相对滞后。一个是生活功能相对滞后于生产功能。当前和下一步的工作，我们的着眼点就是要使改革开放的成果更广泛更充分地惠及浦东人民；我们的着力点就是要注重社会政策、公共政策设计的科学性、合理性。重点抓好四个方面。

一是着力解决公共服务有效供给的问题。把工作的重点放在加快缩小社会事业发展与全市的差距上，这是因为浦东原来的"底板"是郊区，无论是资源集聚、服务水平，还是人才培养等方面，与全市平均水平尚有不小的差距。同时，浦东人口的快速导入，从过去的 134 万人增加到现在的 526 万人，客观上对城市的自然承载力与社会承载力都提出了更高的要求。比如教育资源，现在总体上已经趋于饱和，根据测算，浦东在"十二五"期间至少要新建 160 所学校，已经建成 89 所，还要再建 71 所，但从目前人口导入的速度来看，即使这些学校建成之后，也还会有相当的缺口。再比如班额数，现在很多学校都已接近容量上限。在这种情况下，近年来我们改善公共服务，一个是在财力上保持强投入，财政对社会事业的投入逐年提高，2010 年为 180.7 亿元、同比增长 19.5%，2011 年为 209 亿元、同比增长 15.7%，2012 年达到 249.4 亿元、同比增长 19.4%，都占到地方财政支出总额的 1/3。一个是在布局上抓优化，努力使社会事业的资源布局与不同区域发展趋势、人口的数量结构相适应，大力推进社会事业项目的新建、改建和扩建，近几年基础教育机构从 380 多家增加到 601 家，医疗卫生机构从 690 多所增加到 1091 所，养老床位增加到 2.28 万张。一个是在服务对象上逐步扩大覆盖，不仅面向本地居民，也面向境外人士、来沪人员，特别是高度重视来沪人员就业服务、权益保障、随迁子女就学、育龄妇女关爱等问题，努力满足他们对基本公共服务的需求。像对处于就业年龄段的来沪人员，我们重点是根据产业发展的需求，有针对性地加强系统的就业培训，一视同仁地搞好就业服务；对处于就学年龄段的随迁子女，目前义务教育阶段 14.5 万人全部免费进入公办学校和政府委托的民办学校，其中 80% 安排在公办学校；学前教育阶段有 1.16 万人在公办和民办幼儿园就学，还有 3.84 万人纳入各镇合格的看护点；2012 年小学一年级新生中 56% 是随迁子女，占到新生中的大部，这都是我们应该做好的。下一步，在推进公共服务上，我们将坚持一手抓均等化、一手抓优质化，特别是要进一步扩大社会事业领域的开放，推动中外合作办学办医，鼓励社会资本进入社会福利领域。目前正在积极推进上海纽约大学、国际医学中心、惠灵顿国际学校等一批高水准、功能性的社会事业项目建设，更好地满足广大中外人士的需求。

二是着力解决城乡统筹发展的问题。浦东开发的过程就是一个快速城市化的过程，开发以来，我们通过实施推进"列车工程"、区镇联动、产城融合，浦东的城镇形态、农村面貌发生了很大变化。同时我们也感到，要在更高起点上加快城乡一体化，进一步缩小城乡在设施、服务、收入方面的差距，还有很多工作要做。总的把握和趋势主要是"四个化"，就是在高度城市化地区体现深度城市化，在重点开发区域强化产城融合化，在新拓展区域凸显功能主体化，在全区范围内推进城乡一体化。重点抓好三件事：一个是按照中央加快城镇化发展的要求，调整优化城镇发展布局，西北部地区重点是抓中心城区的拓展，东南部地区主要依靠南汇新城的引领和带动，中部地区就是努力打造一个贯通南北、衔接紧密、过渡有序的城镇带。一个是深入推进新农村建设，继续滚动实施村庄改造计划，这项工作从2010年启动，计划五年内投入76亿元，对基本农田保护区域内的17个镇、230个村、涉及20万户实施改造任务，目前已完成70%，还要完善村庄改造的长效机制，使农村既保持江南水乡特点和田园风光特色，又有比较完善的基础设施和与城市同质化的公共服务。一个是促进农民长效增收，不断加大政府财力支农惠农的力度，近三年农民人均可支配收入增速高于城镇居民收入增速。在此基础上，我们将广辟农民增收渠道，不仅提高农民的转移性收入，更要在提高农民的工资性收入、财产性收入、经营性收入上拿出更有效的举措和办法。这需要通过深化改革来实现，特别是在集体产权制度和农村土地制度改革上加大探索。

三是着力解决偌大区域条件下的有效管理问题。特别是两区合并以后，浦东的体量、规模增加一倍多，达到1210平方公里，相当于一个中等城市，但只是一个区，我们的管理是直接管到街镇。在这种情况下，如何实现有效管理、综合管理、属地管理、长效管理是我们面临的一大课题。为此，我们也作了一些探索，一方面，在管理体制上坚持扁平化的方向，推动管理重心下移，在开发区就是实行"大管委会"体制，在重点区域探索"大镇"体制，在快速城市化区域特别是大型居住社区探索实行"镇管社区"模式。浦东"镇管社区"的探索起步较早，主要是通过建立"两委一中心"（社区党委、社区委员会、社区中心），加强管理与服务，推动共商共治，努力解决好群众入住后的需求问题，增强认同感和归属感。另一方面，在城市管理的机制上积极探索网格化的管理模式，运用信息化手段，整合各类管理信息和服务资源，提高问题及时发现、及时处置的能力。目前北部区域基本实现了全覆盖，南部地区积极拓展覆盖，现在区级网格化平台每年集中处置城市管理各类问题达到 20 多万件。在这个过程中，我们特别重视发挥街镇在城市管理、社会管理中的基础作用、枢纽作用，提出并积极推进"强镇优街"，通过资源下沉、事权下放、服务下移，增强镇统筹发展的能力，提升街道管理服务的能力，努力把基层基础工作做深做细做实。但是，对照城市管理现代化的更高目标特别是精深化开发、精细化管理的要求，这方面的挑战和压力依然很大，下一步，我们还将作出积极努力。

四是着力解决长期快速发展中积淀的社会矛盾。浦东作为一个快速发展的地区，大开发、大建设的力度很大，开发以来累计动迁了 25 万多户、90 多万人，我们通过实行阳光动迁，有效减少了动迁矛盾，平均每千户动迁居民引发 1—2 起，但多年下来也不可避免地积淀了一些历史遗留问题。同时，在市场经济条件下，涉及利益的矛盾纠纷较之过去也有所增加，而这些矛盾又往往通过信访渠道来寻求解决。这些都要求我们勇于正视和积极推进矛盾的化解。针对群众的诉求和关切，我们开展"走千个居村、听万户心声"活动，健全制度化听取民意的渠道，在各级干部中积极倡导"三有推定"，即面对群众的诉求首先作"有理推定"，面对群众需要解决的问题首先作"有解推定"，面对群众的批评、意见首先从自身角度作"有过推定"，积极回应关切，努力解决问题，疏导情绪，凝聚人心。针对历史遗留问题，特别是涉及动迁的矛盾，随着历史的变化，很多群众生活也遇到一些实际困难，尽管政策不可能翻，但群众的利益必须关切，我们坚持以历史的眼光看待，在现实框架下缓解，立足长远从法治的角度谋求治本之策，把着力点放在改善民生、关心解决群众的实际问题上，努力推进矛盾的化解缓解。经过努力，近年来浦东信访矛盾存量不断减少，总量连续四年下降，社会大局保持总体和谐稳定。

在社会建设推进中，我们也深切感到，要注重把握好总体性目标与阶段性重点的统一，既尽最大努力做到尽力而为，又量力而行，从实际出发，不超越现阶段可能，有重点分步骤地持续推进；注重把握好公益性供给与功能性提升的统一，既发挥政府主导作用，着力提高社会事业均衡化水平，使发展成果惠及更多群众，又在此基础上进一步促进优质化，满足中外人士多层次多样化的需求；注重把握好维系秩序与激发活力的统一，一方面抓好社会安全建设，促进社会安定有序，另一方面充分调动各方面共同参与治理、创新创业的积极性，确保社会既充满活力又和谐稳定。通过持续不断的努力，让浦东人民更幸福、城市管理更有序、社会更添活力！

责任编辑：张伟珍
封面设计：吴燕妮
版式设计：周方亚
责任校对：吴海平

图书在版编目（CIP）数据

创新驱动发展战略的理论与实践 / 陈元志 谭文柱 编．
　－北京：人民出版社，2014.4
　（中浦院书系·大讲堂系列 / 冯俊主编）
ISBN 978 － 7 － 01 － 012755 － 2

I.①创…　II.①陈…②谭…　III.①企业管理－创新管理－研究　IV.① F270

中国版本图书馆 CIP 数据核字（2013）第 258531 号

创新驱动发展战略的理论与实践
CHUANGXIN QUDONG FAZHAN ZHANLUE DE LILUN YU SHIJIAN

陈元志　谭文柱　编

人民出版社 出版发行
（100706　北京市东城区隆福寺街 99 号）

北京市文林印务有限公司　新华书店经销

2014 年 4 月第 1 版　2014 年 4 月北京第 1 次印刷
开本：710 毫米 × 1000 毫米 1/16　印张：16.5
字数：224 千字

ISBN 978 － 7 － 01 － 012755 － 2　定价：36.00 元

邮购地址 100706　北京市东城区隆福寺街 99 号
人民东方图书销售中心　电话：（010）65250042　65289539